大变局与
东亚经济战略

DABIANJU YU
DONGYA JINGJI ZHANLUE

东亚大多数国家都已经或开始经历市场经济和区域经济合作所带来的进步、繁荣与变革阵痛。东亚经济一体化起步晚，步伐慢，但是大势所趋，不可阻挡。如何推动加强东亚经济合作，加快东亚经济一体化进程，这是中国对外经济战略必须研究的重要课题。

郑鼎文 著

人民出版社

责任编辑:郇中建
封面设计:肖　辉
责任校对:吕　勇

图书在版编目(CIP)数据

大变局与东亚经济战略/郑鼎文 著. -北京:人民出版社,2013.7
ISBN 978 - 7 - 01 - 011684 - 6

Ⅰ.①大… Ⅱ.①郑… Ⅲ.①中国经济-对外经济关系-研究-东亚
Ⅳ.①F125.531

中国版本图书馆 CIP 数据核字(2013)第 081167 号

大变局与东亚经济战略
DA BIANJU YU DONGYA JINGJI ZHANLÜE

郑鼎文　著

人民出版社 出版发行
(100706　北京市东城区隆福寺街 99 号)

北京市文林印务有限公司　新华书店经销

2013 年 7 月第 1 版　2013 年 7 月北京第 1 次印刷
开本:710 毫米×1000 毫米 1/16　印张:19.25
字数:210 千字　印数:0,001-3,000 册

ISBN 978 - 7 - 01 - 011684 - 6　定价:42.00 元

邮购地址 100706　北京市东城区隆福寺街 99 号
人民东方图书销售中心　电话 (010)65250042　65289539

目　　录

序(一)

　　20 世纪末以来,特别是在 2008 年金融海啸和经济危机的冲击下,国际经济格局发生了巨大的变化。诸如谁将是新世纪的宠儿、东亚能否成为世界经济的中心、中国可以持续快速发展等问题引发热烈的讨论,值得认真研究。多年来,我虽然主要从事社会科学领域方面的工作,但身处中国改革开放和经济发展的前沿阵地,也关注、思考这些与我国未来发展息息相关的经济问题。

　　从 18 世纪工业革命起,世界逐渐形成了以欧美发达国家为中心的经济发展格局。但是 20 世纪下半叶以来,世界经济格局出现了重大调整与变化。随着战后日本经济的复苏、东亚"四小龙"经济的起飞和中国、印度等国家经济的快速发展,亚洲逐步成为影响全球经济发展的重要一极。2008 年金融危机爆发之后,欧美发达国家深陷危机泥潭,复苏乏力,而以中国、印度为代表的亚洲国家则强劲逆市发展,和其他新兴经济体一起,改变了两个多世纪以来世界经济主要依靠西方发达经济体驱动的历史。据日本野村证券的测算,以购买力平价计算,2011 年的全球经济增长有 42% 来自中国,与印度合计接近 60%。亚洲开发银行预测,亚洲新兴经济体到 2030 年占全球经济的份额将会达到 2/3 左右。而中国作为亚洲新兴经济体的代表,更是在 2010

年以 5.8 万亿美元的工业总产值跃居世界第二经济大国。这些数据充分说明,过去两个世纪以来以欧美为主导的世界经济秩序和格局正在发生着深刻的变革。无论是美国"重返亚洲"战略的全面实施,还是欧盟提出的"向东看",也都在为我们诠释这样一个事实,世界经济越来越明显地表现出重心东移的趋势。

分析世界经济重心东移趋势的形成,有观点认为主要是因为金融危机的爆发,拉大了欧美发达国家和亚洲新兴经济体之间的增速差距,动摇了美国等发达经济体的国际经济中心地位。但我认为,金融危机的爆发只是世界经济重心加速东移的导火索和催化剂,其背后更深层次的原因是世界经济不断通过结构调整、重心转移以开拓新空间、实现持续发展的历史必然。在 18 世纪末 19 世纪初,世界经济重心从亚洲转向欧洲,正是因为代表着先进生产力的工业经济替代农业经济的过程,人类社会也由此进入工业文明时代。从 19 世纪末开始,欧洲工业经济发展日趋饱和,而市场广阔、资源丰富的北美却能给工业经济带来更广阔的发展空间,因此,世界经济重心从欧洲转向北美。进入 21 世纪,在金融经济过度发展、实体经济严重受损以及负债消费模式无以为继等多方面因素影响下,欧美发达国家经济发展全面减速甚至出现衰退,世界经济发展面临严重瓶颈,迫切需要寻找新的发展空间。正是在这样的背景下,劳动力、市场、自然资源等具有突出优势的亚洲自然成为了世界经济新中心的最佳选择。

世界经济重心的东移,使全球的市场、资金、人才资源加速向亚洲集中,这无疑将给以中国、印度及东盟十国为代表的亚洲新兴经济体带来重大历史机遇。一是世界经济重心的转移通常伴随着国际产业结构的调整和转移,中国、印度等亚洲新兴经济体可以充分利用承接国际产业转移的难得机会，推动产业升级，特别是加快生物科技、新能源、新材料等新兴战略产业的发展，加速工业化和现代化进程，抢占未来经济发展制高点。事实上，从 20 世纪 50 年代开始，日本、"四小龙"、中国、印度等国也正是在国际产业结构由西向东梯度转移的过程中，先后实现了本国经济的复苏和快速发展。二是世界经济重心的转移通常伴随着新金融中心的出现，伦敦和纽约都在英、美成为世界经济中心后成为了国际金融中心，在国际经济活动和金融活动中发挥重要的主导作用。因此，中国、印度等亚洲国家应该把握这次难得的机遇，积极构建新的国际金融中心，有效提升自身控制全球经济资源和应对经济金融危机的能力，为更好地参与重构世界经济新秩序做好准备。三是在世界经济重心东移的过程中，欧美等发达经济体将可能出现一个较长时间的调整期，处于低速发展状态，这就意味着过去主要依靠出口的经济发展模式将遭遇严峻考验。这种考验将倒逼各新兴经济体进一步加快本国产业结构调整，积极构建内需和外需共同推动经济发展的平衡模式，实现可持续快速发展。

近年来，面对世界经济重心东移带来的历史机遇，亚洲各国纷纷通过加快推进本国经济改革、积极发展多双边自由贸易多种手段推动经济快速发展，并取得不错成绩。据统计，从 20 世纪 60 年代至今，亚洲各国工业生产总值年均增长约 8%，已成为全球经济发展的最大亮点。但是，我们也要清醒地看到，要成为真正推动世界经济发展的动力引擎，亚洲各国还有很多问题要加紧解决。对于中国而言，主要包括两个方面问题。一是对内，我国要解决好内需拉动不足、制造业发展水平相对较低、贫富差距大、人口老龄化和环境资源压力增加等方面的问题；二是对外,在经济全球化的今天,需要抓紧制定有效的对外经济战略,以积极应对复杂多变的世界经济格局。解决好第一个问题的关键就在于加快产业升级,扩大内需,转变经济发展方式。而对于第二个问题,关键在于处理好我国与世界其他经济体之间的关系,在保持欧洲、北美、东亚三极基本平衡的基础上,进一步加强与亚洲各国之间在金融、能源、贸易投资自由化等重要领域的合作,特别是加快推动东亚经济一体化,加大力度开拓非洲和南美的市场。

《大变局与东亚经济战略》,是鼎文同志在他的博士毕业论文的基础上扩展而成的。鼎文同志在本书的后记中讲到,几年来,他在做好本职工作之余,坚持学习、钻研,像蚂蚁搬家一样,一点点积累,乐在其中。这种勤于学习思考、积极向上、锲而不舍的精神值得鼓励。该书从人类文明发展规律的高度和世界经济发展格局的大视角,分析了世界经济重心东移趋势的形成及影响,探讨了 21 世纪亚洲发展的机遇和挑战,为理性审视世界经济发展新态势提供了一个新的思路。本书还在此基础上讨论了我国对外经济战略的布局、特别是中国东亚经济战略的原则、目标、策略等问题,对于研究、制定我国对外经济战略有参考价值。因此,我乐意把这些年对世界经济的思考写下来作为该书的序。

王京生

2012 年 9 月

序(二)

21世纪的第一个十年之后,世界经济发展趋势和国际经济格局悄然发生着重大变化,东亚地区有可能成长为世界经济格局中重要的一极。在这种背景下,中国在整个东亚地区该如何开展对外经济合作?郑鼎文的《大变局与东亚经济战略》一书以其整体性的"围棋思维方法"和系统性的阐述论证为我们提供了极具建设性的答案。

作者从两个层面来研究大变局背景下的中国东亚经济战略问题。第一个层面是宏观上的战略阐述,作者提出了中国东亚经济战略的基本构想、目标与原则。如何为中国东亚经济战略找到"活眼"正是这本书研究的核心问题之一。作者在本书中指出,两岸四地经济一体化就是中国东亚经济战略的力量所在,它成为中国东亚经济战略的中心战略;而粤港澳合作与融合可以为两岸四地经济一体化积累经验,对中国东亚经济战略关系重大。所以两岸四地和粤港澳合作都将在东亚经济一体化中扮演关键的角色,成为中国东亚经济战略的活眼。第二个层面是微观上的策略建议分析。作者以区域经济理论和地缘经济理论为基础,分析了中国与东盟建立自由贸易区的有利条件,特别是中国的"泛珠三角地区"与东盟在地缘、人缘、文缘和经济上联系十分密切;认为推进中国—东盟自由贸易区建设要充分发挥、放大我们所拥有的比较优势,可以让"泛珠三角地区"在中国—东盟自由贸易区建设的过程中发挥主角的地位和作用;为此,提出应该以粤港澳为龙头,加强华南、西南地区的合作,使之成为国内区域合作的先行区。

作者的核心思想体现出了两大关键特征:整体性特征与系统性特征。这两条特征也是系统思想所强调的基本原则。首先,作者所使用的"围棋思维方法"最大的特点在于它的整体性、系统性和关联性,强调从整体上去把握个体,注重个体之间的互动与变化。涉及中国的东亚经济战略问题,在横向上,将东亚放到世界经济的体系、格局中来谈论;在纵向上,从人类文明发展、转移规律的高度,来探讨亚洲、东亚经济崛起的客观必然性。强调中国的崛起不单是世界产业转移的结果,在更深层的意义上,是人类文明发展的必然趋势。

其次,作者在具体论述中国东亚经济战略的时候,始终把东亚作为一个整体,强调在尊重各国利益的前提下,谋求东亚整体利益的最大化;同时,把东亚看成一个相互依存、密不可分的系统,把对东亚各个次区域乃至各国的经济战略放到这个系统中来考量。比如,提出通过中国与东盟的先行合作,带动中日、中韩之间的合作,同时把投资贸易、能源、金融等作为重点合作领域,谋求突破。

这本书中尤为引人注目的是对于粤港澳地区合作的战略地位和策略方法的分析。首先,从战略上看,作者提出粤港澳合作应该上升为国家战略。粤港澳合作不只是粤港澳三地的事情,它关系到中国改革开放的大局;粤港澳合作也不只是国内一个区域经济合作与发展的问题,它关系到中国在东亚地区的经济战略。因此,粤港澳合作应该上升为国家战略,要有新的思路、新举措。其次,从策略上看,粤港澳合作主要包括五项新举措:1.港澳深珠率先实现经济一体化、生活同城化;2.加强粤港澳金融合作,打造国际上最大的金融中心;3 整合粤港澳港口物流业,强化香港国际航运中心、贸易中心地位;4.加强粤港澳城市功能规划,打造港澳深珠一小时生活圈,大珠三角两小时生活圈;5.学习借鉴香港社会管理经验,推动社会管理体制机制的合作与融合。

当代世界经济格局发展的复杂性,需要我们具备整体性、全局性的战略眼光,也需要我们具备局部性、可操作的策略智慧。这本书对于大变局下的中国东亚经济战略的系统创新性研究,正是很好地糅合了两个方面,为中国政府,特别是粤港澳的地区政府,提供了一种新颖的兼具整体性和可操作性的系统战略策略体系。

鼎文与我算是忘年交,他在博士论文基础上写作而成的《大变局与东亚经济战略》,拜读后颇有感触,于是记下上述文字,是为"读后感"。

颜泽贤

2012 年 4 月 5 日于澳门濠镜轩

前　言

本书将讨论哪些问题,运用什么研究方法,有哪些主要观点,在这里做简要介绍。

一、世纪性话题

世纪本来是一个时间单位,一百年就是一世纪。但是,百年沧海桑田,里面毕竟有太多的人物和事件,这些人和事作为历史的沉淀,不仅是后人缅怀过去的永久记忆,也是预测和规划未来的重要依据。于是,世纪逐渐获得时间单位以外的含义,旧世纪的终结和新世纪的来临象征着一种历史的转折。这种转折或是一种伟大的成就,或是一种空前的危机。例如,15世纪末、16世纪,基督教文明内部经历了巨大裂变,文艺复兴从意大利扩展到整个西欧,催生了与资本主义发展要求相适应的人文主义精神;同时西欧开始了大航海运动,哥伦布发现美洲大陆。16世纪末、17世纪,人类社会出现了贸易经济与商业文明,葡萄牙、西班牙、荷兰等凭借其强大的海上舰队各领风骚几十年。英国后来者居上,击败西班牙无敌舰队,成为海上强国;18世纪末、19世纪,工业革命从英国发展到西欧大陆,推动人类社会进入工业文明时代;英国成为世界头号工业强国、日不落帝国。19世纪末、20世纪,美国崛起,逐步取代英国成为世界头号大国强国,工业文明中心从欧洲转移到北美。当然,对世纪的转折也有不同的理解,有人认为,世纪末通常将面临空前的危机。梁启超说:"他们有句话叫做'世纪末',这句话的意味,从狭义的解释,就像一年将近除夕,大小账务,逼着要清算,却是头绪纷繁,不知从何算起,从广义来解释,就是世界末日,文明灭绝的时候快到了。"①

既然世纪更替象征着转折,意味着突破,机遇与危机并存,那么在20世纪的脚步匆匆而过,迎来又一个新的世纪和新的千年之际,人类将面临什么样的变局?需要思考什么?需要做什么?人类的历史将走向何方?沉寂了三百多年的亚洲会复兴吗?21世纪是否将是亚洲的世纪?东亚必将发展成为世界经济格局中的重要一极?这些都是21世纪的重要话题。

约翰·奈斯比特在《亚洲大趋势》一书中断言,"当进入2000年时,在经济、政治和文化上,亚洲将跃居世界领先地位。"②20世纪后期以来东亚经济的快速发展,特别是进入21世纪世界经济重心东移趋势愈加明显,为他的预言提供了支持。有的机构和许多学者预测,到2025年,东亚的经济规模将重新占到全球经济的40%,从而恢复到1820年曾拥有的重要地位。

与东亚经济发展形成鲜明对照的是,在由美国次贷危机引爆的金融海啸的冲击下,西方发达国家经济发展乏力,危机四伏,引发了世界性的经济衰退。1914—1918年的第一次世界大战使梁启超对西方文明第一次发问:西方社会怎么了?他认为

① 夏晓虹编:《梁启超文选》上,中国广播电视出版社1992年版,第413页。

② 约翰·奈斯比特:《亚洲大趋势》,蔚文译,外文出版社1996年版,第2页。

第一次世界大战及其所带来的灾难,使人们重新思考东、西方文明各自的优缺点,并提出"是拿西洋的文明来扩充我的文明,又拿我的文明去补助西洋的文明,叫它化合起来成一种新文明"①的解决方法。现在是否又可以提出类似的发问:20世纪西方工业文明正在走向终结吗?东亚经济发展的模式是不是隐藏着解决问题的方法?世界再次不约而同地把目光转到东方。

亚洲崛起的本质是什么?资本主义化?社会主义化?西方式的现代化?东方式的现代化?人类社会现代化的目标是一致的,但是现代化的道路应该是多样的。从东亚经济模式的形成和发展特点来看,东方文化的伦理和价值观念在与现代工业理性的结合中展现了它的魅力,以其极强的团体凝聚力促使东亚各国经济的快速发展。从更广阔的视野来看,亚洲崛起,世界经济重心东移,不单单是世界产业转移的结果,它还是人类文明发展、转移规律作用的必然趋势。这是否预示着东方文化开始走上复兴之路?

本书想和读者讨论这些世纪性的话题。

二、围棋思维方法

传说中国围棋起源于尧或舜,《路史后记》中说尧的儿子丹朱行为不端,尧从神仙处学来围棋教育儿子。晋代的张华在《博物志》中则说:"舜以子商均愚,故作围棋以教之。"无论哪一种说法,都说明围棋可以开发智力、陶冶情操。围棋之所以具有这些功能,是因为围棋中包含着丰富的哲学智慧和战略战术思

---

①　夏晓虹编:《梁启超文选》上,中国广播电视出版社1992年版,第426页。

想。汉朝的马融在《围棋赋》中就把围棋视为战场,把下围棋当作用兵作战,"略观围棋兮法于用兵,三尺之局兮为战斗场"。故古人常说棋虽小道,实与兵合。

围棋思维融合、体现了中国传统哲学思维的精华,其最大的特点在于它的整体性、系统性和关联性,强调从整体上去把握个体,注重个体之间的互动与变化。围棋的每一个棋子都没有个性,也没有自己的特殊地位,它的价值在于这一子在全盘棋局中的作用。所以围棋的胜败不在一城一地的得失,而在于全局上是否胜算。宋朝的张拟在《棋经十三篇》中说:"棋者,以正合其势,以权制其敌。故计定于内而势成于外,战未合而算胜者,得算多也。算不胜者,得算少也。战已合而不知胜负者,无算也。"因此,围棋最讲究布局,弈棋布势,务相接连。围棋思维方式的要点是外求得势,内求做活,注重"脱先",有"宁输数子,勿失一先"之说,与其恋子以求生,不若弃之而取势。当然,何时脱先是对智慧的考验,该抢先手而不抢,会坐失良机;不该抢先手而抢了,就会得不偿失。这就要对全局进行综合分析、判断,权衡轻重缓急。

本书的研究力图运用和体现围棋思维的整体性、系统性、关联性、得势、求先等原则。首先,本书主要研究中国在东亚地区的经济战略,但没有就东亚谈东亚,而是将东亚放到世界经济的体系、格局中来讨论。其次,也没有局限于经济谈经济,而是从人类文明发展、转移规律的高度,探讨亚洲、东亚经济崛起的客观必然性,强调这不单是世界产业转移的结果,在更深层的意义上,是人类文明发展的必然趋势。第三,在具体论述东亚经济战略的时候,始终把东亚作为一个整体,强调在尊重各国利益的前提下,谋求东亚整体利益的最大化;同时,把东亚看成一个相互依存、密不可分的系统,把东亚各个次区域、乃至各国的经济战略放到这个系统中来考量。提出通过中国与东盟的先行合作,带动中日韩之间的合作,同时把投资贸易、能源、金融等作为重点合作领域,谋求突破。

如何为中国东亚经济战略找到"活眼",也是本书研究的重点。本书认为,两岸四地经济一体化是中国东亚经济战略的力量所在,它成为中国东亚经济战略的中心策略;而粤港澳合作与融合可以为两岸四地经济一体化积累经验,对中国东亚经济战略关系重大。所以两岸四地、粤港澳,可以看作中国东亚经济战略的"活眼"。

三、主要思想观点

汤因比曾经说过,欧洲没有一个民族国家能够独立地说明自身的历史问题,应该把历史现象放到更大的范围内加以比较和考察,这种更大的范围就是文明。同样的道理,我们不应该局限于亚洲的范围来讨论亚洲的问题,否则就说不清楚亚洲的问题;也不应该局限于经济范围来讨论经济问题,否则就说不清楚经济问题。本书试图从人类文明发展、转移规律的高度,从世界经济发展的态势和格局的大视角,来考察、分析亚洲的发展,探讨 21 世纪亚洲发展的机遇,并以此为背景来讨论中国东亚经济战略问题。

第一,世界经济重心东移昭示人类文明转移的新趋势。

从 20 世纪后半期开始,东亚经济有了近 60 年的高速发展,理论界对此展开了激烈的讨论,引发了 21 世纪之争。我们认为,东亚、南亚经济持续快速发展,亚洲崛起,世界经济中心东移,不是一种偶然的现象,不单是世界性产业转移的结果,而是人类文明发展规律使然,是一种历史的必然性,昭示着人类文明发展、转移的新趋势,昭示着东方的复兴。

第二,东亚、北美、欧盟三足鼎立可能是比较理想的世界经济格局。

面对亚洲的崛起,不同的利益主体有不同的反应。对世界而言,亚洲的崛起是福音吗?世界经济如何才能安全、健康、可持续发展?近代以来,世界经济出现过三种大格局:以英国为核心的欧洲一极独大的时期,形成了殖民体系,世界分为掠夺者(宗主国)和被掠夺者(殖民地);第二次世界大战后,世界经济分裂成资本主义和社会主义两大阵营,世界经济的联系与合作受到极大限制,美苏双方被绑在军备竞赛的战车上,疲惫的人们在观看人类登上月球的时候,不得不忍受着日用品的短缺;20世纪80年代末90年代初,东欧剧变、苏联解体,两大阵营不复存在,美国成为唯一超级大国,形成了以美国为核心的一极独大的局面。为追求美国利益最大化,美国在世界范围内推行经济霸权主义,对敢于拂逆其意志者随意进行经济制裁乃至动武。美国不仅深刻而突出地影响了全球经济秩序,甚至把全球经济秩序变成美国经济秩序。历史经验告诉我们,无论是一极还是两极都不是世界经济的理想格局。当前世界经济正在形成东亚、北美、欧盟三足鼎立的局面。这可能是比较理想的世界经济格局。

第三,应对国际经济大变局需要制定国家对外经济战略。

对中国等东亚国家而言,世界经济重心东移是百年一遇的大机遇,文明中心东移更是千年一遇的大机遇,谁先抓到这个机遇,谁就会在未来居于主动的地位。在这历史发展的关键时刻,国家大战略有着决定性的作用。国家大战略包括对内战略和对外战略两大部分,在经济全球化时代,对外经济战略是国家大战略的核心。随着世界经济发展趋势和世界经济格局发生巨大变化,中国将迎来百年不遇的发展良机,也将面临巨大压力和严峻挑战,必须制定高瞻远瞩、深思熟虑的对外经济战略。中国是东亚国家,东亚对中国对外经济战略的得失成败关系重大;研究、制定、实施对外经济战略,必须把东亚作为立足点。

第四,东亚经济战略是国家对外经济战略的重中之重。

东亚、北美、欧洲对中国的对外经济战略来说是一个大三角,这个大三角保持平稳状态,则中国经济平稳发展,世界经济平稳发展。东亚、北美、欧洲又像天平上的三个点,东亚居中,北美、欧洲分据两端。在这部天平上,任何一点的缺失,平衡都不能保持;但是,东亚是支撑点,因此东亚经济战略是中国对外经济战略的重中之重,它关系到中国能否拥有和平建设发展的环境,能否很好地参与世界经济的合作与竞争,能否有效地推动建设公正、合理的国际经济新秩序。

第五,中国东亚经济战略要运用好三大策略。

历史给了东亚崛起的机遇,东亚准备好了吗? 从目前情况来说,东亚历史恩怨与现实矛盾交错,如何有效推进东亚经济一体化需要高度的政治智慧。中国要实现东亚经济战略目标,须运用好三大策略:即中心策略、区域策略、重点策略。中心策略是指:中国必须加快推进两岸四地的合作与融合,建立自己的内循环体系,以此作为推动东亚经济一体化的基本经济力量。区域策略是指:东亚地区存在三个明显的次区域经济圈,即中华经济圈、东盟经济圈以及日韩经济圈。除了把两岸四地的合作与融合作为核心、基础,应该把中国—东盟自由贸易区作为推进东亚经济一体化的突破口,并以此推进中韩、中日自由贸易区的发展进程,最后实现10+3。重点策略是指:在全面推进东亚经济合作的同时,要努力在关系东亚经济合作、发展的全局和未来的重要领域,如能源、货币合作等方面实现突破。

第六,粤港澳应该成为亚太地区最重要的经济平台。

粤港澳在中国东亚经济战略中具有重要地位。应该把粤港澳合作上升为国家大战略的重要组成部分,推动粤港澳加强合作,加快一体化进程,把粤港澳建设成为亚太地区最重要的经济平台,既是东亚各经济体开展经济交流与合作的重要平台,又是东亚各经济体与世界其他经济体交流、合作的重要平台。以更紧密贸易安排为基础,大胆创新,实现粤港澳经济融合,这不仅对确保香港、澳门长期稳定、发展、繁荣有重大意义,而且可以为两种制度的经济融合积累经验,对推动两岸四地的经济融合产生积极重大影响。粤港澳经济融合还有利于推动华南西南的合作与发展,加强华南西南与东盟的合作,从而使中国—东盟自由贸易区建设取得更好的成果。

第七,中国东亚经济战略要高度重视处理好中美关系。

20世纪后半期以来,东亚通过三次承接发达国家产业转移,成为世界产业链的重要一环,与世界经济体系紧密相连。东亚经济一体化进程不能不受世界各经济体的影响,中国东亚经济战略不能不考虑国际经济体系的各种要素。美国在东亚有着重大的现实利益和巨大的影响力,是东亚经济合作进程中最重要的外部因素。进入21世纪,特别是2008年世界金融危机爆发后,美国经济实力受到了削弱,但是美国对东亚、乃至整个亚洲仍有巨大的影响。中国东亚经济战略必须对美国在亚太地区的战略有准确的判断,明确中美合作的战略目标,制定得当的应对之策。

每一文化有其各自的自我发展的可能性,它兴起、成熟、腐败,而一去不复返。

——斯宾格勒:《西方的没落》

第一章　文明的转移与亚洲的机遇

近几十年来,东亚南亚经济快速发展,成为世界经济最具活力的地区和新的增长中心,推动全球经济重心由西向东移动。这为我们分析和把握当今世界经济格局提供了丰富的素材。

第一节　亚洲的崛起与 21 世纪之争

在经济全球化和世界性产业大转移的背景下,亚洲一批国家和地区工业化进程加快,经济高速发展,引发了全球经济中心东移和 21 世纪之争。

一、亚洲的崛起

从 20 世纪 50、60 年代以来,东亚、南亚国家地区的经济一个波浪接着一个波浪快速发展,成为 20 世纪后半期、21 世纪初世界经济的亮点。

第一波浪潮是日本。战后日本采取出口导向型经济发展战略,推动日本经济迅速恢复、发展。从 1955 年到 1964 年的 10 年间,日本 GNP 年均增长 9.7%,工矿业生产年均增长 14.6%。日本"1964 年的生产水平为 1954 年的 3.8 倍,为战前水平的 6.4 倍。"①从 1955 年到 1973 年,日本国民生产总值增加了 12.5 倍,人均国民收入增长 10 倍多,年均增长 9.8%。1966 年,日本经济总量超过英国,1967 年超过法国,1968 年超过西德,在资本主义国家中仅次于美国,成为亚洲新巨人,举世瞩目,创造了"世界经济奇迹"。

第二波浪潮是亚洲"四小龙",即中国的台湾和香港以及新加坡和韩国。据统计,从 1961 年至 1985 年的 25 年间,"四小龙"的平均增长率高达 9%。例如,韩国经济从 1962 年到 1979 年以每年递增 8.9% 的速度发展。② 从 1986 年起,韩国、新加坡、中国的香港和台湾的经济又再次呈现高涨。1992 年,韩国人均国民生产总值为 6635 美元,新加坡为 15200 美元,中国台湾为 10215 美元,中国香港达 16250 美元,高于欧共体的西班牙和爱尔兰。近 35 年来,"四小龙"已经从一个科技落后,生活贫穷的社会变成了一个科学技术先进,生活富裕的经济社会。韩国到 2003 年,人均 GNP 增加到 12600 多美元,外汇储备排名世界第四位,跨入新兴工业国的行列,成为"东亚四小龙之首"。

第三波浪潮是东南亚国家,特别是印度尼西亚、马来西亚、菲律宾和泰国。20 世纪 80 年代,这些国家在经济上开始崭露

---

① 林直道:《现代日本经济》,色文译,北京大学出版社 1995 年版,第 40 页。
② 金正濂:《韩国经济腾飞的奥秘》,张可喜译,新华出版社 1993 年版,第 12 页。

头角,以惊人的速度发展,引起了世界关注,被称为亚洲的新"四小龙"。新"四小龙"经济平均增长速度,在 70 年代为7.9%,80 年代为 5.4%,1990 年和 1991 年分别为 7.4% 和6.5%。泰国从 1990 年至 1996 年经济年均增长率约 8%,1995年人均收入超过 2500 美元。印度尼西亚在第一个 25 年长期建设计划中,国民生产总值年均增长 6%,通货膨胀控制在 10% 以内,特别是从 1973 年到 1981 年,印度尼西亚国内生产总值年均增长率高达 7%—8%。

第四波浪潮是中国。从 1979—2007 年,中国的 GDP 年均增长率为 9.9%,其中,90 年代的头 5 年(1991—1995)年均增长12%。进入 21 世纪以来,中国国民生产总值先后超过发达国家加拿大、意大利、法国、英国、德国。2010 年第二季度,中国国内生产总值为 13390 亿美元,首次超过日本的 12880 亿美元,成为全球第二大经济体。2002 年 10 月 10 日,美国《华尔街日报》以《世界工厂》为题报道中国已经成为世界工厂:"全球市场现在已经很少有什么产品不在中国生产了。许多外国制造商发现他们要么必须在中国进行生产,要么必须扩大从中国的购买额。中国已经成为世界工厂,中国生产的产品数量非常巨大、覆盖范围非常之广,这已经使得中国开始对世界范围内的产品市场构成一种压力,这些产品包括从电视机、手机到蘑菇等各个种类。"①

印度的经济也有了很快的发展。1991 年,时任印度财政部长的辛格倡导改革,与独立以来实行了 40 多年的半管制经济体制决裂。印度从此走上快速发展之路。从 1991 年到现在,印度

---

① 《美报:中国已经成为世界工厂》,见《参考消息》2002 年 10 月 15 日。

经济年均增长 7%—8%。据塔塔服务公司《2001—2002 年度统计手册》，2000 年印度国内生产总值为 4794 亿美元，比 1990 年增加 48%。由于印度拥有一大批掌握先进科学技术又精通英语的人才，美国在经济结构调整中把许多技术性劳务转移到印度，从而有力地推动了印度软件业的发展。目前，印度国内从事软件外包业务者多达几十万人，软件出口额超过 100 亿美元。在中国成为世界制造中心的同时，印度成为世界软件技术开发、应用中心。

东亚、南亚经济几十年持续、快速发展，改变了世界经济格局。2007 年，亚洲经济总量和贸易额已经占全球的 40% 左右，外汇储备占全球 60% 以上。2010 年，中国、日本、印度、韩国的经济总量分别居世界第二、第三、第九、第十五位。亚洲开发银行的年度报告认为，亚洲已经成为世界上一支重要的经济力量，已经与美欧形成三足鼎立之势。

二、21 世纪之争

面对世界经济发展新的趋势和世界经济格局的巨大变化，围绕谁是 21 世纪的新宠儿，许多理论家和政论家各抒己见，众说纷纭，莫衷一是。

——21 世纪将是亚洲的世纪？

早在 1980 年 2 月，美国著名政治学家罗德里克·麦克法夸尔就指出，在 20 世纪 90 年代和 21 世纪初，对西方的挑战不会来自苏联或中东。苏联的挑战基本上是军事上的，中东的挑战主要是经济上的。与之相比，来自东亚的挑战是全面的，从经济发展的风格一直到基本的价值观。美国未来学家约翰·奈斯比特在《亚洲大趋势》一书中写到："亚洲的现代化将成为本世纪

90年代到下世纪初最重要的世界发展动向。"①他曾经指出,目前亚洲正出现一个新的中产阶级,其规模是世界从未见过的。如果亚洲经济以过去10年的6%到10%的速度继续增长,那么亚洲的中产阶级在今后10年内将扩大一至两倍,也就是说,到2010年,可达到8亿—10亿人,结果将产生惊人的8万亿—10万亿美元的购买力,这个数字大约比美国今天的购买力高150%。② 亚洲已成为世界上最大的消费品和资本市场。亚洲将在经济、政治和文化方面成为世界占主导地位的区域。奈斯比特还敏锐地指出,亚洲的现代化不同于"西化",是一种"亚洲模式",亚洲人按照自己的一套办事规矩,使经济快速发展,成为世界的中心。他还说,无论现在或将来,亚洲都不会实行给国家造成沉重负担的社会保险和福利制度。

在欧美,还有很多人同意奈斯比特的观点。例如,曾经担任波士顿第一公司的首席经济学家罗韦尔,在《亚洲正在崛起》这本书中指出,许多美国人对东亚这一地区根本不了解,在这里,一些最成功的公司并不是美国和欧洲的跨国公司,而是当地的一些大企业。罗韦尔认为,推动亚洲经济增长的是在整个亚洲地区的大批华人,这些华人把一些小企业变成了生机勃勃的大型企业。在整个东南亚地区,有5000万至6000万华人,他们作为一个集团已形成了世界上最成功的企业帝国之一。英国下议院外交委员会主席豪厄尔也曾撰文认为,亚洲将主宰21世纪。他预测不久之后,亚洲部分地区千百万人的生活程度将超过欧

---

① 约翰·奈斯比特:《亚洲大趋势》,蔚文译,外文出版社1996年版,第6—7页。

② 约翰·奈斯比特:《亚洲大趋势》,蔚文译,外文出版社1996年版,第81页。

洲,实际上亚洲正在道德和经济方面领导全世界,而我们也许会发现,未来的构想早已在亚洲实现。中国也有学者从东亚是21世纪世界经济增长的中心、全球贸易的主要市场、全球投资的中心和重要的资金供应地等方面,论证21世纪是"亚洲的纪元"。

但是,美国斯坦福大学教授克鲁格曼,对21世纪是亚洲的世纪的观点提出质疑。1995年,克鲁格曼在《外交事务》杂志上发表一篇文章,题目是《东亚奇迹的神话》,对东亚经济的发展进行了评论。他认为,东亚经济的快速增长是靠劳动力的大量投入取得的,这种增长难以持久,因为经济的持续增长要靠全要素生产率的提高。东亚奇迹的带头者日本在20世纪末出现的"泡沫经济"、银行呆账等问题,就是这种经济发展模式弱点的大暴露。美国记者乔治·希克斯在《亚洲世纪的神话》一文中则认为,"导致'亚洲奇迹'之曙光推迟出现的唯一原因是政治障碍"。他认为,"要想达到世界级的收入水平,亚洲必须出现由质量推动的经济增长,或者出现经济学家们所说的综合要素生产率的持续提高。没有大量的发明和创造,这种前景是出现不了的。而没有社会、文化和政治革新,科技突破又是不可能的。"① 联合国在《1996年世界投资报告》中也认为亚洲世纪尚未开始,因为发达国家在世界吸收外国直接投资流量中所占的比重逐渐增加,其中欧洲跨国公司视美国为最主要的投资区域,英国大型投资大多投向美国,北美跨国公司也将欧洲视做未来最重要的投资区域,美国对西欧的关系更具实质性。美国外交学会研究员乔舒亚·柯兰齐克,2010年2月11日在美国《波士顿环球报》网站发表文章谈道:亚洲的崛起也许最终只是一个

---

① 乔治·希克斯:《亚洲世纪的神话》,见《商业周刊》1999年2月8日。

幻想。亚洲经济增长面临着一些难以克服的障碍,其中之一是人口问题,中国人口正在老龄化;迫在眉睫的政治动荡也威胁着亚洲的崛起,亚洲尚未消除民族主义的威胁;更大的问题是几乎没有哪个亚洲领导人知道应该用何种价值观、理念或历史观将亚洲团结起来。

还有一种观点认为,对21世纪是否是"亚洲的世纪"要作具体分析。1996年9月22日,韩国《中央日报》发表专论《21世纪是亚洲的时代》,认为在过去30多年来,东亚国家和地区在经济上取得了惊人的成就,提高了自己的国际地位,由世界的"边缘地区"转变成世人瞩目的一个中心。作为亚洲国家,对"21世纪是亚洲时代的来临"充满希望,但这只是确立了亚洲同欧洲和美国这两大势力相并列的地位,因为基础设施的匮乏、高级人才的短缺、经济力量的差异、意识形态的不同、民族与宗教信仰间的矛盾、领土纷争、结构性变化的迟缓,这些都使东亚尚未建立起符合这种构想的基础。把"21世纪是亚洲时代"这一构想变为现实,取决于"亚洲人"的决心和努力,要经历比过去更艰难的历程。日本前首相竹下登1996年9月在"展望21世纪论坛"会议上,也就"亚洲未来的方向"阐述了自己的看法。他虽然明确提出了"21世纪是亚洲的时代",但同时强调,这里指的是亚洲是世界经济增长中心的一翼,而要使21世纪成为亚洲的时代,亚洲地区应当在牢固的和平环境下完成更大的飞跃,发挥世界经济火车头的作用。

——21世纪是太平洋世纪?

美国学者比尔·梅勒认为,由于东亚经济繁荣将继续,太平洋时代显然已经提前到来。他还引用了日本前首相宫泽喜一、澳大利亚前外长加雷斯·埃文斯等一些国家首脑或政府部长的言论,以证明"太平洋世纪"的到来不是他本人的臆断。美国自里根时代起,就开始把 21 世纪称为"太平洋世纪",克林顿政府于 1993 年 11 月倡议召开的 APEC 首届非正式首脑会议,正是这种期待的体现。法国人也认为,太平洋地区是世界上新的经济增长中心。[①] 得出这个结论源自三个理由:一是东亚地区已经成为世界经济增长中心;二是太平洋沿岸国家(地区)已经成为世界经济发展的有利因素;三是人类文明的中心由地中海扩展到欧洲,再由欧洲越过大西洋移至太平洋,从而形成"太平洋文明"。太平洋地区是欧洲文明圈与亚洲文明圈交会的地方,尽管该地区的民族、宗教和文化等无论哪一方面都极其复杂多样,但是,该地区将会出现博采东西之长的"太平洋文明",这将是世界文明史上的新篇章。1993 年 11 月,美国前商务部长布朗在一次演说中指出:"今天,横越太平洋的贸易多于横越大西洋的贸易。太平洋国家的经济产出大大超过世界经济产出的一半,它们的经济是世界上发展最快的。因此,亚太地区不仅是我们命运的归宿,也是我们目前财富的来源。""美国欢迎太平洋世纪的到来。在这个世纪里,作为太平洋地区生产能力和创新精神最强的国家,美国仍能起领导作用。太平洋世纪将带来一个全新的美国世纪,这个世纪比行将结束的美国世纪更具挑战性、更加繁荣昌盛"。[②] 在 2011 年亚太经合组织(APEC)会议间隙,美国国务卿希拉里·克林顿在火奴鲁鲁(檀香山)的东西方中心发表演讲说:"21 世纪将是美国的太平洋世纪。"

也有的学者认为,虽然 21 世纪世界的经济重心将在亚太地

---

① 比尔·梅勒:《欢笑的一年》,见《时代周刊》1993 年 2 月。

② 引自赵学功:《当代美国外交》,社会科学文献出版社 2001 年版,第 158 页。

区,但21世纪并非属于它,因为亚太经合组织虽然拥有许多优势,诸如自然资源丰富、资金雄厚、技术先进、劳动力充沛、市场广阔,并以发展中成员经济增长速度快而著称;然而,由于其成员过多、地域过广、内部经济差距大、社会制度不同、文化背景迥异,因而难于建立起在世界经济中能够发挥统一作用的区域性集团。

英国经济学教授西格尔对19项重要经济指标进行研究后,得出"不会出现所谓的太平洋世纪"的结论。其理由是:太平洋地区各成员国之间的距离太远;亚洲各国(地区)之间没有任何政治或文化的一致性;亚洲的居民从来不曾有过单一组织,也从未宣称他们是一个单一实体的一部分;一个集体主义的集权国家往往比自由市场的民主社会更容易促成经济成长;东亚经济的成长将逐步放慢,1997年东南亚金融危机以后亚洲各国出现的经济衰退,就可以证明这一点。

——21世纪是大西洋和太平洋的世纪?

有的学者认为,由于太平洋国家(地区)众多,经济发展水平悬殊,民族、宗教和政治文化背景复杂,在21世纪还很难在世界政治、经济和文化等方面发挥火车头的作用。在一个多极化的世界中,经济发展的重心不只一个,而会是多个。在亚太地区成为世界经济发展重心的同时,以欧美为核心的大西洋地区仍然是21世纪的经济重心之一。事实证明,关于21世纪是太平洋的世纪的预言并不全面。在亚洲环太平洋地区经济不断增长的同时,世界力量的支点同样也在大西洋沿岸竖起。21世纪世界经济的发展重心将是"一条扁担挑起的两个筐":一个筐是以东亚为核心的太平洋地区,另一个筐则是由欧洲和美洲组成的大西洋地区。太平洋经济区与大西洋经济区两大经济重心正在形成,成为 21 世纪世界经济发展的两大力量。

有关 21 世纪之争并不仅限于此。比如,有一种观点认为,世界经济还处于北美自由贸易区和欧洲联盟占绝对优势的时期,因此,21 世纪仍然是欧洲和北美的世纪。还有的美国学者坚称 21 世纪依然是美国的世纪。

在人类历史发展史上,某些国家在某个时期经济发展快一些,本来是很正常的,为什么近半个世纪来亚洲这些国家地区的快速发展,会如此令人瞩目,被称为亚洲崛起,甚至有的说 21 世纪是亚洲的世纪? 首先,日本、韩国、东南亚国家、中国、印度的人口加起来超过 30 亿,接近全世界人口的一半,在人口如此多的一个大的区域里,出现一波接一波的经济发展浪潮,这在人类发展史上还是头一次出现。其次,亚洲这些国家、地区工业化、现代化的道路同西方发达国家走过的路子不完全一样,有浓厚的东方文化色彩。第三,亚洲这些国家、地区由于种种原因,过去长时期像一盘散沙,可是在最近十多年来加强了合作,逐步形成区域组织的力量。第四,与亚洲这些国家、地区蓬勃发展形成鲜明对照的是,20 世纪末以来、特别是在国际金融危机、经济危机的冲击下,欧美发达国家面临重重困难,经济复苏缓慢,使亚洲尤其是东亚更加光彩照人。

第二节 人类文明的发展和转移

对谁是 21 世纪的宠儿的讨论,提出了许多有启发的观点。但是,从方法论来说,这些讨论主要从经济角度思考问题,从而大大局限了人们的眼界。只有把历史现象放到更大的范围加以比较和考察,从人类文明发展、转移的规律来思考亚洲崛起和世界经济中心东移,才能更深刻地认识和科学把握 21 世纪世界经济发展的大趋势。

一、人类文明产生、发展的历程

在中国,"文明"这个词很早出现。《易·乾卦》有"见龙在田,天下文明。"孔颖达疏:"天下文明者,阳气在田,始生万物,故天下有文章而光明也。"在古代中国,文明被理解为文化发展的程度,故《文心雕龙》有"心生而言立,言立而文明"之说。在西方,文明作为一个特定的概念,"出现得较晚,在 18 世纪的法国还不太引人注目。"[①]英文中的文明(civilization)一词源于拉丁文"civis"。civis 的本来含义是指在某一个地方定居下来的人,引申出来就是市民或者公民。在拉丁文当中,civilis 的含义是指公民的素质和修养,以及对公民有益的教育和影响。

目前学术界对文明有许多不同的理解。我们认为,文明与文化有联系又有区别,文明的内涵比文化的内涵更丰富,文明表达的是人类社会发展进步的一种状态,主要体现在人性的进化、人类能力的提高、社会的进步和经济文化的成就上面。

人类是由古猿进化而来的,人类文明产生、发展的过程,也就是我们的祖先脱离动物界、人性成长、人类社会发展进步的过程。从爬行到直立行走,我们的祖先迈出了向人类进化的第一步;从使用天然物具到使用自己制造的工具,并学会人工取火,我们的祖先最终和动物界分开,标志着人类的诞生,人类文明也

---

① 布罗代尔:《文明史纲》,肖等译,广西师范大学出版社 2003 年版,第 23 页。

由此起源、传承。

在许多哲学家、历史学家眼里,人类文明发展的历程就是人类社会发展的历史。德国哲学家雅斯贝斯(1883—1969)将人类历史划分为四个阶段:一是史前文明,又称普罗米修斯时代,此时人类已经掌握了一定的生产生活技术手段,只是对人类自我尚缺乏自觉;二是古代文明,人们在共同的语言、文化的基础上,形成了不同的民族统一体;三是轴心时代,约在公元前800年至公元前200年,几个古代文明地区如中国、印度、两河流域与希腊等,哲人辈出,他们的思想普遍为人们所接受,人类破天荒地实现了自身的第一次大突破;四是科学技术时代,以西方为代表,自15世纪至20世纪大力发展科学技术,但在性质上仍然只是谋生手段的提高。英国历史学家汤因比(1889—1975)却认为,历史进入文明阶段不过刚刚超过6000年,而人类历史至少已有30万年,文明的历史长度只占整个人类历史长度的百分之二,因此,在哲学意义上,所有文明社会都是同时代的。他认为在人类近6000年的历史发展中,曾出现过26种文明形态,其中21种得到了发展。

综观人类社会发展进程,我们发现人类文明发展有许多十分有趣的现象。在上古时代,人类文明的生成和发展主要以地理自然环境为基础,呈现百花争艳的局面。这个时期以新石器和铜器为生产力特征,是一种比较原始的农耕或游牧文明,各自精彩,互不影响。在亚洲,有西亚幼发拉底河和底格里斯河的苏美尔—阿卡德—巴比伦文明,有东亚的黄河—长江流域的中华文明,有南亚的印度河流域古印度文明;在非洲有尼罗河流域的古埃及文明;在欧洲有克里特—爱琴文明及古希腊—罗马文明;在中南美洲有玛雅—阿兹特克—印加文明。

中古时代,人类文明发展出现了新的局面:生产工具、思想文化、社会制度对人类文明的发展发挥了重大影响,出现了跨区域、跨洲际影响的区域性农业文明。中古时期的农业文明以铁器为生产力特征,自耕自足的小农经济是主要经济形态,血缘宗法和等级是社会关系的纽带和特征,实行集权专制政治。在西方是神权政治。① 这个时期人类文明中心以阿拉伯帝国和中国为代表。公元 7—13 世纪,阿拉伯人建立了横跨欧、亚、非三洲的大帝国,面积最大时达到了 1339 万平方公里,是人类历史上东西方跨度最大的帝国,创造了灿烂的阿拉伯文化。中国是亚洲最重要的文明中心之一,唐宋时期,中国的农业、手工业、文化艺术和社会管理制度等,在世界上都是比较先进的,对国际社会特别是亚洲产生了重大影响。

进入近代,农业文明逐步被工业文明取代,机电动力成为最重要生产力,建立在流水线大生产基础上的工业化市场经济是主要经济形态,出现个人的自由平等、民族国家、代议民主制等。18 世纪末 19 世纪以后,欧洲取代亚洲发展成为以工业文明为标志的世界文明的中心。欧洲成为世界工业文明中心的主要动力,一是从意大利发起的欧洲文艺复兴运动,二是从英国开始的欧洲工业革命。欧洲作为世界文明中心也有一个发展的过程,发芽于荷兰、西班牙、意大利,形成于英国,后来发展到整个欧洲。到了 20 世纪中叶,工业文明的中心又开始由欧洲转移到北美。

---

① 这个时期西欧的情况比较特殊。西罗马帝国灭亡后,日耳曼人占领了西欧,欧洲走向黑暗的宗教神权政治时代,一直延续了近千年。

二、人类文明发展和转移的规律

为什么上古农耕或游牧文明星星点点分布在大河流域,呈现百花争艳、各自精彩的局面?为什么农业文明的中心在东方,而工业文明的中心却在西方?人类文明发展、转移的进程有什么规律吗?纵观人类文明的历程,我们发现人类文明发展、转移有如下四个特点:

第一,人类文明发展、转移的速度与人类社会发展进步成正比。

狩猎采集文明和农耕畜牧文明经历了近 200 万年的漫长历程;农业文明经历了 3000—5000 年的历史;工业文明从诞生至今只有 500 年左右,人们就已经开始怀疑工业文明是否走到尽头了,是否要被更新、更先进的文明形态取代。可见,在远古、上古时代,人类处于蒙昧阶段,劳动生产能力低下,社会进步缓慢,人类文明发展也缓慢。进入近代,随着人类社会发展步伐加快,人类文明发展的速度也在加快。所以,人类社会发展越进步,人类文明发展速度就越快。

第二,人类文明之间的相互影响与历史发展成正比。

人类历史开始之初,各民族的生存、发展受地理环境制约极大,相互之间缺乏交流,互相影响较少。因此,农耕游牧文明时代,没有形成世界性的文明中心,即使是阿拉伯帝国和中国的大唐王朝,也只是国际性的区域中心,而且这两大文明中心缺乏足够的交流,彼此相互影响不大。① 随着人类社会的发展,国际社

---

① 公元 751 年,唐朝军队与阿拉伯军队在怛罗斯(唐朝安西四镇之一的碎叶城附近,接近哈萨克斯坦的塔拉兹的附近地区)发生战争,此役唐军损失惨重,两万人的安西精锐部队几乎全军覆没,阵亡和被俘各自近半,许多中国文化由此传入阿拉伯。

会交往加强,各民族文明之间的影响越来越大。在相互交往、相互影响的过程中,哪个民族的文明影响力更大,辐射力更强,自然而然就发展成为世界文明中心。全球化使人类某个地区的文明不能脱离与其他文明的联系而单独发展,文明的融合成为现代社会最明显的特征。

第三,新文明的出现与旧文明的发展程度成反比。一种新的文明形态通常不是在前一种文明形态发展最成熟、最充分的地区出现;相反,往往是在前一种文明形态欠发展的地区出现,使得文明的发展呈现出跳跃性。例如,在农业文明取得辉煌成就的东方并没有率先诞生工业文明,更没有发展成为工业文明的中心。近现代的工业文明在农业文明相对欠发达的西方首先发展、繁荣,并达到顶峰。其主要原因是,一种文明形态发展得越充分、越成熟,其自我保护能力就越强,对新文明的抵抗能力也越强,新文明的嫩芽很难从其内部发展壮大。

第四,文明发展转移具有渐进性和跨越性特点。所谓渐进性是指,人类文明遵循从低级形态向高级形态循序渐进发展的规律,一种新的文明形态的产生,以前一种文明形态的发展为前提,比如从农耕游牧文明发展到农业文明,从农业文明发展到工业文明,如此等等。所谓跨越性有两个含义:首先,对于某些地区、国家来说,不是只有等前一种文明形态充分发展后才能产生、发展出一种新的文明形态;相反,从前一种较低级文明形态发展到后一种较高级文明形态,往往出现跳跃现象。如日耳曼人、阿拉伯人、斯拉夫人都是从原始社会直接进入封建社会。其次,这种跨越性表现出地域性大跨度转移,即一种新的文明形态,通常不是在前一种旧的文明形态得到充分发展的地区及其周边出现,而是在前一种旧的文明形态没有充分发展的地区出现,并且这两种新旧文明中心的地域跨度很大。其主要原因是,文明中心有很强的辐射力和影响力,使得周围地区不容易产生异质文明。黑格尔很早就发现这个现象,他认为人类文明是绝对理念的社会体现,绝对理念不断运动,并且是一去不复还的。所以人类文明从古代东方开始,然后向西移动,经过中亚、希腊、罗马和欧洲,并在美洲达到一个光辉的顶点。

人类社会发展既有渐进又有跨越,这是人类社会发展的共性与个性的表现。马克思曾经指出:"无论哪一个社会形态,在它所能容纳的全部生产力发挥出来以前,是决不会灭亡的;而新的更高的生产关系,在它的物质存在条件在旧社会的胎胞里成熟以前,是决不会出现的。"①综观古今中外历史,人类社会是从原始社会、奴隶社会、封建社会、资本主义、社会主义……从低级形态向高级形态发展而来的。就是不认同资本主义必然被社会主义所取代的西方学者,也无法否认人类社会由低级形态向高级形态发展的进程。

但是,对于某些国家、地区来说,并不是只有在前一种社会形态得到充分发展以后,才能进入后一种新的社会形态;相反,往往是前一种社会形态发展不充分的地区、国家率先进入后一种新的社会形态。东方奴隶社会发展的成熟程度远不及西方,但是东方的封建社会时代比西方来得早,也比西方的封建制度发展得更充分更成熟。西方封建社会发展的成熟程度远不及东方,但是西方资本主义比东方发展得更早、更充分、更成熟。马克思当年讲俄国可能跨越资本主义的"卡夫丁峡谷",直接进入

---

① 《马克思恩格斯选集》第 2 卷,人民出版社 1995 年版,第 33 页。

社会主义,讲的也是人类社会发展存在跨越性特点。1881年2月,马克思在给查苏利奇的复信中提出,在俄国,以土地公有制为特征的农村公社依然存在。一方面,"土地公有制使它有可能直接地、逐步地把小地块个体耕作变为集体耕作,并且俄国农民已经在没有进行分配的草地上实行着集体耕作,俄国土地的天然地势适合于大规模地使用机器。农民习惯于劳动组合关系,有助于他们从小地块劳动向合作劳动过渡"。另一方面,"和控制着世界市场的西方生产同时存在,就使俄国可以不通过资本主义制度的卡夫丁峡谷,而把资本主义制度所创造的一切积极的成果用到公社中来。"①

人类文明发展、转移的这些特点,为我们思考21世纪经济发展趋势提供了充分的想象空间,也为我们思考21世纪亚洲的发展机遇提示了多维的角度和方法。

第三节 亚洲的机遇

对历史研究的一个重要使命,是根据历史发展的规律对未来进行预测。正如当代著名哲学家亨普尔(1891—1970)所说:"历史解释的目的也在于表明,事件不是'机遇问题',而是可以根据某些先行的或同时的条件加以预料的。这里所说的预料,不是宗教的预言或神谕,而是理性的科学预测,它以一般规律为前提。"②下面,我们就从世界科技和经济发展大势,从人类文明

---

① 《马克思恩格斯选集》第3卷,人民出版社1995年版,第765页。
② 转引自威廉·德雷:《历史哲学》,王炜、尚新建译,三联书店1988年版,第9—10页。

发展、转移的规律,来分析 21 世纪亚洲的发展机遇。

一、三个世纪初世界经济中心转移能说明什么

一个明显的事实是,直到 16、17 世纪,世界经济中心还在东方。当时亚洲是世界上综合实力最强的地区。甚至到了 18 世纪中叶,中国依然是世界上的强国大国。18 世纪,英国农学家巴罗跟随英国的马嘎尔尼使团来到中国,他考察了当时的中国农业,认为当时中国的农业技术水平是很高的。他说在中国播种 1 粒麦种可以收获 15 粒,而英国当时在欧洲是农业水平最高的国家,播种 1 粒麦种只能收获 10 粒。法国学者谢和奈在《中国的现代化》这本书里也讲到,18 世纪中国的农业达到了发展的高峰,由于农业技术、农作物品种的多样化和单位面积产量之高,中国农业在近代农业科学出现以前,是历史上最科学最发达的农业。保罗·肯尼迪在《大国的兴衰》一书中说,1750 年,乾隆中叶,中国的工业产量占世界工业总产量的 32.8%。而当时全欧洲只占 23.2%,比中国少得多。在乾隆后期中国贸易总值大约有 4.5 亿银两,英国贸易总值折合中国银两大约 1.7 亿两,只占中国的 1/3。区别在于中国主要是国内贸易,国外贸易很少;而英国主要是海外贸易,是全球性的贸易大国。18 世纪全世界超过 50 万人口的大城市一共有 10 个,中国占了 6 个。当时中国超过 50 万人口的城市是北京、南京、苏州、扬州、杭州、广州。超过 50 万人口的另外 4 个城市是伦敦、巴黎、日本的江户(就是现在的东京)以及伊斯坦布尔。保罗·肯尼迪说:"在近代以前时期的所有文明中,没有一个国家的文明比中国文明更发达、更先进。它有众多的人口(在 15 世纪有 1 亿—1.3 亿人口,而欧洲当时只有 5000 万—5500 万人),有灿烂的文化,⋯⋯

使外国来访者羡慕不已。"①

但是,到了19世纪初,英国经过工业革命,工业技术水平大大提高,工业经济和世界贸易长足发展,在世界经济中的地位急剧上升,成为世界经济领袖。到1890年,中国工业产量占世界工业总产量的比重从32%跌落到只占6.2%,而欧洲从23.2%上升到62%,在150年的时间里东西方的经济地位发生了大逆转。按麦迪森的估计,1820年英国的人均国内生产总值已是中国的3.4倍。英国的成功,带动了西欧的工业化,欧洲发展成为世界经济中心。

20世纪初,世界经济中心开始从欧洲向北美转移。1859年至1918年,美国工业总产值从不到20亿美元上升到840亿美元,黄金储备从占全球储备总量的17%上升到59%,贸易量则从4%上升到39.2%。美元作为储备货币的进程也开始启动,到了1925年,美元在国际贸易的地位已经超过英镑。第二次世界大战后,美元事实上已经是使用量最大的国际货币。布雷顿森林会议上,美元正式取代英镑成为最重要的国际储备货币。此时,美国的国内生产总值占全球当时生产总值的48%左右,北美取代欧洲成为国际经济中心。

进入21世纪,亚洲开始重现风采:东亚成为世界经济增长的中心,全球贸易的主要市场,全球投资的中心和重要的资金供应地。

19世纪初,世界经济中心从亚洲转移到欧洲,20世纪初世界经济中心从欧洲转移到北美,21世纪初,世界经济中心向亚

① 保罗·肯尼迪:《大国的兴衰》,王保存、陈景彪等译,求实出版社1988年版,第7页。

太地区移动,这是一种巧合,还是一种历史的必然?

二、汤浅现象与长波理论能告诉我们什么

1954 年,英国学者贝尔纳在《历史上的科学》一书中,提出了世界科学活动中心的思想。1962 年,日本神户大学科学史学家汤浅光朝,对《科学和技术编年表》等三种文献资料进行统计分析,以数据形式论证了贝尔纳关于科学中心及其转移过程的见解。汤浅光朝提出,当一个国家在一定时段内的科学活动成果数、超过全世界科学成果总数的 25%,则称该国家在此时段内成为世界科学中心,该国家保持成为世界科学中心的时段为其科学兴隆期。由此,他指出近代以来,科学中心按意大利——英国——法国——德国——美国的顺序转移,如下表所示。

汤浅光朝科学中心及其转移学说(据汤浅论文制成)

国　家	时　段	地　点	原因或其他说明	兴隆期(年)
意大利	1540—1610	佛罗伦萨、威尼斯、帕都瓦	文艺复兴	70
英　国	1660—1730	伦敦	社会革命(如考虑技术,则科技兴隆期至19世纪末)	70
法　国	1770—1830	巴黎	兴于法国大革命,止于科学家年龄老化	60
德　国	1810—1920	柏林	德国 1848—1849 革命位于兴隆期的中间点,止于希特勒上台	110
美　国	1920—2000	新英格兰、加利福尼亚		

据此,他得出以下三个结论:一是世界科学活动中心在发生着周期性的转移;二是科学中心在欧洲的兴隆期平均值为 80

年,因此,科学中心的转移周期是 80 年;三是若美国科学发展也遵循欧洲科学发展的同样规律,则美国的科学兴隆期将终止于2000 年。汤浅光朝本人将他的发现名之为"汤浅现象"。他认为世界科学活动是规律的,这种规律表现为一种周期性的科学中心转移。他预测美国之后,下一个世界科学中心较大的可能是前苏联。我国学者赵红州则看好中国,提出一种叫"红灯效应"的赶超机制,认为美国以及其他科学发达国家因科学道路上出现红灯而停止,当绿灯再次亮起时,中国恰好赶到。

　　既然科学发展会出现周期性的科学中心转移,那么经济发展会不会受其影响也表现为一种周期性?前苏联经济学家和统计学家尼古拉·季米特里耶维奇·康德拉季耶夫对此做了深入的研究。20 世纪 20 年代,在大量实证研究的基础上,他提出资本主义经济存在周期性的长期波动,创立了长波理论,形成长波理论经济学派。1939 年,经美国经济学家熊彼特提议,世界经济学界正式接受了"康德拉季耶夫周期"这一术语,普遍用它指称经济成长过程中的长时段波动。康德拉季耶夫的理论贡献因此被载入世界经济史册。

　　康德拉季耶夫详细考察了英国、法国、德国、美国等主要资本主义国家,从 18 世纪末到 20 世纪初的一系列经济指标,按时间序列排列这些统计资料,这些资料既包括"具有纯价值特性"的商品价格、利率和工资,或者"至少具有混合特性"的"对经济情况变动敏感的数量",也包括煤炭、生铁、铅等"纯实物量数列的变动"。在此基础上,他对经济发展的长波进行了实证研究,提出在资本主义经济中,除了存在通常所说的 7 年到 11 年的商业周期和 3 年半左右的"更短变动"之外,还"存在着一个平均长约50 年的长期波动",康德拉季耶夫指出,一个完整的长波的

"持续时间在 47 年到 60 年之间"。

康德拉季耶夫把从 1780 年到 1920 年这 140 年中的经济发展,归结为两个半长周期波动:第一个长波上升期是从 18 世纪 80 年代末或 90 年代初开始,持续到 1810—1817 年,下降期从 1810—1817 年开始,持续到 1844—1851 年;第二次长波上升期从 1844—1851 年持续到 1870—1875 年,下降期从 1870—1875 年开始直到 1890—1896 年;第三次长波上升期从 1890—1896 年持续到 1915—1920 年,而下降期大约从 1914—1920 年开始。①

从第二次世界大战结束到 20 世纪 70 年代初,由于第三次科技革命,西方发达资本主义进入高速增长的"黄金时期",长波理论研究处于沉寂时期。20 世纪 70 年代初开始,随着科技革命作用的消退,第四次长波再现下降波,又一次验证了康德拉季耶夫的长波理论。欧美学者对长波理论的研究又重新活跃起来,形成了各式各样的西方经济学长波理论。

汤浅现象、长波理论告诉人们:科学技术发展有周期性,科学中心发生着周期性的转移;经济发展也存在着长波周期,经济中心也会发生转移。那么科学技术和经济中心的转移是否必然产生社会文明的转移呢?

三、工业文明的基础动摇了吗

西方近代工业文明建立在两个基础之上:科学和工业。正如罗素所说:"通常谓之'近代'的这段历史时期,人的思想见解

---

① 参见王正毅:《世界体系论与中国》,商务印书馆 2000 年版,第 53—54 页。

和中古时期的思想见解有许多不同。其中有两点最重要,即教会的威信衰落下去,科学的威信逐步上升。"①科学的发展推动了工业经济发展,工业经济的发展成就了工业文明。近代工业的基础是能源,虽然也有水能、核能和风能等,但煤炭、石油和天然气是最基本的能源,它们是不可再生的能源。工业经济传统发展方式已经致使能源近乎枯竭,对土地的过度开发、超量的热废气排放等造成生态严重失衡,导致全球性的气温上升和环境污染。地球还能承载工业经济和工业文明的持续发展吗?此其一。其二,以工具理性为特征的科学给人性和人的精神生活造成了许多负面的影响,这被法国生物化学家莫诺(1910—1976)称为"一个更阴险、更深层次的罪恶"。当代德国著名哲学家胡塞尔(1859—1938)曾经指出,"科学的'危机'表现为科学丧失生活意义。"②人沦落为理性和机器的奴隶:科技本是为人造福的,理性本是人高于动物的本质特征之一,然而,如今科技和理性走向了人的对立面。西方科学是以世界的二元化为理论前提,主观和客观分离、对立。在人和自然分离的世界观中,自然的存在对人来说是被利用、被征服的对象,"人是自然的主人"是这种观点的典型表述。工业革命以来的经济增长模式,其后果是使人与自然处于尖锐的矛盾之中,导致全球性的人口激增、资源短缺、环境污染和生态破坏,使人类社会面临严重困境。这些问题的出现促使现代科学哲学进行反思,并开始对人类中心主义、客观主义和还原论进行批评。工业经济和科学理性陷入困境,使西方近代文明的基础发生动摇,这可能是东方文明复兴

---

① 罗素:《西方哲学史》下,马元德译,商务印书馆1982年版,第3页。
② 倪梁康选编:《胡塞尔选集》下,上海三联书店1997年版,第981页。

的最深刻的原因。因为工业文明二元对立的世界观和机械、形而上学的思维方式不能很好解决当今人类社会面临的种种难题;而东方天人合一的整体世界观和有机的、辩证的方法论,有可能给人类指出新的发展之路。

四、美国正在走向衰落吗

美国是当今世界上最强大的国家,也是西方发达国家当中最具创新力和活力的国家。20世纪末,美国处于鼎盛时期,经济持续快速发展,拥有可观的财政盈余,2001年结余1000亿美元。美国作为唯一超强的经济大国的主导地位显而易见,无可争议。那时,欧盟虽有15个成员国,但只有短短几年的历史,欧元还没有出生,[1]欧盟影响力极为有限;新兴经济体虽然已经在发展,但是还没有壮大,"金砖四国"这个词也未诞生,更谈不上金砖四国的联合行动;而从东欧剧变到苏联"解体"[2],俄罗斯、东欧国家还在混乱中摸索。然而,10年后的今天,美国风光不再。先是次贷危机引爆金融海啸,第一波应声倒下的是银行、保险等金融机构,有的破产,有的被收购,有的改行。美国五大投行也不能幸免,第五大投资银行贝尔斯登被摩根大通收购,第三

---

① 欧元是从2002年1月1日才正式启用。

② 1991年8月25日,苏共中央总书记米哈伊尔·戈尔巴乔夫辞去总书记职务,并呼吁苏共中央自行解散,苏共组织的垮台导致统一的国家的解体,苏联各加盟共和国如阿塞拜疆、白俄罗斯、吉尔吉斯斯坦、摩尔多瓦、土库曼斯坦、乌兹别克斯坦、乌克兰、爱沙尼亚等纷纷宣布独立,到1991年12月,除了俄罗斯和哈萨克斯坦外的所有加盟共和国都已经事实上脱离了苏联。1991年12月8日,俄罗斯、白俄罗斯和乌克兰的首脑签署协议,正式确认了苏联的已成现实的终结。1991年12月25日,苏联总统戈尔巴乔夫宣布辞职,将国家权力移交给俄罗斯总统。第二天,苏联最高苏维埃通过最后一项决议,宣布苏联停止存在。至此,苏联正式解体。

大投资银行美林证券被美国银行收购,第四大投资银行雷曼兄弟控股公司宣布破产。美国五大投行中幸存的高盛、摩根士丹利 2008 年的收益出现了其上市以来最大跌幅。接着,是大批金融机构的破产、重组,导致货币供给紧缩,冲击实体经济发展,造成大批工人、从业者失业,消费能力和进出口需求下降,经济发展乏力,增长势头逆转。于是,美联储开始救市行动,加快启动印钞机,效果并不理想。2011 年 9 月出台的"扭转操作",效果更是有限。这样一种近 180 度的大逆转,引发理论界对美国未来的激烈辩论。

　　一种观点认为美国的前景堪忧。英国《卫报》经济版主编拉里·埃利奥认为,美国已经出现不祥征兆。一是长期以来美国经济重心从制造业转向金融业,而且来自世界其他地方的制造商发起的挑战与日俱增。2007 年,美国制造业增加值占美国国内生产总值的比重只有 11.7%。这同 19 世纪后半叶、20 世纪初的英国很相似,那时英国工业霸主地位受到挑战,经济重心从英格兰北部转移到南部,从制造业转移到金融业,从生产转移到以投资收益为生。二是宏观经济政策也不如以往有效。为了防止重现 20 世纪 30 年代大萧条的情景,美联储、财政部和总统采取了一系列政策,以促进经济增长,但是收效甚微。三是美国已经处于文化堕落状态的晚期:军事过度扩张,贫富分化加剧,公民入不敷出、靠举债度日,暴力犯罪居高不下,肥胖成为流行病,沉迷色情及能源使用过度等。①

　　美国全球发展中心主席南希·伯索尔、美国斯坦福大学国

---

　　① 拉里·埃利奥:《美利坚帝国的衰落》,见《参考消息》2011 年 6 月 22 日。

际问题研究所高级研究员弗朗西斯·福山,2011 年在美国《外交》3/4 月号发表文章《后"华盛顿共识"——危机之后的发展》,指出:这次世界经济危机暴露了资本主义制度、甚至像美国这样发达和先进的制度的内在不稳定性,美国式的资本主义已经从神坛上跌落下来。乌克兰科学院院士、世界经济和国家关系研究所所长尤里·帕霍莫夫,更直截了当地指出,金融危机源于美国价值观的堕落。他说,新教价值观(如崇尚劳动、勤俭持家、清心寡欲等)变得日益微弱,人们拼命追逐财富和享受,过度浪费资源。美国人口仅占世界人口的 5%,却要消费全球 30%的资源。为弥补巨大的贸易和消费赤字,美国通过印刷美元、出售债务去侵吞其他国家的财富。美国的国内生产总值为 13 万亿—14 万亿美元,而债务(包括国家债、公司债等)已突破了 50 万亿美元,这在人类历史上是绝无仅有的。美国所发生的一切正是古罗马从鼎盛走向瓦解、衰落和溃灭的历程的重演。①

另一种观点坚信美国的地位不可动摇,认为美国面临的问题能轻易解决,因为美国是全球最大的经济体,幸运地持有国际储备货币,又是唯一的军事影响力遍及全球的国家。美国还有水平一流的教育,吸引着全球顶尖学子,推动了尖端技术的发展,在 21 世纪前半叶具有重要战略性的行业中居领先地位。美国摆脱金融危机后很可能会变得比以往任何时候都更加强大,而且美国具有每隔二三十年就能使自己脱胎换骨、重获新生的骄人纪录。2009 年 6 月 11 日,美国哈佛大学教授约瑟夫·奈,

---

① 忧里·帕霍莫夫:《金融危机是美国文明的危机》,见《参考消息》2011 年 10 月 22 日。

在接受《21世纪经济报道》记者采访时很自豪地说：他在1990年写了那本名为《注定领导》的书中，批评了那些声称美国将要衰落的人，事实证明他是对的，今天他仍然持相同的观点。最近约瑟夫·奈更具体地阐述了他的看法。他说，美国存在实实在在的问题，但美国经济仍然具有极强的生产力。美国的总体研发费用仍然居于首位，大学排名仍然居于首位，诺贝尔奖得主仍然居于首位，创业指标仍然居于首位。在生物技术和纳米技术等尖端技术领域，美国仍处于领先地位。他还说，有些观察家担心美国社会将像100年前处于实力顶峰的英国一样，出现僵化。但是，与英国相比，美国文化具有勇于创业和权力分散的特点。尽管美国在历史上经常对移民问题感到担忧，但从中获得了莫大好处。2005年，出生在外国的移民参与创建了之前10年出现的25%的技术企业。美国可以调集全世界70亿人口中的人才，而且美国的多样文化具有强大的创造力。约瑟夫·奈还有一个观点很让人思索。他说，美国现在最大的软实力是奥巴马本身。奥巴马有非洲背景，中间名字又带有穆斯林色彩，这显示美国最终接受了过去不被接受的价值观，这令美国更有吸引力，也帮助美国提升其软实力。《美国利益》杂志特约主编、美国巴德学院教授沃尔特·米德，更是认为美国走向衰落的观点错得离谱。他说，面对21世纪的挑战，没有哪个国家能比美国更有优势来抓住机遇或处理危机，与20世纪相比，21世纪的美国影响力将更大。

　　说美国正在走向瓦解和溃灭可谓危言耸听，说美国安如泰山也未免盲目乐观。20世纪70年代，时任美国财政部长的约翰·康纳利说过这样一句话："美元是我们的货币，却是你们的问题。"美国这种自大、傲慢今天仍然存在。然而值得庆幸的是,美元作为唯一的国际储备货币的时代将一去不复返。这对美国来说是伤筋动骨的,将使美国靠过度举债、肆意消费的发展方式无以为继。美国民众"占领华尔街",抗议活动蔓延到旧金山、华盛顿、波士顿、丹佛等50多个大城市,是史无前例的,美国经济风向标到了转向的时候了。美国将进入一个相当长的调整期,改变国内经济发展方式以适应国际经济格局的变化。美国将从超强国家的神坛走下来,美国一家独大、主导世界经济的时代行将结束。但是美国依然强大,美国仍然是国际舞台上最重要的国家之一。

五、亚洲的机遇

从前面的分析来看,西方发达国家经济发展陷入困境,新兴工业化国家快速发展,亚洲崛起,世界经济中心东移,不是偶然的,而是科学技术发展,世界经济发展和人类文明发展的规律使然。这为亚洲发展提供了千载难逢的机遇。

19世纪初,世界经济中心从东方转移到西欧,是一种异质经济形态中心的形成,是工业经济对农业经济的颠覆。20世纪初,世界经济中心从欧洲转移到北美,是一种同质经济形态中心的转移,是工业经济形态的新发展。21世纪,世界经济中心的东移,是同质经济形态中心的转移,还是会形成异质经济形态的中心,还要再看30到50年。不论是同质经济形态中心的转移,还是异质经济形态中心的生成,亚洲都将是大赢家。

如果是同质经济中心的转移,亚洲的发展潜力和空间还非常巨大,而欧美的发展潜力和空间已经很有限了,因为工业经济的基础是人力、土地、能源,这些在欧美国家已到极限,而亚洲国家却有很大优势。很多人都说,日本经济从20世纪90年代开始进入"丢失"的 10 年(也有说 20 年),是日本政府的经济政策不当造成的。其实,问题没有那么简单。如果把日本经济放到国际经济的大舞台上来,更能看出问题的症结所在。第二次世界大战后,日本一片废墟,百业待兴。在美国大力扶持下,战后日本经济快速恢复发展。但是日本毕竟是岛国,国土小,以人力、土地、能源为基础的工业经济在日本很快就饱和。到了 20 世纪 70、80 年代,日本经济的持续发展繁荣,很大程度上是通过对东亚其他国家、地区的输出、辐射来维持的。再往后,情况发生了很大的变化,一是东亚国家、地区不再单单接受日本产业的转移,同时也接受欧美产业的转移;二是到了 20 世纪末,东亚国家、地区经过几十年的发展,一方面国内市场逐步形成,有了一定的自我发展能力;另一方面也面临经济转型,这必然对发达工业化国家经济发展形成竞争态势。所以,缺乏工业化所需要的人力、土地、能源和市场,这才是日本近 20 年经济发展缓慢的根本原因。其实,2010 年日本人均 GDP 达到 3.35 万美元,比 10 年前增长了 30%。对于一个充分发展、高度发达的经济体来说,10 年增长 30% 也是不错的成绩。再来看看欧洲的情况,欧洲面积只有 1016 万平方公里,约占世界陆地总面积的 6.8%,人口加起来不过几亿。英国 17 世纪后期和 18 世纪人口不到 1000 万,德国 19 世纪后期人口只有 6000 万。工业经济发展在欧洲本来也是很容易饱和的,为什么欧洲作为世界经济的中心能够持续 200 多年呢?一个重要的原因是欧洲国家拥有广大的殖民地,为之提供了经济繁荣发展的市场和工业原材料。第一次世界大战后,殖民地体系开始瓦解,这时也是世界经济中心从欧洲向北美转移的开始。工业经济以人力、土地、能源为基础,当人口、土地、能源都到了瓶颈的时候,工业经济发展的潜力和空间也就没有了。相反,亚洲绝大多数国家的工业化、城市化方兴未艾,在劳动力、土地资源和市场等方面有广大的空间,这是欧美国家不可比拟的。高盛公司继在 2001 年预测巴西、俄罗斯、印度、中国的实际 GDP 增速将远远超过发达国家,形成"金砖四国"的概念之后,最近又指出,2011 年可以被认为是未来 11 国之年,这 11 个国家包括孟加拉国、埃及、印度尼西亚、伊朗、墨西哥、尼日利亚、巴基斯坦、菲律宾、土耳其、越南和韩国,人口总数占全球人口的 19%,而且大部分是城镇人口,有利于促进消费、发展基础设施和服务业等,经济增长前景看好。如果情况像高盛公司预测的这样,加上原来的金砖四国,今后就有 15 个新兴工业化国家将成为世界经济强劲增长动力,而这 15 个国家中有 11 个在亚洲。

如果世界经济中心东移意味着发展、形成不同于工业经济和工业文明的时代,那么就更是亚洲千载难逢的机遇了。因为亚洲比欧洲更有条件成为新经济、新文明形态的载体和代表。这是因为:首先,取代工业经济和工业文明的将是一种智能经济、智能文明,东方文化中的天人合一思想、包容性理念、整体性思维方法更有利于这种新经济和新文明的发展,其次,西方工业化发展极为成熟,这将成为异质于工业经济和工业文明新经济、新文明发展的巨大阻力。

六、如何应对是关键

总而言之,我们认为 21 世纪亚洲的机会比欧美大。但是,万事不绝对,关键是如何应对。汤因比关于适度挑战与成功应战推动文明成长和发展的观点,告诉了我们其中的道理。

汤因比认为,人类文明生长、发展的动力本质上是人类的创造精神。各个文明不是起源于单因,而是起源于多因,文明的起因不是一个统一的整体,而是一种关系。他把这种由多因促成的关系称为挑战与应战的关系,认为这种挑战与应战的关系决定人类文明的兴衰。

在汤因比看来,挑战与应战不同于原因与结果,两者有性质上的区别。"但某个具有生命的一方对另一个遇到的对手所采取的主动却不是原因,而是挑战;其结局也不是结果,而是应战。"[1]汤因比指出,挑战有自然环境挑战和人为环境挑战两种类型,他认为人类最初的六个文明形态是由自然环境的挑战而产生的,而往后所有的文明形态都是在自然环境挑战和人为环境挑战与应战中诞生的。

更精彩的是,汤因比告诉我们,要使挑战与应战的相互作用成为人类文明发展的动力,挑战必须适度。"最适度的挑战不仅必须激起受到挑战的一方进行成功的应战,而且刺激对方获得一种将自己推向前进的动力,即从一次成功到新的斗争,从一个问题的解决到另一个问题的提出,从暂时的歇息到展开新的运动,从阴再次到阳。"[2]文明前进都是由于挑战的刺激与应战的成功推动的。文明在应战中从内外两个方面不断成长,外部表现为对环境控制力的增强,技术进步和军事征服、地理扩张;内部表现为有日益增强的精神自觉能力和自我表现力。"成长的意思是指:正在发展着的人格或文明,趋向于成为它们自身的环境,成为自身的挑战以及自身的战场。换句话说,成长的标准

---

[1]　汤因比:《历史研究》,刘北成、郭小凌译,上海人民出版社2000年版,第73页。

[2]　汤因比:《历史研究》,刘北成、郭小凌译,上海人民出版社2000年版,第118—119页。

是一种趋向自决的进程。"①

如果挑战不足,则不能刺激人们积极的应战。相反,如果挑战超出了人们应战的能力,应战就会失败,导致文明的衰落和解体。当然,旧文明的解体并不意味着一切都消失了,旧文明还会为新文明的诞生准备条件,体现出人类文明演进过程的连续性。

所以,21世纪的历史画卷将如何展开,不仅要看亚洲国家如何应对,还要看欧美国家怎么应对。欧美要经历一个调整期是肯定的,如果应对不当,工业文明可能从此走向衰落;如果在现有的框框内应对得当,工业文明有可能走出低谷,迎来新一轮的发展。但是,即便是那样,工业文明今后还会陷入危机,而且是更大的危机;如果改弦易张,对工业文明进行根本性的改造,同时吸收东方文明的精华,也有可能生成一种新的经济形态和文明形态,焕发新的生机和活力。不过,一般来讲,第二种可能性较大,因为西方发达国家在许多方面还有很大的优势;最后一种可能性非常少,因为一种新的异质文明中心在前一种文明形态中心延续,历史上还没有出现过。亚洲国家的应对也有几种可能,如果应对不当,不但不能保持良好的发展态势,还会出现各种问题、甚至社会动荡,成果得而复失;如果应对没有大的不当,但是在传统工业化、现代化的轨道上谋发展,那么还有30、40年的发展周期,但是能否能为世界经济中心,还难于定论;如果能够把握良机,创造性地应对,成功走出一条有特色的现代化道路,则可能发展一种异质于工业经济和工业文明的新的经济形态和文明形态,成为新的经济中心和文明中心。最后这种可

① 汤因比:《历史研究》,刘北成、郭小凌译,上海人民出版社2000年版,第122页。

能性是有希望的,但是真正实现又是非常艰难的,需要许多条件:第一,要走出一条有别于西方的工业化和现代化道路;第二,要对东方文化进行改造,使之与现代化文明进程相适应,同时借鉴和吸收西方文明的优秀成果,形成一种融汇东西文化精华的新文化;第三,对社会制度体制进行改良,使之社会化、民主化、现代化;第四,亚洲,特别是东亚国家要摒弃前嫌,面向未来,加强合作;第五,要开展和平外交,营造和平、和谐、合作、发展的国际环境。最后,还要考验东方国家的创新能力、勇气和毅力。

夫未战而庙算胜者,得算多也;未战而庙算不胜者,得算少也。多算胜,少算不胜,而况于无算乎!

——《孙子兵法·计篇第一》

第二章 世界经济格局与中国对外经济战略

20世纪末以来,特别是进入21世纪,世界经济发展趋势和国际经济格局发生了巨大的变化。随着欧盟的壮大、新兴工业化国家的发展和亚洲的崛起,美国一极独大的时代已经过去,世界经济向多极化发展,出现了北美自由贸易区、欧盟、东亚三足鼎立的趋势。我们应该如何看待当今世界经济格局的演变呢?在国际经济的发展大势和秩序格局发生重大变化的形势下,对外开放程度日益提高的中国,应该怎样确定对外经济战略呢?

第一节 世界经济格局的演变和发展趋势

大变局这个词是从近代开始出现的。中国近代社会与上古中古时代有着本质的区别,这是近代以来对西方社会有所接触、有所认识的人的共同看法,他们以"三千年未有之大变局"来形容。据台湾学者王尔敏先生的统计,在第一次鸦片战争后的19

世纪后半期,提出变局言论的不下81人,①最早可见于1844年江苏淮安人黄钧宰的言论,他认为当时的社会是中外一家,这是古今的一个变局。稍后,这种说法几乎成为对时局有所认识的人的共同观念。例如,清朝洋务运动重要人物之一丁日昌说:"西人之入中国,实开千古未创之局。其器械精奇,不惟目见其利,而且身受其害。"②李鸿章说:"且外国猖獗至此,不亟亟焉求富强,中国将何以自立耶? 千古变局,庸妄人不知,而秉钧执政亦不知,岂甘视其沦胥耶?"③清朝恭亲王奕䜣说:"窃惟夷务为中原千古变局,海防为军旅非常创举,今日之辨,固非先著,若再因循,将何所恃。"④变局论至少有两个支撑性的根据:一是西洋人的入侵中国。中国过去虽然遭受过许多次外族入侵,但都同属于蒙古利亚的黄种人,而西方人是白人,这是三千年来从未有过的事情;二是中国文化落后于西方。过去中国周边的王朝和民族在文化上都远远落后于中华民族的文化,所以尽管有一些王朝或民族能够一时获胜,但最后都会被汉族文化所同化,所以中国是最后的胜利者。但是,面对比中国文化更先进的西方文化,中国人感到已经没有必胜的把握,这是中国文化第一次遭遇到的真正的挑战,这也是三千年从未有过的事情。面对这种危局,中国必须自强以求自立,而且自强之法已经不能是过去的老办法了,必须向西方学习。

---

① 王尔敏:《中国近代思想史论》,社会科学文献出版社2003年版,第325页。

② 中华书局编辑部:《筹办夷务始末》同治朝,卷55,中华书局2008年版,第25页。

③ 《李鸿章全集》第6卷,时代文艺出版社1998年版,第3282页。

④ 中国史学会主编:《洋务运动》第1册,上海人民出版社、上海书店出版社1962年版,第116页。

我们今天所说的大变局的意义不同于近代。本书用"大变局",是以此来形容当今世界经济的发展趋势和格局的巨大变化,主要体现在如下四个方面:

一、美国一家独大的局面不复存在,世界经济格局向多极化发展

美国的经济霸主地位由来已久。20 世纪初,美国国内生产总值已经超过欧洲任何一个强国,成为世界上规模最大经济体。在两次世界大战期间,欧美各国的经济政治实力发生了重大变化,德、意、日是战败国,国民经济破坏殆尽。英国经济在战争中遭到重创,实力大为削弱。相反,美国经济实力却急剧增长,并成为世界最大的债权国。美国利用当时货币格局动荡之机,策划建立一个汇率相对固定的世界货币体系,即布雷顿森林体系。在这一体系中,美元与黄金挂钩,美国承担以官价兑换黄金的义务;各国货币与美元挂钩,美元处于中心地位。布雷顿森林体系的建立意味着美元取代英镑主宰世界货币体系。到 20 世纪 70 年代,当美元兑换黄金的义务变成美国的难题时,理查德·尼克松总统就断然废除美元兑换黄金的义务,布雷顿森林体系的固定汇率制随即崩溃,取而代之的是以美元为核心的大国货币间灵活的汇率制。从此,美元成为国际唯一储备货币,可以呼风唤雨,甚至为所欲为。东欧剧变、苏联解体后,美国更成了世界上唯一超强经济霸主,并长期主导世界经济的走向。然而,近年来,随着欧盟的发展扩大、新兴经济体的兴起和东亚的迅速崛起,美国一家独大、独自主宰世界经济的地位发生动摇,其他国家在世界经济中的自主性和"话语权"逐渐提升。世界经济正向多极化方向发展,已初步呈现北美、欧盟、东亚三足鼎立的格

局。今后,日益发展壮大的各新兴经济体必将进一步向美国的世界经济霸主地位发起冲击和挑战,世界经济多极化发展步伐加快。

二、西方发达国家在国际经济舞台的分量下降,世界经济重心由西向东移动

东亚、南亚地区一批新兴工业化国家经过近几十年快速发展,对世界经济增长的贡献率显著提高,逐渐成为世界经济增长新的引擎。与此同时,西方发达国家经济增长速度放缓,缺少新的经济增长点和动力源泉,愈加频繁的经济危机更是使其自顾不暇,经济发展一度陷入困局。在东西方国家经济发展此消彼长的过程中,无论消费还是投资,当今的东方都比西方更具吸引力和经济价值,世界经济的重心逐渐由西向东移动,这一变化引发对原有世界经济秩序、经济规则的挑战和冲击。

三、南半球国家在世界经济舞台的地位有所提升

过去长期以来,南半球国家的经济发展远远落后于北半球国家,不但是发达资本主义国家,而且新兴经济体几乎都集中在北半球,出现"南穷北富"局面,"南北问题"非常严重。但是,20世纪后半期,特别是进入21世纪以来,南半球经济发展迈出了新的步伐,除澳大利亚、新西兰发展成为发达先进国家外,涌现出了巴西、南非、埃及、尼日利亚等新兴经济体。这些新兴经济体在自身取得较大发展的同时,正带动、影响着周边国家和地区。南半球开始步入新的经济发展阶段,呈现出良性发展势头,成为全球经济的一股新生力量。南半球在世界经济中的重要性和影响力有所提升。花旗银行集团预测在今后的20年非洲经

济年增长率将达到 7.5%,到 2050 年非洲将接过亚洲的接力棒,最终崛起为经济增长最快的地区。

四、经济危机正在深刻改变主要经济体力量对比和国际经济的游戏规则

首先是西方老牌发达国家的实力、地位下降,新兴工业化国家的实力、地位上升。中国继 2009 年成为世界最大出口国和最大汽车市场后,2011 年超过日本成为世界第二大经济体,外汇储备超过 3 万亿美元。中国和日本加在一起,拥有超过 2 万亿美元的美国政府债券。在英国《金融时报》按市价排名的 2011 年全球 500 强企业中,中国大陆有 27 家企业榜上有名,排在美国、英国、日本之后,位居第四。而在危机前的 2007 年,中国大陆只有 8 家企业进入 500 强,排名第八。如果加上香港进入 500 强的 18 家企业,2011 年全球 500 强企业中,中国一共有 45 家,超过美国,排名第一。2011 年 5 月 17 日,世界银行发表报告分析了世界经济的主要变化,指出随着新兴国家——巴西、中国、印度、印度尼西亚、韩国和俄罗斯——变成世界经济增长的主要动力,世界正在失去对美元作为金融交易参考货币的依赖,转而开始拥抱一个至少由三种货币组成的储备货币制度。据国际货币基金预测,到 2015 年亚洲(以中国、日本、印度为首)将占到全球生产总值的 34%。到 2030 年,亚洲国内生产总值将超过欧美国内生产总值之和。这将是全球经济实力的大转变。其次,大危机推动大变革,就像第一次世界大战后创建了国际联盟,第二次世界大战后诞生了联合国一样,这场危机导致了二十国集团取代七国集团作为协调全球经济政策的组织,西方发达国家要求新兴国家在全球事务中承担更大的责任。美国国务院政策

计划参事室前主任、普林斯顿大学教授安妮-玛丽·斯劳特预测,到 2025 年,联合国安理会的理事国将扩大到 25 至 30 国;与此同时,各个大陆上的地区性组织——非洲联盟,东南亚国家联盟,还有美洲国家组织之类的机构——将大大加强。这场危机还催生了国际货币基金组织和世界银行的改革。国际货币基金组织(IMF)的投票权一直掌控在美国、欧盟和日本手中。美国是 IMF 的最大股东,占有 17.4%的份额,中国仅占 2.98%,不及比利时与荷兰的总和。在新兴工业化国家的强烈要求下,2011 年 11 月 5 日,被称为"富人俱乐部"的国际货币基金组织(IMF)执行董事会通过了份额改革方案。改革完成后,新兴国家的份额得到了提高。比如,中国的份额提升至 6.39%,投票权也将从以前的 3.65%升至 6.07%,超越德国、法国和英国,位列美国和日本之后。

第二节　国际经济格局的理想模型

积极应对世界经济发展趋势和正在发生急剧变化的国际经济格局,推动建立新的合理的世界经济秩序,可谓大势所趋。那么不禁要问,理想的世界经济格局应该是怎样的呢?

一、"一极"、"两极"都不是理想的国际经济格局

随着新航路的开辟,资本主义经济向海外扩张和殖民体系的建立,世界经济的联系日益密切,特别是 20 世纪后半期世界产业转移和互联网的发展,使世界经济一体化程度越来越高,一个国家或地区不可能离开世界经济体系而"独善其身"。在这

一进程中,世界经济曾经出现过"一极"独大的局面,也出现过"两极"对峙的局面。不论是"一极",还是"两极",都存在许多问题,都不是理想的国际经济格局。

18世纪中期,近代工业革命首先在英国爆发,随后发展到欧洲大陆。在工业革命的推动下,以英国为核心的欧洲经济一日千里,发展成为世界经济的中心。1870年,欧洲的工业产量占世界工业总产量的64.7%,而欧洲以外唯一的西方发达国家美国占23.3%。[1] 到19世纪末,英国在海外的投资已达40亿英镑,相当于其国民财富的1/4。法国在海外的投资达450亿法郎,相当于其国民财富的1/6。德国在海外的投资达220亿至250亿马克,为其全部财富的1/15。

欧洲一极独大的局面是在特定的历史条件下形成的,与资本主义海外扩张和殖民体系分不开。在19世纪,欧洲和北美以外的世界大都变成了欧洲列强的殖民地。美国当代著名历史学家斯塔夫里阿诺斯指出:"在面积达16819000平方哩的亚洲地区,至少有9443000平方哩的土地处于欧洲的统治之下。其中6496000平方哩的土地由俄国统治,1998000平方哩的土地归英国统治,587000平方哩的土地被荷兰统治,248000平方哩的土地由法国统治,114000平方哩的土地归美国统治,193平方哩的小块领土被德国统治。与这些辽阔的殖民地领土形成鲜明对照,日本,这个1914年亚洲唯一真正独立的国家,仅有161000平方哩的土地。"[2]

---

① 斯塔夫里亚诺斯:《全球通史:1500年以后的世界》,吴象婴、梁赤民译,上海社会科学院出版社1999年版,第562页。

② 斯塔夫里阿诺斯:《全球通史:1500年以后的世界》,吴象婴、梁赤民译,上海社会科学院出版社1999年版,第561页。

1914 年一些西方国家占领的殖民地情况

国　家	面积（平方千米）		本土/殖民地
	本　土	殖　民　地	
英　国	313 268	31 193 458	1：100
法　国	536 327	10 645 959	1：20
德　国	540 870	3 188 262	1：6
比利时	29 456	2 356 900	1：80
葡萄牙	91 945	2 083 500	1：23
荷　兰	33 051	1 975 815	1：60
意大利	286 514	1 531 338	1：5
合　计	1 831 431	52 975 232	1：29

欧洲经济一极独大的时代,一方面,人类社会生产力实现了质的飞跃,社会财富爆炸式增长,工业文明的先进思想、科学技术和生产生活方式在全世界各地得以传播;另一方面,欧美工业文明的成就又是以火与血为代价的,把亚非拉广大殖民地半殖民地国家推到悲惨境地。比如,印度是遭受殖民侵略最为严重的亚洲国家之一。英国对印度的殖民统治开始于 17 世纪,到 19 世纪中期,英国已经占据了印度大约 2/3 的土地。英国的工业产品销售到印度,价格低廉,很快占领了印度市场。印度传统的手工业迅速衰落,手工业者大量失业。19 世纪初,在英国纺织品的冲击下,印度的纺织工业受到毁灭性的打击。达卡曾经是印度著名的纺织工业中心,1757 年,罗伯特·克莱武说它"像伦敦城一样地广、人稠、物博。"但是 1840 年,查尔斯·特里威廉在上院特别委员会作证时说道:"它的人口已从 15 万减少到 3 万,城内荒草丛生,疟疾流行。……素有印度的曼彻斯特之称的

达卡,已从一个非常富庶的城市衰败为异常贫穷的小镇。"①英国还在印度大肆掠夺各种原材料和其他财富。1757—1815 年间,英国从印度榨取了约十亿英镑的财富,印度的社会经济受到了极其严重的破坏。这种现象在非洲、拉丁美洲和亚洲其他殖民地国家随处可见。

第二次世界大战结束后,世界划分为资本主义与社会主义对峙的两大阵营,世界经济出现两极化。这种两极化的国际经济格局也不理想。首先,两大阵营为了保证足够的威慑力,双方进行了大规模的军备竞赛,把世界经济拖入军备扩张的快车道。例如,1980 年,前苏联机器制造和金属加工将近 50% 的产品用于军事目的,整个工业投入军工生产的比重达到 40% 左右。1979 年,前苏联的军费开支占当年财政支出的 30% 以上,占社会总产值的 12% — 13%,几乎等于当年国民经济投资的总和。结果,前苏联经济畸形发展,重工业发展迅速,1980 年成为世界最大的产钢国,钢产量达 14800 万吨;相反,民用工业落后,居民日用品奇缺,农村长期落后和贫穷。其次,两大阵营对峙,各自采取遏止、封锁政策,阻碍了世界经济的交流、合作与发展。冷战时期,以美国为首的北约集团以武器禁运为理由,对社会主义阵营国家长期实行经济和技术封锁。1949 年 11 月美国组建了所谓"出口控制统筹委员会",总部设在巴黎,故又称"巴黎统筹委员会",有 17 个成员国。巴黎统筹委员会成员国对大约 30 个国家实行禁运。巴黎统筹委员会的禁运清单有三类,即国际原子能清单、国际军品清单和工业清单,所涉范围包括军事武器装

---

① 斯塔夫里亚诺斯:《全球分裂:第三世界的进程》上,迟越等译,商务印书馆 1993 年版,第 254 页。

备、尖端技术产品和稀有物资等具有战略意义的货物和技术。1952年6月,巴黎统筹委员会组织的禁运物资总数达285种,这是巴统贸易管制历史上的最高峰。任何风吹草动都会引发新的制裁。例如,1980年1月4日,由于美苏在波斯湾的冲突,美国总统卡特宣布对苏实行经济制裁,其措施包括实行粮食禁运,宣布禁止向苏联出口所有高技术产品,冻结价值为1.55亿美元的对苏出口高级技术项目的申请,并拒绝批准向苏联出口计算机等高级技术的许可证。1989年北京政治风波后,美国政府宣布暂停对华一切武器销售和商业性武器出口,并随之出台了一系列对华技术制裁措施。巴黎统筹委员会虽然在1994年4月1日走到了终点,但是西方国家的出口管制政策并没有随之结束。1996年7月,33个国家的代表签署了《瓦森纳协定》,决定从1996年11月1日起实施新的控制清单和信息交换规则,中国依然无法直接从西方世界得到先进的军事物资和技术。

　　苏联解体后,美国在国际上的地位迅速提升,确立了在全球独一无二的领袖地位,世界经济出现了以美国为核心的北美一极独大的局面。① 这种局面的弊端十分显著。首先,美国为追求美国利益最大化,在世界范围内推行经济霸权主义,对敢于拂逆其意志者随意进行经济制裁乃至动武。这是危及当今世界经济和平发展的重要原因。其次,美国不仅深刻而突出地影响了全球经济秩序,甚至把全球经济秩序变成美国经济秩序。比如,世界货币体系几乎就是美元体系,国际货币基金组织和世界银

---

　　① 早在20世纪初,美国开始逐步取代英国成为世界头号经济强国。1913年,美国占世界工业总产值的46%,德国占23.5%,英国占19.5%,法国占11%。参见霍布斯鲍姆:《1875—1914:帝国的年代》,贾士蘅译,江苏人民出版社1999年版,第52页。

行几乎成了美国货币基金组织和美国银行,完全由美国主导,弱化了国际性经济组织对世界经济活动进行调控、监管的功能,从而使美国得以把国家利益凌驾于国际性经济组织之上,投机机构可以为所欲为,这是美国次贷危机及由此引发的国际金融危机的重要原因。美元的这种特殊性又使美国即使遭遇经济危机,也可以通过实施宽松的货币政策(如过度印发美元)让世界各国共同承担。第三,造成世界经济体系的脆弱性,最明显的表现就是美国一"感冒",全世界都"吃药",美国次贷危机引发了世界性的金融危机就是典型的案例。

从以上的分析可以看到,理想的国际经济格局从来没有建立起来,自从近代以来,世界经济一直处于一种不平等、不稳定、以强凌弱的状态,并不是公平合理、安全健康、共同发展的状态。

二、三足鼎立可能是比较理想的国际经济格局

随着亚洲的崛起,北美、欧盟、东亚三足鼎立的国际经济格局正在形成。我们认为,三足鼎立这样一种国际经济格局可能是比较理想的。

十分有趣的是,三这个数字在东西方文化中都有着特殊的意义,许多哲人智者都认为,在三这个数字中蕴藏着宇宙生成、和谐发展的秘密。堪称中国最古老的哲学著作《周易》提出了"天、地、人"三才之道,《易·说卦》提出:"是以立天之道,曰阴与阳;立地之道,曰柔与刚;立人之道,曰仁与义;兼三才而两之,故《易》六画而成卦。"用三这个数字概括宇宙万物。中国的先哲老子说:"道生一,一生二,二生三,三生万物。"认为三化育宇宙万物。后来道教提出"三清",即精气神,把精、气、神看作是形成宇宙万物的原始物质,用今天的话来说,就是形成宇宙万物

最原始的元素。这是对宇宙起源的探索,比对宇宙的描述进了一大步。在古代数学中有"三是数之成"的说法。在几何图形中,三角形是最稳固的。西方文化也有崇尚三的思想,基督教有三位一体说,黑格尔哲学有三段论,西方政治学强调三权分立,如此等等。

在现代前沿科学中,三也被赋予特别的意义。清华大学教授吴彤和他的博士黄欣荣,在 2005 年《系统辩证学学报》发表题为《复杂性:从"三"说起》的文章,介绍了现代前沿科学中的复杂性研究与数字"三"的联系。文章说,老子从"三"一下飞跃到"万",这个说法与当代非线性科学的理论观点不谋而合,这是"三"所特有的涵容万有、生化万物、勾连混沌与万物形成演化的意义。文章还介绍了美国数学家约克和他的博士生李天岩,在 20 世纪 60 至 70 年代共同发现的"周期三蕴含混沌"的理论。他们通过对 $fn+1=rxn(1-xn)x\in[0,1]$ $0<r<4$ 这样一个迭代函数的研究,发现了当出现三个周期的时候任何周期都可能出现的规律。换句话说,只要有周期三,就可能产生任何不同的周期。文章还写道:"在基本粒子的微观领域,三也是一个有趣的临界点。日本物理学家汤川秀树能够发现新的粒子,探得其中的规律,并且还获得诺贝尔奖,据说就得益于庄子所讲的那个关于混沌皇帝的故事。"[①]

虽然人们对"三"在现代社会中的意义还没有自觉的认识,但是在实际生活中,却常常用"三"来处理和解决问题,国际关系中的势力均衡理论可以说是其中的典型案例。

_____

① 吴彤、黄欣荣:《复杂性:从"三"说起》,《系统辩证学学报》2005 年第 1 期。

16世纪意大利政治思想家和历史学家马基雅维利,在他的《君主论》较早阐述了均势理论。欧洲也是从16世纪开始运用势力均衡理论来处理国家关系。18—19世纪是均势论的全盛时期。在1713年签订的《乌得勒支条约》中,第一次出现了"势力均衡"这个词。近现代史上有过四次均势格局,即威斯特伐利亚格局、维也纳格局、凡尔赛格局和雅尔塔格局。① 综观欧洲

---

① 威斯特伐利亚格局

1618年到1648年爆发了欧洲大规模战争,史称三十年战争,信奉新教的诸侯和信奉旧教(天主教)的诸侯在宗教纠纷掩饰下争夺地盘和反对皇帝专权,并分别组成新教联盟(1608)和天主教联盟(1609)。长期的战争使参战各国都元气大伤,1648年10月双方达成和解协议,缔结了两个合约——《奥斯纳布吕克条约》与《明斯特和约》,合称《威斯特伐利亚合约》,三十年战争结束。威斯特伐利亚体系削弱了哈布斯堡王朝的统治,法国实力大增。合约确定了以平等、主权为基础的国际关系准则,开创了以国际会议的方式解决国际争端的先例,在欧洲大陆建立了一个相对均势状态的格局,史称威斯特伐利亚格局。

维也纳格局

19世纪初拿破仑帝国崩溃后,1815年6月,由英、俄、奥、普、葡、法、瑞典七国签署了《维也纳会议最后议定书》,条约以均势原则、正统主义和补偿原则等为指导思想,达成了欧洲势力均衡,在欧洲大陆建立了新均势体系,史称维也纳格局。

凡尔赛格局

第一次世界大战结束后,协约国在巴黎凡尔赛召开和平会议,与战败的同盟国签订了以凡尔赛合约为主的条约体系,重新划分了欧洲的势力范围,建立了以英法为主的欧洲政治格局。它和华盛顿体系最后完成了在第一次世界大战后对世界的重新瓜分,从而建立起战后世界新格局,即凡尔赛—华盛顿体系,暂时维持了资本主义世界的和平。

雅尔塔格局

第二次世界大战后期,以美、英、苏为代表的战胜国在开罗、雅尔塔等地举行了一系列会议,发表了一系列影响战后世界秩序的公报、议定书、协定、声明和备忘录,包括防止法西斯主义东山再起,重新绘制战后欧亚地区的政治新版图,建立联合国作为协调国际争端、维持战后世界和平的机构等内容,史称雅尔塔体系。雅尔塔格局的形成实现了世界由战争到和平的转变,由于对抗双方彼此势均力敌,避免了新的世界大战的爆发。

近现代这 200 多年来的政治格局,我们发现,由三个大国或集团主导的格局维持的时间最长。从 1793 年到 1815 年,法国力量在欧洲大陆一家独强,拿破仑进行了长达 15 年之久的扩张战争。1815 年维也纳会议后欧洲建立了由三大力量主导的均势:一是英国凭海上优势和经济力量成为欧洲大陆均势的支点;二是俄国称雄中东欧地区;三是法国在欧洲大陆保持相对的优势。这种格局维持了几代人的和平,一直到 1870 年普法战争,由于普鲁士力量的兴起及扩张,欧洲三极均衡的局面才被打破,导致 19 世纪末的欧洲大结盟,即三国同盟与三国协约。这两大军事集团的形成表面是形成了新的均势,但是,只是一种武装对峙,其结果导致了第一次世界大战。历史事实说明,三足鼎立的格局最有利于制衡,由于任何一方都没有超强的优势,都处于前狼后虎的境地,都不敢轻举妄动或倾巢而出;同时,这种格局有利于斡旋,回旋空间大,任何一方都有可供选择的策略,容易出现旋转木马式的平衡关系。

如果说在 20 世纪以前,人们对国际秩序的主要焦点集中在政治方面的话,随着全球化的出现,国际经济秩序开始受到广泛的注意。如何构建理想的国际经济秩序成为人们密切关注的重大问题。根据对中西方文化、特别是现代前沿科学赋予三的特殊意义的认识,我们认为,国际经济格局的理想模型是三足鼎立,不是两极对峙,更不是一极独大。欧盟的兴起开始打破美国一极独大的局面,欧盟是目前世界上规模最大,一体化程度、发展水平最高的区域经济联合体。根据国际货币基金组织公布的数字,2007 年欧盟 27 个成员国国民生产总值达到 11.9 万亿美元,占世界 GDP 总额的 22.3%,人均 GDP 为 32862 美元。由于现代世界经济的广泛性和复杂性,美国和欧盟还不足构成国际经济秩序的稳定力量,东亚的兴起有利于形成三足鼎立之势。当代世界经济格局的基本特点是美国保持其领先地位,欧盟在国际经济事务中的作用呈现上升趋势,东亚经济快速发展并出现一体化趋势,三极化的世界经济格局正在形成。世界经济三极化合乎势力均衡的原则,是比较理想的国际经济格局,有利于推动建立比较合理的国际经济新秩序,有利于世界经济的稳定、合作与发展。

第三节　大国兴起与国家战略

既然北美、欧洲、东亚三足鼎立的世界经济格局正在形成,并将在今后一个较长的时期主导世界经济发展,面对这样一种新的世界经济发展大势和经济格局,中国需要什么样的对外经济战略? 在回答这个问题之前,我们先来讨论国家战略的意义,回顾一下新中国对外战略的历史演进。

一、大国兴起需要国家战略

战略最早是军事方面的概念,是指挥军队作战的谋略。德国军事理论家和军事历史学家克劳塞维茨(1780—1831),在《战争论》一书中提出:"战术是在战斗中使用军队的学问,战略是为了战争目的运用战斗的学问。"[1]中国古代军事战略思想非常丰富。春秋时期孙武的《孙子兵法》被认为是中国最早对战

---

[1]　克劳塞维茨:《战争论》第一卷,中国人民解放军军事科学院译,商务印书馆1997年版,第103页。

略进行全局筹划的著作。孙子兵法主张大国相争,上战伐谋,"故善用兵者,屈人之兵,而非战也;拔人之城,而非攻也;毁人之国,而非久也;必以全争于天下,故兵不顿,而利可全,此谋攻之法也。"①

在现代,"战略"一词被引申至政治和经济领域,其含义演变为泛指统领性的、全局性的、左右胜败的谋略、方案和对策。英国著名的军事理论家利德尔·哈特,在1929年出版的《历史上决定性的战争》一书中首次提出大战略概念,认为大战略是指国家的总体战略,包括政治、经济、文化、教育、军事、外交等方面的内容。第二次世界大战期间,大战略概念传入美国,后来逐渐演变成为国家战略。学术界对国家战略有不同的解读。美国学者柯林斯认为,国家战略可以分为应付国际和国内问题的全面的政治战略、对内和对外的经济战略以及国家军事战略等,每一种战略都直接或间接地关系着国家的安全。日本有的学者给国家战略下的定义是:为了达成国家目标,特别是保证国家安全,平时和战时,综合发展并有效运用国家政治、军事、心理等方面力量的方略。我们认为,所谓国家战略是指国家层面的战略,是国家依据国际国内形势,运用政治、军事、经济、科技、文化等方面的优势,筹划指导国家建设与发展,实现国家利益,维护国家安全的方略。

大国兴衰是人类文明发展变迁的重要象征。人类历史上大国兴起是各种因素综合作用的结果,但是,国家战略对大国兴衰产生重大影响。

在中国古代,秦国的崛起并最终统一全国,就是国家战略运

---

① 孙武:《孙子》曹操等注,上海古籍出版社1989年版,第61—62页。

用的典型范例。秦国是诸侯国中兴起最晚的,起初只有雍(现在的陕西省西部)这块很小的地方,后来也只有西北三秦之地。秦国不仅地狭偏小,又是瘠寒之地,远不及齐楚等国富饶繁荣。秦国从秦穆公时开始强盛起,经过几十代人的努力,于秦始皇时统一中国,建立了当时世界上版图最大的帝国。这同秦国自秦穆公以后始终实施变法、人才、连横三大战略分不开。变法方面以商鞅变法为著。① 在人才战略方面,对秦国发展、强盛做出突出贡献的百里溪、商鞅、张仪、范雎、李斯等等,都是引进的人才。张仪主持的连横战略,是秦国外交最成功的战略。战国时期七雄并立,处理好各诸侯国之间的关系成为生死存亡的大事。当时著名的外交策略有合纵与连横。苏秦游说六国,佩六国相印,鼓动诸侯国实行纵向联合,一起对抗强大的秦国,这是合纵。张仪相秦,出连横之策,分裂六国,各个击破。张仪的连横外交策略最成功的就是离间了齐国和楚国的联盟。当时齐国和楚国是六国中最强大的,这两个强国如果结成生死联盟,其他较弱的国家就会围绕着这两国联盟这个轴心而合纵抗秦,那样秦国东出潼关,各个击破的战略就会泡汤。张仪于秦惠王十三年前后出使楚国,劝说楚国与齐国断绝外交关系,与秦国联盟,并许诺秦国将归还已占领的原楚国的商、于之地六百里。楚怀王懦弱无能,毫无远见,为眼前利益所惑,又不听屈原等忠臣的劝谏,遂绝交于齐。张仪回到秦国根本不承认曾经给楚国有任何许诺。楚怀王怒而兴师,结果秦国大败楚兵,斩首八万,并占领了楚国的丹阳、汉中两地,失败的楚国不得已还割让两城以请和于秦。从

---

① 公元前356年和前350年,商鞅辅佐秦孝公先后两次实行变法,变法内容包括废井田、开阡陌,实行郡县制,统一度量,奖励耕战,实行连坐之法等。变法使秦国的经济得到发展,军队战斗力不断加强,成为战国后期最富强的大国。

此以后,楚国国力日衰,后终被秦国所灭。

除了变法、人才、连横三大战略外,这里着重介绍秦国能一统江山得益于其绝妙的军事战略。程步先生在他的著作——《真秦始皇》对秦国的军事战略作了深刻的分析和精彩的评点,转述如下,和大家分享:

在今天的呼和浩特至潼关,以黄河为界,秦国一共和四个诸侯国相邻:最北面是赵国,往下是魏国,然后是韩国和楚国。楚国和秦国间没有黄河阻隔,但是楚国不仅强大,地域十分辽阔,而且楚国多为水网地区,不适合秦军战车、骑兵作战。而当时最富有的地区在中原,在黄河以东的魏国、赵国。因此,按常理秦国不能先拿楚国开杀戒,而是东渡黄河攻打魏国。秦国历史上的君王都是这样做的,秦穆公在位 39 年六渡黄河,秦昭王在位 56 年 18 次东渡黄河。他们虽然打了许多大胜仗,攻城略地无数,但是到秦昭王死的时候,秦国先后占有的黄河以东的城池全部失守,一无所获。

这是为什么呢? 原因就是没有正确的军事战略。秦国军队东渡黄河作战的军事战略是错误的。秦国与魏国、赵国交接的这段黄河,水流湍急,两岸多为高山峡谷,道路十分崎岖,秦军过了黄河以后,立刻就面临着吕梁山脉的阻隔。越过吕梁山脉后虽然有一片开阔的晋中平原,但如果秦军还想向东推进,又需要翻越横亘在面前的太行山脉。虽然秦军可以利用冬天黄河封冻的季节,把军队运过黄河,乘赵国、魏国在这些山区地段防守的薄弱把军队开进两国的纵深,但是一旦黄河开冻,秦国的军队就面临魏国、赵国军队在广阔的地域上从不同方向的反击,而背后又被黄河阻隔,给养、援兵、退路都不畅通,秦国的进攻部队就有被围歼的危险。这也是秦国自秦穆公至秦昭王 410 年间直接东渡黄河攻打列国,却总是不能真正有所斩获的原因所在。

秦始皇改变了他的先王们的做法,他选择沿着黄河由西向东推进的军事战略,首先攻克成皋、荥阳,撕开赵、魏、韩、楚联合防线的口子。接下来北上攻占黄河以北一个不起眼的城池汲邑,进而继续北上,在黄河以东建立一片广阔的根据地。接下来切断赵国与韩、魏的联络,然后消灭韩国,吞并赵国,完成挺进中原的战略目的。在这之后,伺机攻楚灭燕,方游刃有余。这一军事战略有五大好处:一是将韩、魏两国一刀五断,容易各个击破;二是挟持韩王,诸侯难以救援;三是化解了黄河天险的阻碍;四是孤军深入而无后顾之忧;五是多处形成不战而胜的局面。①

如果说秦始皇统一全国是古代国家战略成功的典范,那么,英国发展成为"日不落帝国"则是近现代国家战略成功的典范。英国发展成为世界上第一个经济大国强国、"日不落帝国",当然与工业革命首先在英国爆发是分不开的,但是与英国长期实施海洋战略也是分不开的。

15世纪后期,随着海外探险潮的兴起,欧洲以外的新大陆被发现以及由此而来的海外贸易的扩大,使得海上的话语权十分重要。那时,先是西班牙、葡萄牙,后来加上荷兰,由于有一支强大的海军,掌控了海上的主动权,成为强大的国家。英国亨利七世对当时的形势了然于胸:谁拥有强大海军,谁就能掌握海上话语权,谁就能成为强国。于是,亨利七世自觉地实施海洋战略,执行开拓性的海洋政策,恢复"航海法",推动发展英国的造

---

① 参见程步:《真秦始皇》,昆仑出版社2009年版,第128—149页。

船工业与导航技术,大力支持航海事业,鼓励海上探险活动,筹划建设英国海军。亨利七世执政时期,建造了 6 艘舰船,其中"伟大的亨利号"是英国历史上第一艘军舰,重达 1500 吨,是 16 世纪最大的战舰之一。亨利八世更是重视海军建设,建立了英国正规海军,修建专供海军使用的船坞,其实就是军港,建造快速灵活的新型战舰,战舰上装备前膛式火炮。

伊丽莎白一世继续坚持面向海洋发展,发展壮大海军。她 25 岁登上女王宝座,"具有成熟妇人的各种风韵。她中等身材,体态优美,容貌亦佳,皮肤呈橄榄色,双目明亮照人,红棕色的头发。"①她精通各国语言,"可直接以法语、意大利语或拉丁语与各国使节会商。"②因此,欧洲大陆各国的王公贵戚对这样一位天仙般的女王趋之若鹜,西班牙国王、法国国王、瑞典国王、奥地利大公等纷纷向她求婚。体现她与众不同、十分厉害的是,她把自己的婚姻同国家利益连在一起,用各种方式、手段应对众多的求婚者,有时热情奔放,有时又冷淡无趣,若即若离,让对方神魂颠倒。她以谈情说爱为形式开展外交,追求国家利益的最大化。她执政期间,扩建军港、战舰,扩大战舰的吨位和火力,自不必说;还大胆"收编"海盗队伍,以迅速提高英国在海上的作战能力。她很清楚,西班牙海军 1571 年在勒班陀战役中击败了盛极一时的土耳其舰队后,令欧洲其他国家望而生畏,如果按常规发展,英国海军不知何时才能同西班牙海军较量。当时,在英格兰西南沿海和爱尔兰海港周围,不少船员水手靠杀人越货生活,一

---

① 威尔·杜兰:《世界文明史》卷七(上)《理性开拓时代》,幼狮文化公司译,东方出版社 1999 年版,第 5 页。
② 威尔·杜兰:《世界文明史》卷七(上)《理性开拓时代》,幼狮文化公司译,东方出版社 1999 年版,第 11 页。

些商人也参与其中。伊丽莎白一世对这些亦商亦盗者在海上的劫掠活动,不但从来没有认真禁止过,相反还时常给以鼓励。1572 年,海盗大王弗朗西斯·德雷克和一批"哥们"坐着不大的木船,做环球航行,一路上作战、抢劫,带回大量金银珠宝,成了英雄,受到伊丽莎白一世召见,并成为她的亲信。1580 年,伊丽莎白一世授予德雷克爵士封号。德雷克为伊丽莎白一世建造了一支由类似探险家、海盗组成的英勇善战的海军队伍,在日后对西班牙舰队作战中表现得非常出色。1584 年,德雷克率领他的舰队在北美洲建立了英国第一个新大陆殖民地,并命名为弗吉尼亚(意思是处女之地),以示对伊丽莎白一世的敬意。1588 年英国海军大败由梅迪纳·西多尼亚公爵指挥的西班牙无敌舰队。从此,英国开始走上海上霸权的征程。之后,日益强大的英国海军打败了荷兰的舰队,打败了法国西班牙联军,确立海上霸权地位,这是英国日后成为"日不落帝国"的重要保障。

二、新中国对外战略的历程

虽然大战略包括了国家的内外战略,可以说是总体战略,但是大战略更加体现在对外战略上。即使是在国家之间联系相对较少的古代,国家之间的关系依然是国家生死存亡的大事,无论东方的王朝还是西方的诸侯国家都非常重视制定对外战略。近代以后,地理大发现扩大了世界的交往,蒸汽机、轮船、火车、飞机和电报电话等技术缩短了世界的时空距离,国际关系这个制高点的作用更为明显。纵观近代几个大国的崛起史,完全依靠自身,毫不借助外部力量是不现实的。例如,英国的崛起借助了普法战争中削弱了法国的契机。美国的崛起更是借助了两次世界大战的契机,并从"凡尔赛—华盛顿体系"①和"雅尔塔体系"②中获益。而德、日两国战后重建和快速恢复国家实力,重新跻身大国行列也是充分利用了美国的援助。尽管各大国的崛起模式有所不同,但对国际资源的开发利用却是始终伴随其中。在现代,世界的网络化和经济全球化使世界越来越小,没有一个国家能够脱离全球体系而独自存在,国家对外战略在大战略中的地位作用益加重大,对外战略常常成为大战略的同义语,并成为大国兴衰的关键因素。

新中国成立以来,中国始终坚持独立自主、和平共处的外交方针。在历史的进程中,由于国际形势、环境不断变化,国家对外大战略经历了"一边倒"、"中间地带"、"一条线"、"不结盟、全方位"和平外交等不同发展阶段。

第二次世界大战后,世界以意识形态和社会制度分裂成社会主义与资本主义两大阵营,西方列强采取了美国国务卿杜勒斯提出的所谓"遏制"政策,对社会主义阵营国家进行封锁。此时,对于社会主义新中国来说,巩固新政权,确保国家安全成为首要问题。因此,1949 年,毛泽东果断地作出了"一边倒"的决策,构成了新中国一个比较长时间的对外战略。所谓"一边倒",就是新中国主动站在社会主义阵营的一边。毛泽东说,这

---

①　凡尔赛—华盛顿体系:第一次世界大战后,通过巴黎和会和华盛顿会议,帝国主义列强建立了"凡尔赛—华盛顿体系",它确立了帝国主义在欧洲、西亚、非洲、东亚以及太平洋地区的统治秩序,是一战后帝国主义国家重新瓜分世界的体系。

②　雅尔塔体系:得名于 1945 年初美、英、苏三国政府首脑在苏联雅尔塔(今属乌克兰)举行的雅尔塔会议,是对 1945—1991 年间国际政治格局的统称。其特点是:以美国和苏联两极为中心,在全球范围内进行争夺霸权的冷战,但不排除局部地区由两个超级大国直接或间接参与的战争。

样是主动的倒,免得将来被动的倒。在《论人民民主专政》一文中,毛泽东明确提出:"在国外,联合世界上以平等待我的民族和各国人民,共同奋斗。这就是联合苏联,联合各人民民主国家,联合其他各国的无产阶级和广大人民,结成国际的统一战线。"①

20世纪60年代,由于西欧、日本等国逐渐恢复元气,西方列强内部之间关系发生了复杂的变化,各种政治力量进一步分化和调整。毛泽东根据新的形势提出"中间地带"对外战略。"中间地带"包括有殖民地的国家、被剥夺了殖民地但仍有强大垄断资本的国家、真正取得独立的国家、名义上独立而实际上仍是附属国的国家等四种类型的国家。后来,毛泽东又把这四类国家概括成"两个中间地带","第一个中间地带"是指亚、非、拉,"第二个中间地带"是指欧洲、日本;提出进一步加强同"第一中间地带"国家的团结与合作,改善和发展与处在"第二中间地带"地位的西方资本主义国家的关系。

到了60年代末、70年代初,美国由于陷入对越南战争的泥潭,不得不进行战略收缩,并考虑改善对华关系;而苏联此时越来越奉行霸权主义的政策,对中国构成了很大的威胁。此外,由于日本、西欧国家的国际地位日益上升,世界开始呈现出多极化的苗头。毛泽东根据国际局势的新变化,又提出了"一条线"外交战略。1973年2月17日,毛泽东在中南海对美国总统特使基辛格说:"只要目标相同,我们也不损害你们,你们也不损害我们。"接着,他指出:"我说要搞一条线,就是纬度,美国、日本、中国、巴基斯坦、伊朗、土耳其、欧洲。""一条线"战略实际上就

---

① 《毛泽东选集》第四卷,人民出版社1991年版,第1472页。

是联合对抗苏联的霸权主义。

20世纪80年代初,国际形势有了新的发展,美国苏联两个超级大国争霸的局势缓解;另一方面,中美苏三角关系发生微妙变化,中美关系因台湾问题发生一些摩擦,而原来处于尖锐对立的中苏关系有了缓和的趋向,从而使中国在外交上有了更大的回旋余地。在这种情况下,原来的"一条线"战略显然不适应新形势发展,邓小平提出和平与发展是当今时代的主题,更加强调独立自主的和平外交政策。这个时期,中国对外战略可以概括为不结盟、全方位的和平外交。其特点是在政治上不打牌,中国不打别人牌,也不允许别人打中国牌,同世界各国建立和平外交关系。

20世纪80年代末90年代初,东欧剧变,苏联解体,世界社会主义运动处于低潮。邓小平审时度势,从中国的基本国情和国际力量对比的现实出发,提出"冷静观察、稳住阵脚、沉着应对、韬光养晦、善于守拙、决不当头、有所作为的"方针,强调做好自己的事情,谁也不怕;反对霸权,但不扛旗。

进入21世纪,经济全球化和区域经济一体化深入发展,世界多极化趋势不可阻挡,各个国家、地区之间相互依存日益紧密。面对新的世界发展格局,中国向全世界郑重宣告:中国将始终不渝走和平发展道路,始终坚持独立自主的和平外交方针,奉行互利共赢的开放战略。大力倡导求同存异、文明多样性、和平解决争端的原则以及通过对话增进信任的新的安全观。强调要积极参与多边事务,承担相应国际义务,与世界各国一道建设新型的和谐的国际经济政治新秩序。

第四节　中国对外经济战略的抉择

新中国成立之初,由于西方列强对我国经济进行封锁和禁运,我国把自力更生作为发展经济的指导思想,在社会主义计划经济体制下,实行对外贸易管制并保护贸易的政策,只是通过香港这个窗口开展有限的贸易,以换取进口必要的机器设备所必需的外汇。改革开放后,中国经济外向度提高,对外贸易成为国民经济发展的重要动力。先是提出并实行"出口导向"战略,鼓励、扶持出口型产业的发展;随后实施"市场多元化"战略,以外贸经营主体多元化为基础,对外贸易、利用外资、对外合作、对外援助、对外投资等多种形式贸易活动相互促进。2001 年 12 月,我国加入世界贸易组织,外贸政策开始向全方位自由贸易政策转变;与此同时,更加重视国际区域经济合作,发展双边经贸合作。2002 年中国与东盟签署建立自由贸易区协议,在加强区域经济合作方面迈出了具有重大意义的一步。

随着中国经济外向度日益提高,不断融入世界经济,迫切需要有一个灵活、务实和有效的对外经济战略的总体布局,以应对瞬息万变的国际经济局势。目前,我国对外经济战略已经有了良好的基础,面对新的世界经济形势,我国对外经济战略要重点研究、解决哪些问题? 又应该如何布局? 根据我们对国际经济格局发展变化及其理想模式的分析,我们认为,中国对外经济战略的基本布局可以形象地概括为:"一部天平","五架马车","两个翅膀"。

一、所谓"一部天平",是指要以东亚为中心,以欧美为两端,像一部天平,保持三点之间的平衡。这对中国经济的安全和发展起决定性作用。

北美、欧盟、东亚在国际经济中的分量具有绝对控制地位。北美自由贸易区总面积2123万平方公里,人口4亿多,GDP超过12万亿美元。欧盟27国面积432万平方公里,人口5亿多,GDP超过16万亿美元。东亚面积1615万平方公里,人口超过20亿,GDP超过13万亿美元。可以说,三个区域势均力敌,各有所长,三足鼎立的格局正在形成,并将在一个相当长的时期主导世界经济的发展。北美、欧盟、东亚三足鼎立有利于世界经济的稳定、发展。其中,东亚是这部天平的中心,中心点的稳固是保持两端平衡的基础。与北美、欧盟相比较,东亚是后发展区域,综合实力不如欧美,加强东亚各经济体的合作,积极推进东亚经济发展,提升东亚的经济实力和影响力,使之真正成为国际经济格局中重要的一极,是天平战略的根本。因此,中国要十分重视东亚经济战略,把东亚经济战略视为对外经济战略的重中之重。对北美、欧盟的经济战略要明确主要诉求:一是通过加强合作,维护世界经济稳定、和平发展的国际环境;二是争取扩大在欧美的市场份额,从欧美学习、引进先进技术。因此,当发生矛盾和利益冲突的时候,不能无原则妥协,但要灵活对应,共同维护大三角相互制约、平衡的格局妥善处理与欧盟、北美的关系。

二、所谓"五架马车",是指金砖五国,意思是中国要高度重视对新兴经济体的经济战略。"五架马车"只是一个形象的比喻,随着新兴经济体的增加,马车也会增加。

2001年11月20日,高盛公司首席经济学家吉姆·奥尼尔在《全球需要更好的经济之砖》一文中,首次提出金砖四国的概念。金砖四国包括巴西、俄罗斯、印度、中国。这些都是重要的新兴市场国家。南非加入后,由金砖四国变成金砖五国。金砖五国国土面积占世界领土总面积的 27%,人口占全球总人口的 43%,经济总量为全球的 1/4。近几年金砖国家经济增长都很快。巴西、俄罗斯、印度和中国 2010 年三季度的 GDP 同比增速分别达 6.7%、2.7%、8.9% 和 9.6%。除俄罗斯外,其他三国经济增速均远高于同期的美国、日本和欧洲发达国家。2010 年巴西实现了拉美最快的经济增长,国内生产总值(GDP)达到 2.1 万亿美元,人均 GDP 达到 11185 美元。据美林公司和凯捷咨询公司估算,金砖国家今后将成为全世界最为重要的消费市场。在 2008 年金融危机之后,高盛公司预计到 2027 年,金砖国家的国内生产总值之和可能超过七国集团,比最初估计的时间大约提早了 10 年。

金砖五国虽然内部存在竞争,但是产业结构和贸易存在许多差异,巴西被称为“世界原料基地”,是自然资源、尤其是农业资源大国;俄罗斯被称为“世界加油站”,是重工业大国;印度被称为“世界办公室”,是软件工业大国;中国被称为“世界工厂”,是制造业大国,合作的机会很大。更重要的是新兴经济体在国际经济舞台上有许多共同利益、诉求。比如,寻求建立一个更加民主和公正的多极世界,争取一个有利于发展的国际和平环境;要求改变不合理和不公正的国际经济秩序和经济规则,推动国际金融机构改革,使其体现世界经济形势的变化;增加新兴经济体在国际货币基金组织(IMF)和世界银行的份额比重;要求尊重发展模式多样化,平等的伙伴关系和“合作共赢”,不搞对抗;等等。

中国要十分重视“金砖国家”领导人峰会这个平台,加强沟通,增进共识,尽量减少和化解相互之间的矛盾,防止内部不当竞争而削弱新兴经济体合作的机会和的动力;要扩大"金砖国家"贸易本币结算,加强合作,探讨"金砖国家"建立自由贸易区的可能性,实现共同发展。同时,还要加强在国际事务中的合作,推动建立理想的世界经济格局。

三、所谓"两个翅膀",是指拉美和非洲,要专门研究、制订对拉美和非洲的战略,提高对拉美、非洲的经济战略的地位。

对中国对外经济战略来说,拉美和非洲有十分重要的意义。

首先,拉美和非洲国家和人口众多,幅员辽阔,资源丰富,经济发展潜力巨大。中国与拉美、非洲国家经济合作空间广大。拉丁美洲自然资源相当丰富,是世界主要能源、原料和粮食供应地,拥有世界上40%的动植物和27%的水资源。墨西哥和委内瑞拉是世界石油生产大国,巴西的铁矿储藏量名列世界第六,智利和秘鲁的铜矿储藏量分别居世界第二位和第四位。非洲自然资源也非常丰富,在世界已经探明的150多种矿产资源中,在非洲均有一定储量,而且有十几种矿产资源的储量居世界第一位。非洲的铀、锰、铬、铜、铝资源非常丰富,近年来成为世界关注焦点的则是非洲的石油。非洲被誉为"第二个中东",已经探明的石油储量为233.8亿吨,约占世界石油总产量的12%。非洲石油日产量已经接近世界原油产量的20%。

其次,拉美、非洲国家在国际经济舞台上是中国潜在的可靠战略盟友。新兴经济体的发展,亚洲崛起,北美、欧盟、东亚三足鼎立的世界经济格局的形成,本质上是对世界经济旧秩序的挑战,这必然引起以美国为代表的西方发达国家的激烈反对,新兴工业化国家需要有更多的筹码与之周旋,而拉美和非洲可以成为新兴国家非常重要的援手、助力。近年拉美反美情绪愈来愈高涨,三十多个拉美国家日前宣布成立美洲组织,将美国与加拿大排除在外,并且宣布支持阿根廷与英国在福克兰群岛新争端中的立场。

中国有发挥与拉美和非洲国家良好关系和合作基础的优势,针对拉美和非洲缺乏效率和资金不足的特点,加大对拉美和非洲的投资和贸易,帮助拉美发展经济。对拉美、非洲的投资、贸易要注意方式方法,在现阶段和今后一个较长时期,重点是加大基础设施和公共服务的投资,以换取对原材料的开采、进口,实现易货贸易。同时,要重视发挥政府的作用,通过政府监控、参与等手段,推动加强同拉美和非洲的合作,加强在拉美和非洲的影响力,扩大海外市场。

中国对拉美、非洲的经济战略目标是:加强合作,优势互补,互利共赢,共同发展;与拉美、非洲建立政治互信、经济互利和文化互鉴的新型战略伙伴关系,壮大推动建设国际经济新秩序的力量,营造更加稳定、和谐、平等的国际大环境。

当然,大洋洲和中亚两个区域也是中国对外经济战略要关注到的。中亚地区对中国的重要性至少有两个方面:一是能源问题。中亚位于"石油心脏地带",中亚与里海是目前唯一不需经过海运就能运抵中国的石油供应来源地。我国与中亚的油气合作已经取得了突破性进展,初步形成以哈萨克斯坦为重点,合作范围扩及周边中亚国家的合作态势。合作形式包括油气资源开采权、修建跨境油气管道及油气生产技术服务等多个领域。1997年6月,中国石油天然气总公司收购哈萨克斯坦阿克纠宾油田,是中国石油企业在中亚地区的第一个大型投资项目。中哈石油管道是中国第一条跨国长距离输油管道。二是关系西北周边地区的稳定、发展问题。中亚地区是亚洲通往欧洲的陆上通道,早在古代就形成了沟通欧亚大陆贸易的丝绸之路。2002年,由阿富汗、阿塞拜疆、中国、哈萨克斯坦、吉尔吉斯斯坦、蒙古、塔吉克斯坦、乌兹别克斯坦八个参与国,和六个多边机构组成的中亚区域经济合作机制正式建立。2006年10月,中亚区域经济合作史上首个中长期发展战略框架——《中亚区域经济合作综合行动计划》,在中国新疆举行的中亚区域经济合作第五次部长会议上审议通过。根据《综合行动计划》,中亚各国今后一方面将继续加强基础设施领域的合作,尽快形成区域交通网络,推进跨境交通运输便利化的法律制度建设,并深化能源和贸易领域的合作。但是,要十分清楚,同中亚合作不能损害中俄的战略合作伙伴关系,因为在今后一个较长的时期,中国、俄罗斯、印度的三角关系对中国的稳定、安全关系重大,发展提升中俄战略合作伙伴关系,发展提升中印战略合作关系,应该成为中国对外战略的重要内容。

自古不谋万世者,不足谋一时;不谋全局者,不足谋一域。

——[清]陈澹然《寤言二迁都建藩议》

第三章　东亚:中国对外经济战略的基点

在经济全球化和区域经济一体化并行不悖的当今世界,世界各国都十分重视发展对外经济合作——否则就可能被边缘化而落后于世界。发展对外经济合作要唱好两台戏:一台是全球性的经济合作,一台是区域性的经济合作。中国作为后发展的新兴市场经济体,也不例外。中国开展对外经济合作,要明确自己在世界经济格局中的位置,把东亚看作对外经济战略的基点。

所谓东亚①是中国对外经济战略的基点,就是说东亚对中国对外经济战略的得失成败关系重大,研究、制定、实施中国对外经济战略必须立足于东亚。具体可以从如下三个方面来理

---

① 东亚概念最早是欧洲人在 19 世纪开始使用的,联合国根据地理、气候、人种、文化、经济等方面将世界划分为十二个经济区域,即北美、中美和加勒比、南美、西欧、东欧和独联体、中东、黑非洲、东亚、南亚次大陆、东南亚、大洋洲、南极洲。根据这种划分,东亚由中国内地、台湾、香港、澳门,以及日本、韩国、朝鲜、蒙古组成,东南亚由东盟 10 国组成。也有一种观点认为,东亚应该指亚洲的东部,主要包括中国,蒙古,朝鲜,韩国,日本 5 个国家。本书讲的东亚是一个经济地理概念,包括中国内地、台湾、香港、澳门,还有日本、韩国、东盟 10 国。朝鲜、蒙古由于经济与东亚其他国家一体化程度较低而未纳入。

解:第一,中国是东亚大国,与东亚其他国家有地缘、文缘、人缘等方面的优势,东亚最适合中国开展国际区域经济合作。无论是从区域经济一体化趋势,还是从地缘经济发展来看,东亚都是中国开展国际区域经济合作的首选。第二,东亚在国际经济格局中举足轻重,对中国经济的安全与发展有特殊意义。发展中的中国需要有经济合作战略伙伴,东亚国家最有条件成为中国的经济战略伙伴;而且,从国家经济安全的角度看,中国对外经济合作需要一个后方根据地,东亚可以成为中国经济"走出去"的依托。第三,东亚对形成国际经济新格局有决定性意义。随着美国经济影响力的下降,欧盟的发展壮大和东亚的崛起,三足鼎立的国际经济新格局正在形成,东亚是中国推动建立国际经济新秩序的重要保障。

第一节　区域经济一体化与地缘经济发展的客观要求

把东亚作为中国对外经济战略的基点,既是国际区域经济一体化的必然趋势,也是地缘经济发展的客观要求。

一、国际区域经济一体化是大势所趋

21世纪世界经济发展态势的重要特征是,经济全球化和区域经济一体化趋势并存。英国牛津大学教授鲁格曼甚至认为,在目前的世界经济发展中,"新区域主义"及其作用在凸显,并正在逐步取代国际经济贸易中的双边主义。他断言:虽然存在着一些推动全球化的经济力量,但是区域化比全球化的意义更

大。他甚至认为在国际经济关系的处理上,应该"思维区域化,行动本地化,忘掉全球化"。① 当代公认的全球化研究的重量级人物、著名社会学家罗兰·罗伯森则从文化层面观察到了这一趋势。他认为,在 20 世纪后期,我们是一个巨大的两重性过程的目击者和参与者,这个过程包含了特殊主义的普遍化和普遍主义的特殊化的互相渗透。② 罗伯森提出了一个全球地方化的概念(glocalization),以此表明全球化过程中相互矛盾的力量并行不悖。地方受着全球的影响,但地方也登上了全球舞台,这就是罗伯森所说的"在全球中的地方,在地方中的全球"。"全球地方化"可被视为一种借助全球化信息、技术、思想、资本、人才等要素快速跨国流动的推动,来协助建构及促进具有多元性、特殊性的地方化发展的过程。地方多元化强调以"地方根源"及"本土认同",对抗"西方印象和价值观"的全球化现象;强调以"地方分权"及"区域治理",对抗国际组织或跨国规模的统治权集中现象;强调以"社区主义"对抗全球化带来的更抽象的疏离感。

　　一个明显的事实是,自 20 世纪 90 年代以来,区域经济一体化的迅猛发展已成为世界经济的一个重要趋势。到 2002 年 1 月,在世界贸易组织注册的区域经济一体化协定共有 162 个,其中近 80% 都是在 90 年代成立的。根据 WTO 官方的统计,截至 2009 年 2 月,在世界贸易组织(WTO)备案的自由贸易组织(FTA)数量为 421 个,而且尚有 400 个 FTA 在协商中。国际区

---

　　① 阿兰·M.鲁格曼:《全球化的终结》,常志萧等译,三联书店 2001 年版,第 22 页。

　　② 罗兰·罗伯森:《全球化:社会理论和全球文化》,梁光严译,上海人民出版社 2000 年版,第 144 页。

域经济组织内部的经济活动非常活跃,根据世界银行的统计,国际贸易的55%—60%是在贸易集团内发生的。正因为如此,世界各国包括欧美发达国家都非常重视国际区域合作,欧盟、北美自由贸易区都是其中的典型。只有这样,才能更好地参与国际经济的竞争和合作,并且在竞争中立于不败之地。

二、地缘经济理论的启示

一般认为,地缘经济学产生于20世纪80年代末、90年代初的美国。美国华盛顿战略与国际关系研究中心的战略专家卢特沃克,在1990年提出了地缘经济学的理论,认为冷战的结束使得世界进入了地缘经济时代。1993年,他又指出,随着冷战的结束,位于“世界事务中央舞台”的国家间的竞争,已经从过去的政治军事舞台转移到了经济舞台,虽然追求国家利益的天性没有变化,但国家间竞争的手段已经不同。在过去的地缘政治年代,国家通过在世界政治大棋盘上的纵横捭阖,或占领地盘或发挥外交影响力。但冷战后这种国家间竞争的手段已经变为通过国家调控、参与等手段来占领世界经济版图,提高市场的占有率。卢特沃克说:“这种国家间竞争的新模式,就是我所说的‘地缘经济学’。”[①]美国兰德公司政治研究部主任所罗门认为,到1992年世界区域性贸易集团已经形成,抢先启动的区域性贸易集团将在21世纪的经济和贸易竞争中占据优势,这标志着与地缘政治相对的地缘经济理论的形成。他指出:“现在我们正进入一个地缘经济的时代,贸易、金融和技术的流动变化,将决

---

① Edward N Luttwak, *The Endangered American Dream: How to Stop the Suited State from Becoming a Third World Country and How to Win the Geo-economic Struggle for Industrial Supremacy*, New York: Simon and Schuster, 1993, pp.34-39.

定新时代的力量现实与政治。"①华盛顿大学政治学和国际关系教授亨利·诺使用了另一个新名词——"权力经济学",认为地缘经济时代的国家目标依然是权力,只不过这个权力更多是以经济来定义的,例如市场占有率、金融、物价和就业机会等。他给美国政府支招,认为美国的经济活动应该围绕着权力来开展,维持全球政治、经济和自由贸易的领导权。

地缘经济学兴起的动因有三个:一是自 20 世纪 70、80 年代以来,随着资源、生态、环境、发展等全球问题日益突出,加上 20世纪 80 年代末和 90 年代初,随着东欧剧变和苏联解体,雅尔塔体系瓦解,冷战结束,世界格局发生了巨大变化。以美国为首的西方发达国家瓦解了苏联东欧这个主要竞争对手,又面临着一个充满地区动荡的世界,传统地缘政治理论解决不了现实世界诸多错综复杂的国际性问题。这促使国际问题的战略家、研究者扩展视野,除了关注传统的政治、军事的竞争、对抗外,开始更多地关注世界经济和世界文明。美国耶鲁大学著名教授、资深研究员伊曼组·沃勒斯坦教授是其中最有代表性的人物之一。他从世界经济体系、世界政治体系和世界文明三个层面研究世界体系的历史演变、结构特征、运行规则及发展趋势,提出"世界体系理论"。根据世界体系论,世界范围的劳动分工将世界划分为三个地带,即核心地区、半边缘地区和边缘地区,其中"不等价交换"和"资本积累"是这个体系运行的动力。②

二是列强瓜分世界的历史条件发生了根本性改变,旧的殖民主义统治分崩离析,武力扩张的阻力和代价越来越大,地缘政

---

① 转引自萨本望:《新兴的"地缘经济学"》,《世界知识》1995 年第 5 期。

② 转引自王正毅:《边缘地带发展论——世界体系与东南亚的发展》,上海人民出版社 1997 年版,第 274 页。

治的路越走越窄。冷战时期，尽管苏美两霸军事力量超强，但在全球战略上都面临困境，例如它们在朝鲜、越南和阿富汗的战争都遭受了失败。这不仅是它们全球战略的重大挫折，而且显示出军事扩张时代逐渐成为过去式，这是地缘政治走向衰落的表现，也是地缘经济学兴起的重要原因。

三是经济全球化使各国在经济上的相互依赖日益增强，一个国家的国际地位直接取决于它在世界经济中所占的比重。任何国家和地区，如果不能成为世界经济的中心成员，也就不能成为世界政治格局中重要的一极。现在，西欧、北美和东亚正在成为鼎足而立的三大中心地区，全球经济格局已初显轮廓，未来世界的多极化将围绕这三大中心地区的战略关系而演变。这就必然强化各国经济势力对比的战略意义，促使全球经济竞争从分散的企业经贸行为上升为国家战略的行为，即向地缘经济转化。特别是随着国际经济一体化程度日益加深，运用经济手段达到对外政策目标的条件也开始具备，以至于经济较量成为解决国际矛盾的重要手段。在某些情况下，经济手段具有不可替代的作用，甚至可以达到用军事手段所难以达到的战略性目的。例如，某些西方国家越来越多地运用经济强权，对发展中国家进行经济遏制、经济制裁、经济报复和经济打击。

虽然地缘经济还没有形成一套系统、完整的理论，但其基本观点对我们有启迪意义。

首先，地缘经济的发展引起国际战略重心的转移，政治斗争将更多地从属于经济利益，促使国际政治与国际经济战略性结合，新地区主义和地区化成为世界经济政治发展的一个重要趋势。

诚然，地缘政治对抗不会消失，有时还会很激烈，但随着国际战略重心的转移,这种对抗将越来越从属于经济竞争,经济的合作与竞争在国际关系中的地位凸现,大国纷纷调整对外战略,国际社会正在经历着一个地区主义日益高涨的时代,经济与贸易、安全与政治都在地区主义和地区化的架构内进行重新组合。无论发达国家还是发展中国家都在谈论地区合作的紧迫性,探讨地区合作的途径和方式。大国、强国的目标不是通过武力霸占势力范围,而是运用经济力量进行全球性扩张,谋求在世界经济体系、从而在世界政治体系中取得支配地位。世界正在逐步发展成三个相互竞争的经济集团:东亚经济区、北美经济区、西欧经济区。

其次,地缘经济的发展引起国家战略重点的转移,经济安全问题日益突出,国家竞争有了新的特点。

所谓国家战略重点的转移,对于发达资本主义国家来说,就是通过全球性经济扩张,争夺经济与高科技的优势和主导地位,包括对世界资源、市场和金融的控制以及提高科学技术创新能力;而对于发展中国家来说,就是有效地防止经济依附和经济打击,包括经济遏制、经济投机、经济制裁和经济封锁等。在面临经济依附和经济打击威胁的国际环境中,一个国家的经济主权和安全至关重要,在某种意义上,这是最大的主权与安全问题。那种认为没有外来军事入侵威胁就是安全的观念已经过时。应该看到,从经济上扩大控制范围,打击竞争对手,争夺经济势力范围,无疑是现实存在的威胁。因此,从经济上维护国家安全以及扩大对外发展空间,是国家战略的重要内容。国家间的竞争在目的和手段方面都发生了很大的变化,更多地体现为经济利益,以经济竞争取代军事竞赛。国家间的竞争固然仍依赖武力支持,但更具有决定性意义的是在生产、制造、贸易、投资、研发等各个经济领域取得优势。世界主要国家竞相调整经济发展战略,纷纷投入巨大的资金和人力用于科技的研发与应用、自主知识产权的保护、信息和技术的产业化等等,大力发展高科技产业,争先抢占新经济的制高点。

再次,地缘关系是国际经济竞争中的重要因素,对一个国家制定对外经济发展战略产生重大影响。

从某种意义上说,地缘经济学就是研究在国际竞争中,如何利用地缘经济关系更好地保护和扩大国家利益。地缘经济关系不仅是国家制定外交政策和实现本国战略目标的重要条件,也是一国按照自己的利益与外部世界进行有机联系的重要纽带,对国家制定、实施对外经济战略有重大的意义。还必须看到,地缘经济关系是促成当今世界性区域经济集团化的重要因素。经济、文化联系较为频繁又有良好地缘关系的国家,出于共同发展的需要,较为容易结成区域性的经济联盟,区域合作发展比较好的欧盟、北美自由贸易区以及东盟无一例外。不仅如此,一个国家近邻地缘关系的好坏直接关系到该国的国家安全,它已经远远超出简单的互通有无的贸易或促进经济发展的考虑,而成为一个国家在国际经济政治斗争中能否立于不败之地、国家经济安全能否得到保障的大问题。

地缘经济理论告示我们:在 21 世纪中国必须积极参加国际经济合作与竞争,为了在合作与竞争中占据更有利的地位,中国必须参加国际区域经济组织,中国对外经济战略要以东亚为支点。

三、中国是东亚大国,必须积极参与东亚区域经济合作

正如有些学者所指出,中国政府 1999 年前甚至没有发表过

对亚洲经济和安全的系统看法。① 20世纪90年代中期起,中国才开始积极接受地区的概念。1997年东亚金融危机的爆发,提供了启动地区合作的契机和动力。中国共产党第十六次代表大会首次明确提出加强地区合作,并与双边关系并列,成为中国国际区域战略发展的里程碑。国家"十一五"规划纲要,又明确将区域经贸合作作为我国新的对外经贸战略。目前我国已经签署了六个自由贸易协定:中国—东盟自由贸易协定、两个CEPA②、中巴(巴基斯坦)自由贸易协定、中智(智利)自由贸易协定和中新(新西兰)自由贸易协定;正在同澳大利亚、新加坡、瑞士、冰岛等进行自由贸易协定谈判;并开始了与印度、韩国、日本、秘鲁等国的自由贸易协定研究。中国还积极参与了一系列基于合作原则和共识的东亚制度建设,其中最重要的包括亚太经合组织、"10+1"③、"10+3"④、上海合作组织、博鳌亚洲论坛、图们江区域发展计划、大湄公河次区域经济合作等。

就地缘关系来说,中国开展国际区域经济合作有西北、东南、西南三个方向:西北面主要是俄罗斯、中亚六国、蒙古;东南主要是东盟10国、日本、韩国;西南方向主要是印度、巴基斯坦等国家。我们认为,在今后一个时期,中国开展国际区域经济合作应该把重点放在东亚。

---

① 庞中英:《中国的亚洲战略:灵活的多边主义》,《世界经济与政治》2001年第10期。

② 《关于建立更紧密经贸关系的安排》的英文简称,包括中央政府与香港特区政府签署的《内地与香港关于建立更紧密经贸关系的安排》、中央政府与澳门特区政府签署的《内地与澳门关于建立更紧密经贸关系的安排》。

③ "10+1":东盟10国与中国。

④ "10+3":东盟10国与中国、日本、韩国。

第一，东南亚的地理位置极其重要。

从地缘角度来考虑，东南亚地理处在三大洲（亚洲、非洲、大洋洲）和两大洋（太平洋和印度洋）的"十字路口"，是东西海运的冲要之区，又是连接亚洲大陆腹地与印度次大陆的锁链，称为"东南亚陆桥"。从人类学意义上讲，来自亚、澳两个大陆的不同人种在这里交汇，形成了一个多民族大走廊。从文化学意义上讲，这里是印度文化圈与中国文化圈交错重叠的地方，又是中国通往印度、阿拉伯海上丝绸之路的必经之地。

第二，中国在本质上是东亚大国。

中国拥有东亚面积的 68% 和人口的 65%，在东亚历史上曾经长期具有特殊的地位。虽然中国与东北亚和中亚、南亚许多国家都有密切的联系，但是总的说来，由于历史传统、文化和地理条件等因素的关系，中国与东亚各国的联系比较紧密，影响也大。在古代，中国以朝贡的方式与东亚许多国家建立了紧密的经济、政治和文化联系。中国位居亚洲大陆的最东边和太平洋的西岸，处于亚太中心地带。就现实而言，中国拥有东亚地区较大的生产和消费市场，与东亚各国的贸易交往越来越频繁，东亚经济合作日益加强，出现了东亚经济一体化的趋势。中国是东亚的主要贸易伙伴，日本、韩国、马来西亚、菲律宾的出口增长几乎都来自中国。中国与东亚已经密不可分，成为东亚稳定和发展的重要力量。"从历史上看，历来都是中国的软弱导致亚洲动荡不安；在中国强大和稳定之时，亚洲秩序井然。从历史的角度看，一个富有和强大的中国是巩固地区稳定的力量。"①

---

① 门洪华：《中国崛起与东亚安全秩序的变革》，《国际观察》2008 年第 7 期。

第三,中国西南部和西北部地理环境险峻,时空可达性差。

中国西南部和西北部高山延绵,沙漠无边,交通不便。如横跨中国与吉尔吉斯斯坦之间有天山山脉,在中国与塔吉克斯坦、阿富汗、巴基斯坦之间有喀喇昆仑山脉,中国与印度、巴基斯坦之间有喜马拉雅山,这些都是举世闻名的崇山峻岭,地理环境险峻,时空可达性差,大大增加了经济和信息往来的成本。

第二节　东亚对中国经济的安全
和发展关系重大

从地理和历史文化方面看,东亚是中国开展国际区域经济合作的重点,从对外合作的效果来考量,中国也要把开展国际区域经济合作的重点放在东亚。

一、东亚在国际经济格局中举足轻重

随着东亚、南亚国家和地区经济的快速发展,特别是 2008 年世界经济危机以后,全球经济重心正在由西向东移动已经成为不争的事实,东亚在世界经济格局中的地位和作用愈加凸显。

1.从 20 世纪后期开始,东亚一直是全球经济增长最快的地区,东亚的经济实力在世界经济中的比重超过 20% 以上

1993 年 10 月,世界银行题为《东亚奇迹》的长篇调查报告,第一次提出了"东亚模式"的概念,认为亚洲"四小龙"中的中国香港、台湾地区以及韩国和新加坡采取政府强有力的经济干预、引进外资、出口导向、高储蓄及人力资源的开发政策,使它们的国家在几十年内走完了传统资本主义 100 多年的发展道路。在

这个过程中有两个非常典型的现象:一是东亚国家经济发展的速度很快,很多国家都达到接近两位数的增长。例如,日本从1955年到1973年,经济发展平均年增长率为9.8%。韩国1962—1979年经济发展平均年增长率为8.9%。新加坡1963—1984年经济发展平均年增长率为9.2%;二是增长的持续时间长,中间虽然有一些波折,但是没有大的危机发生。日本有过1957—1958年的"锅底不景气",1962年的"结构性不景气",1965年的"证券不景气"和1971年的日元危机。新加坡在1985和1986两年经济也出现负增长。但是,高速发展是基本面。通过几十年的发展,东亚经济取得了巨大的成绩:2009年,包括韩国、中国、日本以及东盟(ASEAN)10国在内的东亚国民生产总值(GDP)高达12.67万亿美元,达到全球GDP的21.1%。根据联合国亚太经济社会理事会2010年发布的调查报告,由于亚洲地区主要经济体采取了财政刺激方案,因此即便在金融危机最为严重的时候,亚洲地区仍是世界上经济发展最快的地区之一。

2.东亚经济开始形成自己的体系

近代以后,东亚经济一直依附西方,无论是进口替代还是出口补偿,都以西方经济体系为中心。20世纪后期,随着东亚经济的发展,东亚开始形成自己的经济体系。

首先,东亚内部产业链开始形成。从20世纪50年代开始,东亚经济形成了一种接替型或称"链条式"发展结构。60年代日本经济的高增长,70年代"四小龙"的崛起,80年代"四小虎"(泰国、马来西亚、印度尼西亚、菲律宾)的起飞,90年代又有中国的高增长。东亚地区内部经济联系日益密切,区域贸易正在从原来以资源禀赋为基础的贸易格局,转变为以规模经济和产业内贸易为基础的新贸易格局。其中,"中日韩三国在经济上具有很强的互补性。这种互补性明显地表现在生产要素的互补和产业结构互补性两方面"①,形成一条从低到高的经济链条和奇妙的三角平衡关系。2002 年,日本对韩国有 147 亿美元的贸易顺差,韩国对中国有 131 亿美元顺差,中国对日本则有 218 美元的贸易顺差,也就是说,韩国把从中国挣的钱用在日本,而日本把从韩国挣到的钱用于中国,三个国家已经形成一种相当默契的共存关系。其次,东亚内部经济联系紧密,区域内贸易和投资的依存度提高。2005 年,韩国对中国的出口占其出口总额的21.8%,已超过对美出口比重的 14.5%。2000—2010 年,泰国出口市场中,美国所占份额由 21.3% 减少到 10.3%,欧盟由16.3%减少到 11.2%,而东盟其他成员国所占市场份额,则由19.3%增长到 22.7%,中国更是从 4.1%增加到 11%。菲律宾2010 年出口额达 513.9 亿美元,前五大出口市场分别为日本(15.17%)、美国(14.7%)、新加坡(14.27%)、中国内地(11.09%)和中国香港(8.43%)。近年来,中日韩区域贸易额已占到三国对外贸易总量的 55%,中国已成为日本和韩国的最大贸易伙伴国。从总体水平来看,东亚各国(地区)区域内贸易所占的比重超过 30%。东亚区域内相互投资也发展迅速。2010年,东盟内部相互投资的总额达到 121 亿美元。近年来整个东亚有 30%到 40%的外资来自区域内的国家和地区。

第三,东亚地区经济合作形成机制,制度建设成绩显著。东亚地区机制化合作始于东盟。1967 年,印度尼西亚、马来西亚、菲律宾、新加坡、泰国五个国家签订《曼谷宣言》,决定成立一个地区性组织,承诺以和平方式解决争端、以合作方式促进经济发

---

① 秦亚青:《东亚地区合作:2009》,经济科学出版社 2010 年版,第 84 页。

展。其后,东盟内部合作不断发展,并开始产生外溢效应。1977年,日本与东盟建立正式对话关系,韩国于1989年启动与东盟的对话进程,中国于1996年成为东盟的全面对话伙伴国。1997年亚洲金融危机后,东盟与中日韩合作机制(即"10+3")正式启动,"10+3"以经济合作为中心,并延伸到政治、安全和文化等方面,在20个领域建立了57个不同层次的合作机制。目前,东亚地区合作机制已经形成:包括东盟共同体、"10+3"、三个"10+1"、中日韩合作机制、东亚峰会、东盟地区论坛、大湄公河次区域合作机制及亚太经合组织,东亚地区经济合作呈现明显的一体化趋势。

二、东亚对中国经济的发展与安全有特殊意义

在地缘经济时代,国家经济发展和安全成为国际关系的焦点问题,东亚对中国经济的发展与安全有特殊意义。

第一,东亚在中国引进投资和进出口贸易中的比重大。

在相当长的时期内,中国对外经济活动的70%是在东亚进行的,而投资中国的外商85%来自东亚。[1] 2007年,中国从东亚地区进口额达4600亿美元,占中国进口总额的48%。2010年中日两国间的贸易总额达到3018.5亿美元,中韩贸易额达到2072亿美元。中国—东盟自贸区货物和服务贸易协议相继签署,自贸区带来的积极效果逐步显现。2007年,中国—东盟贸易额已达2025亿美元,提前三年实现了当年双方领导人确定的贸易目标。其中,中国从东盟进口达1084亿美元,与自贸区降

---

① 国家发展和改革委员会外事司与外经所课题组:《中国参与区域经济合作的现状、问题与建议》,《经济研究参考》2004年第41期。

税前的 2003 年相比,增长了 1.3 倍。截至 2007 年底,中国实际使用外资 7630 亿美元,其中 19.3% 来自东盟 10 国和日本、韩国。对中国内地投资前十位国家和地区依次为:中国香港(539.93 亿美元)、中国台湾(65.63 亿美元)、日本(41.17 亿美元)、新加坡(38.86 亿美元)、美国(35.76 亿美元)、韩国(27.03 亿美元)、英国(14.69 亿美元)、德国(12.27 亿美元)、中国澳门(10 亿美元)和加拿大(9.59 亿美元)。

第二,东亚可以成为中国参与全球竞争的战略后方和依托。

从中国国家经济安全的角度看,随着中国经济对外依存度的提高,中国经济需要一个后方根据地,来保证在世界经济发生激烈变化时不至于对中国经济产生太大的影响。环顾中国四周,最有可能与中国建立经济战略伙伴关系并发展成为世界经济重要一极的正是东亚。东亚经济一体化,可以为中国经济发展提供更广阔的市场和更大的生存空间,成为中国参与全球化竞争的战略后方、依托。而且,"10+3"资源禀赋的互不相同,形成了不同资源的比较优势,有利于内部通过合作获得比较利益。如作为东亚合作重要内容的湄公河流域开发项目,为中国西部大开发提供重要机遇。

第三,东亚是中国"走出去"经济战略的首选。

改革开放前 30 年,中国发展经济以"请进来"为主。如今中国对外开放有了新的内容,中国企业需要"走出去",才能更好融入国际经济。东亚是中国企业"走出去"的首选地,因为相对于东亚多数国家来说,中国企业还有较大的优势,走进东盟是一个比较务实的选择。

第三节　东亚对实现中国对外经济
战略远景具有决定性意义

近代以来100多年,东亚国家(日本例外)是西方列强殖民的对象,主权不能独立,国土被瓜分,经济受掠夺。在现代,无论是在冷战时期的两极对抗还是美国一极独大的状态下,经济相对落后的亚洲备受欺凌,对国际经济不合理的秩序有切肤之痛。因此,推动建设公平、合理的国际经济新秩序,营造有利于世界经济稳定、合作与发展的国际大环境,这是中国对外经济战略最高层面的远景目标。东亚对实现中国对外经济战略这一远景目标具有决定性意义。

一、国际经济格局正处于裂变之中,建立国际经济新秩序正当其时

目前国际经济格局的特点是从美国一家独大向多极化发展。我们在第二章曾经指出,二战后,美国发展成为世界资本主义经济的领袖。20世纪80年代末90年代初,东欧剧变和苏联解体,社会主义阵营瓦解,美国更成为世界上唯一的超级大国。但是,最近10多年,随着欧盟的发展壮大,新兴经济体的出现和亚洲的发展,旧的国际经济格局已经打破,新的经济格局正在形成。

2004年2月,德意志银行全球市场研究所的研究人员,提出了全球失衡的概念。他们把当前的全球经济失衡看成是盈余国家和赤字国家之间的有意识的、稳定的安排,称这种安排为

"新布雷顿森林体制"。2004—2007年,时任国际货币基金组织总裁的罗德里科·拉托认为,全球经济失衡表现为美国的巨额贸易和财政赤字,而与美国巨额赤字相对应的是其他一些国家,即日本、中国和亚洲新兴市场经济体以及石油输出国的盈余日益增大。西南财经大学教授傅瑜等在《论全球经济失衡》一文中提出,当前的全球经济失衡是国际经济新格局正在逐步形成的表现,也就是说,当前的国际经济失衡是美国的经济金融地位相对衰落,欧元区、中国和其他新兴市场经济国家经济金融日益强盛的表现。"尽管新兴市场经济国家这一极还不太强盛,但新的世界经济格局的出现是任何人、任何政治与经济势力都不能改变的,是整个21世纪不以人们意志为转移的历史潮流。"①世界经济的种种迹象表明,当前是建立公平、合理的国际经济新秩序的良好时机。

二、东亚在建立公平、合理的国际经济新秩序的过程中能够发挥重要作用

就目前国际经济的现状来说,能够对改变国际经济格局产生影响的力量有很多,比如欧盟、东亚、新兴经济体等。欧盟是重要力量,但是欧盟也是原来国际经济秩序的受益者,因此,欧盟虽然与北美有矛盾,但不能指望欧盟成为推动建立国际经济新格局新秩序的中坚力量。新兴经济体有改变旧的国际经济格局、建立国际经济新秩序的强烈要求,但是新兴经济体的力量还很有限,而且新兴经济体之间存在竞争,不容易形成牢固的战略同盟。唯有东亚如果能实现经济一体化,发展成为世界经济格

---

① 傅瑜等:《论全球经济失衡》,《经济学家》2006年第6期。

局中重要的一极,可以成为推动建立国际经济新秩序的最重要
的力量。

国际金融危机后,世界政治经济格局出现大调整和大变革,
亚洲成为全球经济最具活力和潜力的地区,东亚地区成为带动
世界经济增长的主要动力源之一。这是东亚在建立公平、合
理的国际经济新秩序的过程中能够发挥重要作用的物质基
础。东亚对世界经济发展的推动作用表现在两个方面:第一,
东亚成为世界经济发展的重要引擎,在世界经济格局中的作
用和影响日益增强。东亚作为世界主要商品市场和投资场所
的作用日趋重要。美国经济学家罗奇说,中国经济增长对世
界经济增长的贡献率达到 17.5%。第二,东亚内部经济发展
出现良性互动,特别是中国经济对东亚经济有明显的拉动作
用。2009 年 11 月,世行经济学家伊兹沃尔斯基表示,2011 年
初,在中国、韩国和其他地区中等收入国家强大的财政和货币
刺激措施下,东亚和太平洋地区的经济强劲反弹。中国是东
亚和太平洋地区经济反弹的强大驱动力,在很大程度上也成
为全球经济反弹的驱动力。韩国现代经济研究院发表的题为
《"保八"引领亚洲经济》的报告认为,中国经济增长对拉动亚
洲经济复苏的作用十分明显。中国实现"保八"的目标,将推
动韩国经济增长上升 1 个百分点,亚洲各主要国家和地区的
经济增长率也将由此上升 1.2 个百分点,同时推动世界经济
增长 0.3%。

随着东亚的崛起,北美、欧盟、东亚三足鼎立的国际经济格
局正在形成。美国麻省理工学院经济和管理学教授瑟洛指出:
"在未来的竞赛中,三个经济霸权中的每一个都倾向于超越其
他两者。无论哪一个实现了这种超越,都会位居领先,都会像英

国主导 19 世纪,美国主导 20 世纪那样,主导 21 世纪。"①但是,最有可能出现的局面是,由于三个区域的力量制衡,任何一方都无法成为天下一统的霸主,相对公平、合理的国际经济新秩序应运而生。

---

① Leste Thurow, *Head to Head : the Coming Economic Battle among Japan, Europe and America*, New York, Morrow, 1992, p.246.

亚洲在通往现代化的道路上还有一段漫长曲折的道路要走。考虑到这一地区的历史状况和它们的国龄,对它们的政治、经济和社会制度进行一番透视性展望,就必然需要一条新的亚洲道路来对付当今不断变化的世界所产生的巨大挑战。①

——约翰·奈斯比特

第四章　中国东亚经济战略的基本构想

近半个世纪来,东亚地区不仅经济快速发展,成为全球经济最具活力的地区,而且已经形成东盟 10 国、"10+1"、"10+3"、东亚峰会等合作机制。但是,同欧盟、北美自由贸易区相比较而言,东亚经济一体化进展缓慢。之所以出现这种现象,是因为在东亚经济一体化进程中存在许多内在的缺陷,如各国对经济合作原则有不同的理解,缺乏明确的合作目标和制度安排,区域合作意识不强,合作动力不足等,加上受外界干扰大,如此等等。面对东亚经济一体化进程中的种种不利因素,中国如何才能与东盟、日本、韩国携手共进,顺利实现东亚经济一体化的目标愿景,使东亚名副其实成为国际经济格局中的重要一极,为世界经

---

① 引自冯久玲:《亚洲的新路》,北京大学《亚洲的新路》翻译组译,经济日报出版社 1998 年版,奈斯比特中文版序第 1 页。

济的合作与发展创造稳定、和谐的大环境？

第一节　东亚经济合作的原则

由于近代西方对亚洲的殖民、掠夺,使亚洲国家很早就萌发合作思想。例如近代黄遵宪提出过"联日抗俄"的外交策略。"亚洲是亚洲人的亚洲"的思想也有一定的市场。日本在日俄战争时期,也曾经用黄种人对白种人的战争这样的说法来为自己争取支持。但是,近代亚洲合作思想更多是从政治的、民族的和种族的角度来考虑的,经济基础很脆弱,没有得到广泛的认同,与现代意义的东亚经济合作有根本的区别。

现代意义的东亚经济合作的思想和概念,是从 20 世纪后半期开始出现的。1988 年,日本提出"东亚经济圈"构想,意在推行以日本为雁头,四小龙为雁身,东盟国家为雁尾的"雁行发展模式"。1990 年,马来西亚总理马哈蒂尔提出"东亚经济集团"构想,由于遭到美国强烈反对而夭折。1997 年东南亚金融危机爆发,推动中、日、韩与东盟首脑开始定期会晤,讨论地区多边合作问题。从此东亚经济合作进入良性轨道。十多年来,东亚经济合作有了很大的进展,但总的来讲还是差强人意。要推动东亚经济合作,加快一体化进程,需要解决很多问题,其中很重要的是确立东亚经济合作必须遵循的原则。

一、平等、和平、互惠、共赢的原则

东亚多数国家近代以来都有被列强掠夺、殖民的历史,因此对不平等条约有切肤之痛,民族主义盛行,对国家主权看得特别

重。但是,一体化必然涉及国家某些主权的让渡,如减免关税很容易让人联想到不平等条约中的关税协定,这对许多独立不到百年历史的东亚国家来说,是一个巨大的心理挑战,任何涉及主权的问题都可能无限放大,各种小事都容易上升到政治高度,正常的让步会被视为软弱和卖国。小国、弱国这种意识尤甚。所以在东亚经济合作过程中必须坚持不管国家大小、事情大小,主权面前所有国家平等。平等、和平原则体现在两个方面:一是国家主权让渡对等;二是以和平方法处理国家分歧。要坚持尊重各国的独立、主权、平等,不干涉成员国的内政,在发生分歧时坚持和平协商解决争端,不威胁使用武力。

如果说平等、和平是合作的基础,那么互惠共赢则是合作的目的。几十年来,东亚各国的发展得益于全球化带来的国际分工,又在国际分工体系中处于很不利的地位。除日本、新加坡、韩国外,东亚多数国家都处于工业化初、中期阶段,发展水平都差不多,内部竞争大。因此,东亚经济合作要特别重视协调好各国的关系,尊重各自的权益,实现互惠共赢,大家都能够获得合作所带来的利益。当然,为了加快东亚经济一体化进程,大国和强国要有风范,在适当时候应该考虑向小国、弱国让利。中国—东盟自由贸易区的早期收获计划就是其中的范例。

二、循序渐进与重点突破相结合的原则

由于东亚各国的经济、政治、宗教和文化等有巨大的差别,加上现实存在的许多矛盾和冲突,所以东亚经济合作的进程只能是循序渐进,把一些短时间内难以解决的问题暂时搁置,以时间换空间,在发展中寻找解决的机会和办法。对话和协商是渐进性原则的重要体现,要有积极寻找解决问题的办法,创造解决

问题的条件,要有耐心,不能急于求成。但是,时不我待,东亚经济合作又要有紧迫感,要抓住有利时机,而不能坐失良机。全面加快推进有困难,可以在条件比较成熟的领域突破,尤其是要想方设法在事关东亚发展全局、长远的重点领域先行突破。

三、国家利益优先与东亚利益最大化相统一的原则

在民族国家时代,任何国家在处理对外关系时都必须坚持国家利益优先,这是毫无疑问的。但是,国家利益有长期利益和短期利益、全局利益和局部利益之分,有时候为了长远的全局的利益,需要在一些眼前的、局部的利益上让步。在国际区域经济一体化时代,国家利益常常与区域利益是一致的,或者说,推进区域利益有助于实现自己国家的利益。《东盟宪章》强调东盟要具有一个目标、一个身份和一个声音,共同应对未来挑战,就是这种认识的体现。韩国国会议员郑德龟在《东亚国家的合作及共生关系》一文写道:"我认为东亚国家之间最需要的是互补性的生存关系,毫无疑问,未来的竞争将会更加激烈,那么所有竞争者都可以获胜的双赢、多赢的竞争是比什么都重要的。我们亚洲国家必须实现共同的价值,实现共同的繁荣。"[1]但是由于东亚内部成员众多,经济差异很大,如果每一国家都只考虑自己的利益,就不可能形成真正的合作。要解决这个问题,东亚各国需要有全局观念,既要考虑、照顾到东亚每一国家不同的利益,又要把东亚作为一个整体,实现东亚整体利益的最大化。因此,中国东亚经济战略需要提倡东亚利益最大化原则,也就是

---

① 黄大慧主编:《构建和谐东亚:中日韩关系与东亚未来》,社会科学文献出版社 2010 年版,第 70 页。

说,中国东亚地区战略的出发点不是谋求中国在东亚的优势,而是谋求东亚在世界的优势。中国的东亚战略应该超越自身,关注东亚的整体利益,在寻求东亚整体发展中实现自身的发展。要有效地谋求东亚在世界上的优势,最为重要的是东亚各国加强合作,形成东亚价值观和合作意识,构建东亚利益共同体、命运共同体。

四、开放性与区域性相统一的原则

开放的地区主义是东亚各国共同坚持的观点,也是美国等大国所赞同的观点。从现实来看,东亚各国与欧美发达国家有紧密的利益关系,无论在贸易还是在投资方面,东亚各国对欧美市场依赖很深。所以在东亚经济一体化的过程中,不能自我封闭,不能搞排外主义,要承认现实,继续开展区外的各种合作,如亚太经济合作,与欧盟和美国的合作。开放的地区主义是东亚经济一体化过程中的必然选择,并且构成其重要特色。与此同时,又要处理好东亚区内与区外的关系。如何在开放中保持内部的紧密合作,不让对外的合作影响内部的合作,这是还没有很好解决的问题,需要认真研究,加以解决。例如,东亚经济合作的范围应该多大,13 国还是 16 国? 东亚内部就有争议。在东亚经济合作过程中,必须形成东亚主体的思想,明确东亚的经济地理概念,形成区域经济特色,不要影响区域化的合作与发展。

五、自愿和制度性约束相统一的原则

东亚经济合作的一个重要特点是以自愿为主,比如协商是"东盟方式"的核心价值观的体现,制度性约束较少。所以东亚区域合作比较松散,效果也较弱。由于东亚内部矛盾的复杂性,

自愿原则在早期东亚一体化过程中起了很好的作用。但是,必须看到,随着一体化的深入发展,经济合作必须有制度性的约束来保障。所以在条件成熟时要有意识、有目的地推进东亚一体化过程中的制度建设,这样才能使东亚真正形成国际区域经济组织。

第二节　东亚经济合作的目标

　　1998 年,时任韩国总统的金大中提出在"10+3"框架内设立"东亚展望小组"。在 2001 年 11 月的第五次"10+3"会议上,展望小组向东亚领导人提交了关于"建设东亚共同体"的报告,提出包括建立东亚自由贸易区,开展多领域合作,加强机制化建设在内的一系列建议,第一次明确提出了东亚合作的长远目标是建立东亚共同体。2003 年底,东盟—日本高峰会议再次明确表述了建设"东亚共同体"的目标远景。2005 年底,马来西亚作为东道主主办了第一届东亚共同体首脑会议。但是,迄今为止,东亚共同体并没有更具体的内容,而且各方理解不一。中国社会科学院研究生院教授金熙德在《中日韩关系与东亚合作》一文中提出:"什么是东亚共同体？ 从理论上讲,东亚共同体就是指东亚各国在经济、政治、安全、文化上最终走向一体化。"[1]可以说,东亚的地区合作已经成为共识,但是东亚各国政府从来没有对"东亚共同体"作过全面的阐述。一些国家仅是把"东亚共同

---

　　① 黄大慧主编:《构建和谐东亚:中日韩关系与东亚未来》,社会科学文献出版社 2010 年版,第 79 页。

体"当作一个过程。这种过程先于目标的现象说明东亚经济合作仍然处于初级状态,不利于东亚经济合作的推进。东亚经济一体化过程有其他国际区域经济合作不同的特点,因此其目标设计也应该有自己的特色。

一、东亚经济一体化的基本特点

一体化最初的含义是"将各部分结合成一个整体"。英文"一体化"(Integration)一词是由拉丁文引申而来,原义是"更新"、"修复"。在经济学中,"integration"起初来源于企业之间的联合。经济一体化(Economic Integration)这个词在 1950 年之前,还只是在西欧的个别场合偶然出现。在西欧国家酝酿建立欧洲煤钢共同体的前后,开始使用了经济一体化这个词,并认为要达到欧洲的统一,必须以实现经济一体化为基础。一些经济学家也从这个时候开始从事经济一体化的研究,为经济一体化定义。一般认为,区域经济一体化是区域内不同的经济主体之间为了生产、消费、贸易等利益的获取,产生的市场一体化的过程,包括从产品市场、生产要素(劳动力、资本、技术、信息等)市场到经济政策逐步统一。但不同的经济学派有不同的理解,例如,德国自由主义经济学派的洛普克认为,一体化是这样一种局面,在这种局面下,各国经济之间的贸易关系可以像在一个国家内部存在那样自由和有利可图。德国经济学家卡博认为,区域经济一体化是指一个消除国际贸易、收支和要素流动限制的过程,它必然导致的结果是两个或两个以上的国民经济体联合成一个地区贸易协定。国际上一般把经济一体化划分为五个阶段、或者说五种类型:一是自由贸易区,即区内各国商品免税流通;二是关税同盟,即不仅区内各国商品免税流通,而且各成员国采取共同对外的关税率;三是共同市场,即不仅包括关税同盟的内容,而且加上资本和劳动力在区内自由流动;四是经济同盟,即除了包括共同市场的内容外,还要求在货币、财政和其他政策的一定程度上协调一致;五是完全经济一体化,比经济同盟更进一步,货币、财政、贸易等政策完全一致。

由于东亚与欧洲有不同的经济和历史文化条件,东亚经济合作有其特殊之处。首先,东亚经济合作具有跳跃性。东亚经济合作把建立自由贸易区作为最基本目标,但是,它发展的阶段性并不明显。东亚经济一体化虽然以减免关税为主,但是在金融货币、能源合作等某些重要领域发展很快,在第一阶段就包括了经济一体化前后四个发展阶段的内容,呈现一种跳跃性。其次,东亚经济合作具有保留性。东亚各国经济都存在很脆弱的地方,各国都力图保护各自的弱项,使之在很长的时间游离于一体化之外。例如日韩的劳动力市场、日本的农业、中国的金融市场。第三,东亚经济合作具有松散性。到目前为止,东亚经济合作都以自愿为原则,缺乏刚性的制度约束。第四,东亚经济合作是存在先于思想。东亚各国的经济已经很难分得开,经济合作已经非常紧密,但是内部仍然矛盾重重,普遍缺乏东亚共同意识,基本没有地区认同思想。

二、东亚经济战略的基本目标

东亚经济战略的基本目标是加强经济合作,互利共赢,共同发展,加快经济一体化进程,形成东亚利益共同体,实现东亚整体利益最大化;同时提升东亚在国际经济格局中的地位和影响力,使东亚成为世界经济的重要一极,推动建立国际经济新秩序,营造安全、良好的国际经济合作发展环境。要实现东亚经济

战略目标,需要做好如下几件事情:

1.推动区内投资、贸易、服务自由化

推动区内投资、贸易、服务自由化是东亚经济一体化的重要内容。第一步:建立各种形式的区域、次区域自由贸易区,在降低关税,减少贸易投资壁垒方面走快一步,争取早日实现零关税。第二步:建立"10+3"自由贸易区,争取在能源、货币和环保合作方面取得更深入的合作。第三步:形成东亚共同市场,让资本、劳动力等生产要素在区内自由流动。第四步:推进东亚经济全面一体化,构建东亚利益共同体。

2.形成协调区内经济合作的制度、体制、机制

在制度经济学理论中,制度是经济发展中的一个重要因素。诺贝尔经济学奖得主、美国著名经济学家诺斯认为,对经济增长起决定作用的是制度性因素而非技术性因素,有效率的经济组织是增长的关键。"制度提供了人类相互影响的框架,它们建立了一个构成的社会,或更确切地说一种经济秩序的合作与竞争关系。"①欧盟发展的一个重要经验就是建立了一种介于国家与国际组织之间的机构,如欧洲理事会、欧洲议会和欧洲法院等机构。正如中国外交学院秦亚青教授指出:"欧盟的发展,几乎每一步都是与制度建设联系在一起的,制度化程度的每一个重要表征就是地区架构层次的完整和地区机构权职的清晰。"②目前,东亚内部的贸易和投资比例已经超过对区外的贸易投资,随着内部经济联系的加强,不合作的成本会越来越高。但是,由于

---

① 道格拉斯·诺思:《经济史中的结构与变迁》,陈郁译,上海三联书店1991年版,第225页。

② 秦亚青:《东亚地区合作:2009》,经济科学出版社2010年版,代序第1页。

强调自愿原则,缺乏制度性约束,影响合作效果。要改变这种状况,必须建立和完善协调机构、制度和机制,并充分发挥其作用。

3.共建东亚经济合作体

共建经济合作体是推进经济一体化的重要方法。东亚内部有许多共性,例如,依赖欧美的资本、技术和市场,能源自给严重不足,金融基础薄弱等等。东亚共建经济合作体可以从具体项目合作突破,比如成立能源合作共同体。东亚多数国家都是石油进口国,对国际石油市场依赖很深,特别是中日韩都是世界能源消费大国,中国超过50%的油依赖进口,日本是99%,而韩国几乎是100%。在能源问题上,"10+3"内部有共同要求。东亚各国如果能够加强合作,实行协商的对外政策,既可以获得更多的利益,又能够促进一体化的发展。目前,东亚不仅没有形成共同的能源战略,反而内部竞争激烈。中日之间在俄罗斯石油市场上竞争激烈,结果是两败俱伤。例如1992年以来,亚洲的石油价格(每桶)就一直高出欧美市场1—1.5美元。东亚如果能够建立能源共同体,一方面在国际能源市场一致对外,另一方面共同开采内部的能源,这将是一个多赢的局面。在金融、环保等方面也可以建立各种形式的经济合作体。

4.形成东亚地区合作意识

建构主义认为,合作是一种文化现象。任何行为体参与国际互动都是以一定的观念为指导,通过共有理解、共有知识和共有期望来确定行为体之间的关系:包括合作或者冲突。价值的认同是构建利益共同体的重要前提,国家之间如果能够彼此分享共同的文化理念,尊重相同的规范,就有可能形成命运共同体。东亚合作只有得到足够的文化共性的支持,才能有根本性的突破。

在讨论东亚意识之前,需了解东亚文化特点。历史上东亚、特别是东南亚是一个文化多元的地方。东南亚甚至被称为世界文化的博物馆,世界上任何一种较大的文化种类都可以在东南亚找到传播的地方,世界三大宗教在东亚都有很大的影响。但是,在东南亚多元文化中,儒家文化是最重要的一元。东南亚国家长期受中国文化的熏陶,都与儒家文化有着十分密切的联系,同属儒家文化圈。正如法国巴黎大学威德梅修教授所说:以儒教为核心内容所形成的"汉字文化圈"的东亚各国,具有一种共同的东亚精神,这种精神主要基于儒教传统的彻底的和平主义,和以"仁"为原理的共同体主义等。东南亚还生活着大量的华人华侨。华人文化在东南亚国家有广泛的影响,虽然不时有文化的冲突,但是很多国家对文化采取宽容的政策。例如,马来西亚马哈蒂尔上台后,对华族文化执行宽容的政策,在一定程度上促使华族更注重对传统中华文化的认同。发展至今,"在华社组织推动下,华族传统文化节日大放异彩。华人庆祝新年、端午节、中秋节等,在国、州、县以及大小城乡热烈举行,场面盛况不逊色于中国"①。日本、韩国历史上受中华文化的影响也非常大。

同时,近代以来西方文化也在东亚广泛传播,并对东亚产生重大影响。日本从明治维新开始逐步接受西方文明。如今日本价值观念中西化色彩浓厚。韩国原来基本上是一个儒学传统下的佛教国家,第二次世界大战刚结束的时候人口中只有1%是基督徒,1957年基督徒的人数也只有120万左右,但是到2002

---

①　刘文丰:《推广华族文化纳入国家主流》,中国华侨华人历史研究所、中国华侨历史学会《华侨华人报刊资料剪辑》1997年第5期。

年,已经有40%的韩国人成为基督徒,人数达到1400—1700万。中国自近代以来"西风东渐"非常明显,东盟也是如此。

构建东亚意识,要深刻认识东、西方文化,鉴别东、西文化的精伪,博采古今中外文化优秀成果。

我们现在讲的西方文化、西方文明,本质上是现代工业文明。工业文明代表了人类文明发展的一个阶段,即从农业文明发展到工业文明的阶段,工业化、城市化、现代化、信息化都是在这个阶段实现的。随着工业化、城市化、现代化、信息化在全世界传播,工业文明也成了全人类的文明。因此,要认识到工业文明、西方文明倡导的个性解放、自由、民主、平等、博爱等,是人类社会发展、进步的要求和体现,是人类共同的精神财富。但是,又要看到西方近代工业文明也存在内在缺陷。一是西方文化以近代科学为基础,近代科学以世界的二元化为理论前提,主观和客观分离,强调改造自然、征服自然,而忽略人类社会与自然界的和谐共处。1851年,英国维多利亚女王看了第一次世博会,就是伦敦万国工业博览会,在日记中写道:"人类没有什么事情不可以做到。"就是说,近代以来工业化对生态环境的破坏有其文化上的根源。二是西方文明源于基督教文明,基督教文明的二元对立也十分突出,善恶对立,正统与异端对立,不能容异,不讲调和、妥协、兼容、依存;你得跟我一样,你跟我不一样,我就要改造你,这就很容易导致文化冲突。1521年春夏之交,葡萄牙航海家麦哲伦带领的船队来到今天的菲律宾群岛。初来乍到,麦哲伦一行受到了土著人的礼待。但是后来,他们用火炮迫使土著人皈依基督教,结果被当地人杀了。三是西方工业文明推崇自由市场经济,存在极端个人主义、极端自由主义和拜金主义的价值倾向。在工业文明的发展过程中,极端个人主义、极端自由主义和拜金主义的膨胀对西方文明造成极大的损害。也就是说,西方文明有它的内在缺陷,在发展过程中暴露出许多不足。但是,在西方工业化、现代化发展阶段,世界上其他国家地区处于农业经济、农业文明时期,比较之下显得十分落后、贫穷甚至野蛮。这使西方文化、西方工业文明得以一俊遮百丑。随着世界上其他国家地区经济社会的发展,特别是新兴经济体的出现并展示出活力,人们逐步认识到工业化、现代化不等于西方化,各国要走自己的路。这次金融危机、经济危机给欧美发达国家的重创,更是让人重新反思以美国为代表的西方文明。

传统意义上的东方文化是一种农业文明。在工业文明高度发展、繁荣的今天,我们要勇于承认,农业文明是一种过时的落后的文明形态。因此,我们不能简单地寄望于东方文化的复兴。但是,我们又不能把传统东方文化说得一文不值,而是要看到东方文化蕴藏着许多高深的智慧和思想光芒。比如天人合一、整体性思维的世界观和方法论,万邦和谐和集体意识的社会观,仁义为本、"内圣外王"的"王道"思想,和而不同的包容精神,勤劳致富、勤俭节约和君子爱财取之有道的经济伦理等等。这些是东方文化的精华,也是人类共同的精神财富,需要去挖掘,去创新,去发扬光大,使之融入现代人类文明发展大潮,成为人类文明进步的动力。

1997年东南亚金融危机后,东亚开始更自觉地探讨东亚意识,酝酿形成地区主义精神。目前对形成东亚价值观有两种不同的理解。

第一种是主张以民主、自由和人权作为东亚共同体的价值观,强调建立"价值观共同体"、"民主共同体",它包括自由民主、人权、法制等。认为韩国与日本是东亚的两大民主国家,在价值观方面相同,应共同为亚洲的繁荣和稳定做出贡献。

第二种是更倾向于东亚国家有自己的特点,应该走出一条与西方不同的现代化发展道路,也应该有自己独特的价值观,认同东亚儒家资本主义及其成就,认同儒家文化是东亚经济发展的精神支持。儒家传统对东亚经济发展的影响,正是通过伦理精神的渗透及价值体系的导向而实现的,东方社会现代化应该以儒家伦理为主要文化背景和文化氛围。认为,中国作为儒家文化的源头,应该在建立东亚价值观方面发挥更大的作用。中国人民大学张立文教授认为:"所谓'东亚意识',是指中国、日本、韩国等东亚国家,以儒学为核心的文化意识,儒学对这个地区的社会结构、典章制度、伦理道德、风俗习惯、心理结构、行为模式以及价值观念都有极其重要的影响,并在这种影响下形成以东亚地区为主体的一种意识。"[①]

我们认为,以上两种理解都有失偏颇。我们相信人类文明发展有自身的规律,工业文明在几百年前取代农业文明,发展成为人类文明的主要形态,是历史的必然;今后工业文明被更先进的文明形态所取代也将不可阻挡。构建东亚意识应该超越传统意义上的西方文化和东方文化,在博采东西文化之长的基础上形成一种引领文化发展方向的新文化,它应该包含自由、民主、平等、法制、科学、仁爱、宽容、和谐、合作等思想内涵。不能把自由、民主、平等、法制、科学等价值观视为西方文化的专利,它是全人类的共同财富。构建东亚意识应该真诚、勇敢地把它继承和发扬光大,使之到达更高境界。这是完全可能的。土耳其诺

---

① 张立文:《和合与东亚意识——21 世纪东亚和合哲学的价值共享》,华东师范大学出版社 2001 年版,第 14 页。

贝尔文学奖得主帕穆克说过这样一段耐人寻味的话：欧美的自由主义社会一直将他们的民主主义强加于其他地区，如果这些地区不喜欢他们，他们就会质疑这些地区的民主主义；相反这些地区投票给喜欢美国和欧洲的政党，他们就会说这些地区的民主主义搞得好。其实，不投票给亲美政党才正说明民主主义的存在。土耳其和阿拉伯世界的人们如果投票给伊斯兰主义政党，那才算是真正的民主主义。

本书的主题是东亚经济合作，下面对东亚合作意识提出我们的浅见。

第一，经济合作以义取利。经济合作当然以获取经济利益为目的，但是不能为经济利益而不择手段，应该做到"君子爱财取之有道"。儒家思想以仁为核心，仁是由"二"和"人"组成的。仁者爱人，儒家思想把仁作为处理人际关系的基本准则，仁也应该成为今天东亚经济合作的基本原则。儒家认为，可以把合作原则归结为两大类：义和利，也就是道义和利益，这二者都是合作所需要的。在合作中如果二者不能兼得，正确的做法应该是舍利取义。这里的义，除了道义之外，即恪守君子爱财取之有道，还有东亚整体利益之义。在东亚经济一体化过程中，存在许多利益冲突，如果各国都不顾及整体的利益而自行其是，合作必然不能成功。所以在合作过程中必须确立整体利益至上和不妨碍他国利益这两条原则。

第二，解决冲突以和为贵。任何合作都必然伴有冲突，如何解决冲突是合作的重要内容。在儒家思想中，和是解决冲突的基本方法。所以孔子认为礼之用，和为贵。荀子甚至认为和是万物生长的条件，"万物各得其和以生"（《天论》）。《中庸》也认为，"致中和，天地位焉，万物育焉"。只有用和平友好的方法来处理冲突,才能真正解决问题,这是儒家主张以德服人而反对以力服人的方法论的由来,用和平友好的方法解决冲突应该成为东亚合作意识的基本理念。

第三,整体精神共同发展。东亚经济一体化追求的目标应该是共同发展,而不是某个国家或地区的单独发展;应该是谋求东亚在世界的优势,而不是某个国家在东亚的优势。在儒家的世界观中,世界是一个相互联系的整体,天人合一是整体世界观的典型体现。日本近代著名启蒙思想家福泽喻吉也认为,"智慧"乃是一种整体性的"知",这种整体性的"知"不是由各要素之和构成,而是由要素之间及事物之间的"关系性"构成。日本国际创价学会会长池田大作也认为,"实际上,那产生于我们周围的事件或事物,没有一个是孤立存在的。世上一切事物,都是以某种形式保持着关联,构成一个整体。"①整体主义强调每一部分的发展都与整体的发展紧密相连,所以《大学》说:"一家仁,一国兴仁;一家让,一国兴让;一人贪戾,一国作乱;其机如此,此谓一言偾事,一人定国。"可以说共同发展是睦邻的根本精神,是整体主义精神的具体体现。因此,任何国家的发展都应该有利于整体利益,或以不妨碍整体利益为前提。

第三节　东亚经济一体化的主导力量

从世界其他一体化组织成功的经验来看,在一体化的过程

---

① 池田大作:《我的人学》,铭九等译,北京大学出版社 1992 年版,第521 页。

中需要有大国发挥主导作用,如欧盟发展过程中的德国、法国和北美发展过程中的美国。东亚经济一体化的进程中,由于各种原因,到目前依然是东盟起主导作用。但是,随着东亚经济一体化的加深,需要中日两个大国发挥更大的作用。

一、东盟主导东亚经济一体化进程的历史沿革

从历史发展的角度来考察,东亚经济一体化的源头是从东南亚开始的。1961 年 7 月,马来亚(现马来西亚)、菲律宾和泰国在曼谷成立东南亚联盟,后因新加坡、马来西亚分治而导致联盟瘫痪。1967 年 8 月,印度尼西亚、泰国、新加坡、菲律宾四国外长和马来西亚副总理在曼谷举行会议,发表《曼谷宣言》,正式宣告东南亚国家联盟成立。1976 年 8 月,马、泰、菲三国在吉隆坡举行部长级会议,决定由东南亚国家联盟取代东南亚联盟,目前已经形成由东南亚 10 个国家,总面积约 446 万平方公里,人口约 5.6 亿人组成的自由贸易区。东南亚联盟(简称东盟)是东亚第一个国际区域性经济组织,历史地形成了它在东亚经济一体化进程中的主导地位,中、日、韩都认可"10+3"作为推进东亚自贸区建设的模式,东亚峰会也由东盟牵头。

二、"10+3"共同推进是实现东亚经济一体化的保障

就经济实力而言,东盟 10 国的 GDP 只有中日的 1/7 左右,2010 年东盟 GDP 是 1.5 万亿美元,而中国是 6.04 万亿美元,日本是 5.47 万亿美元。至于政治、军事力量,东盟更不能与中、日相比。

日本在东亚的经济地位是其他国家无法替代的。日本对外投资的 50%以上、对外援助的近 30%都投向东盟。日本还是东

盟的重要贸易伙伴国,1991—2002 年,日本进口每增长 1%,东盟 5 国(印度尼西亚、马来西亚、菲律宾、新加坡、泰国)出口就增长 1.67%;而中国和美国进口每增长 l%,东盟 5 国出口仅分别增长 0.628% 和 0.934%。由于历史的原因,东盟的居间调停、大国斡旋的功能也是不可取代。中国随着经济的发展和综合国力的增强,在东亚的影响力也愈来愈大。可以说,中国是东亚经发展的重要动力源,是东亚政治公共产品的重要提供者,是东亚安全的重要保障。2003 年,中国与东盟之间的关系从"友好邻邦"上升为"战略合作伙伴"。战略合作伙伴是中国与其他国家或地区之间最高级别的关系。自 1997 年起,中国就积极推动"10+3"框架的发展。在建立自贸区的问题上,中国做出了让步,坚持了多予少取、平等互利,展示了大国胸襟,也赢得了东盟国家的支持。

只有东盟、中国、日本、韩国携起手来,才能确保东亚经济合作顺利推进。

三、中日应该发挥更大的作用

在东亚一体化问题上,中日两国应该在平等合作基础上,发挥更大的作用。中日要加强高层对话,就东亚一体化问题上达成更多的共识;应该在重要领域加强合作,特别在金融、能源和环境保护方面,中日应该作出更大的贡献,表现出大国的风范。

第四节 东亚经济战略的策略问题

战略是思想层面的内容,贯彻战略思想的则是策略,策略偏重于行动。中国东亚经济战略必须高度重视策略问题,才能实现理论与实践的统一。

一、推动东亚经济一体化需要重视策略

策略是相对于战略来讲的。"战略"最初指的是军事战略,来自古希腊 Strategos 一词,原意为"将军",是指对战争的基础性、整体性、长远性谋划。策略是计策与谋略,是战略的实施手段,讲究的是出奇制胜。《人物志·接识》有"术谋之人,以思谟为度,故能成策略之奇"之说。中国古代伟大的军事著作《孙子兵法·势篇》对策略高度重视:"凡战者,以正合,以奇胜。故善出奇者,无穷如天地,不竭如江河。"策略的实质是如何在现有的客观条件下,通过主观的努力取得更大的效果。它通常有两种情况,一种是客观条件并不具备,需要通过主观加倍努力,高度重视运用策略而取得成功;另一种是客观条件基本具备,通过主观努力,策略得当,可以比任凭事物自然发展取得更大的成功。一般说来,在常态发展的事件中以后者为主,而在非常态发展的事件中以前者为主。

亚洲金融危机后,加强东亚经济合作成为大家的共识,但这并不意味着从此东亚就将齐心合力,东亚合作就一帆风顺。由于历史和现实的矛盾错综复杂,要求东亚合作要十分重视策略问题。东亚各国的矛盾冲突主要表现在如下几个方面:

1.主导权之争。在东亚经济一体化过程中,东盟一直以东亚经济一体化主导者自居。日本也一直想扮演主导者的角色。日本自 1997 年亚洲金融危机以后,积极推行"回归亚洲"新战略,主张创建"东北亚共同体"和"东亚共同体",以亚太地区作为自身生存和发展的中心,力争掌握亚太政治经济主导权。中国确立国

际区域战略后,也希望在东亚经济一体化中发挥更大的作用。

2.经济冲突。中国和东盟多数国家均属外向型经济,对外依存度高,同处于国际产业链下段,出口市场主要集中在欧美和日本。中国和东盟的经济冲突要高于日本和东盟的经济冲突,虽然截至 2009 年 1—10 月,东盟对中国仍有 94 亿美元的贸易顺差,但与 2008 年同期 628 亿美元的顺差相比,已大大减少。现在中国—东盟自由贸易(CAFTA)已经建成,预计中国对东盟贸易很快就将转为顺差,因为中国富有竞争力的制造品将受益于零关税而大量出口东盟,并且中国企业也将学会利用自贸区提供的优惠政策来扩大出口。对此,东盟官员已表示出担忧。

3.政治历史冲突。亚太地区是世界上国际关系最复杂的区域之一,超级大国、新兴大国、发展中小国应有尽有,区域内国际力量对比变化不断,双边和多边合作机制纵横交错。中国与东盟历史恩怨多,直到 20 世纪 70 年代还处于互不信任和对立的状态。在 20 世纪 90 年代,"中国威胁论"在东南亚一度甚嚣尘上。日本和韩国也存在许多问题。最明显的是"历史认识问题",其核心是日本政府对"大东亚战争"缺乏反省。这一问题引发了多种形式的冲突,如参拜靖国神社、教科书问题等。2006 年 8 月有 89% 的韩国人表示"不信任日本"。中国和日本原来处于东西方阵营的东亚边缘地带,是东西方冷战的交汇处,这增加了中日关系的敏感性和复杂性。现在,中国的发展改变了以往东亚"日强中弱"的不对称局面,使东亚第一次出现出两个大国并立的格局。中国崛起深深地刺激了日本长期抱有的"一等日本,二等中国"、"原料中国,成品日本"的心态。

4.领土主权冲突。南沙群岛归属权无可争议地属于中国。如今菲律宾和越南等国都提出了对南沙群岛拥有或部分拥有主

权,并武装占据部分岛屿,在南海区域开展经济开发活动。中国
与东盟在南海岛屿的纷争,已成为中国东盟深入经济合作的重
要制约因素之一。钓鱼岛自古以来就是中国的领土。中、日钓
鱼岛之争是中、日摩擦的多发点和外在表现形式。

冷战结束后,日、韩之间历史和领土等遗留问题逐渐暴露,
并日益成为两国关系的主要障碍。2005 年,日本岛根县议会通
过"竹岛日"(韩国称独岛)条例宣示"领有权",文科省审定的
初中地理和公民教科书出现"韩国非法占领日本固有领土竹
岛"等内容,导致日韩关系恶化。

二、中国东亚经济战略的三大策略

鉴于东亚经济一体化存在许多困难,中国东亚经济战略必
须讲求策略,方能取得更好成效。中国东亚经济战略要运用好
如下三大策略:

1.中心策略。中国东亚经济战略的中心策略的基本含义
是,加快"两岸四地"①的经济合作与融合,使之成为中国推进东
亚经济一体化的坚实基础。中国要在东亚经济一体化进程中发
挥更大作用,必须有足够的经济实力。因此,要加快"两岸四
地"的经济融合。目前,"两岸四地"经济联系十分紧密,经济合
作机制也开始建立,要以"更紧密贸易安排"和"经济合作框架
协议"②的签署为契机,通过相应必要的过渡、协调和规范,用自
由贸易区的基本模式来调整"两岸四地"的经贸关系,从而加快

①　两岸四地是指中国大陆、香港、澳门、台湾四地。

②　《内地与香港关于建立更紧密经贸关系的安排》、《内地与澳门关于建立
更紧密经贸关系的安排》,先后于 2003 年 6 月、10 月签署,都从 2004 年 1 月 1 日
正式实施。《海峡两岸经济合作框架协议》2010 年 6 月签署。

推进"两岸四地"经济一体化,实现"两岸四地"经济融合。这是中国推进东亚经济战略的依托。

2.区域策略。由于"10+3"内部存在许多矛盾冲突,在短时期内达成一个总体的解决方案是不可能的,只能采取迂回战略,从点到面,从部分到整体。尽可能建立各种形式的自由贸易区,积累经验,找出解决矛盾冲突的办法,最后水到渠成,顺利建立"10+3"的东亚经济共同体。这是中国东亚经济战略的区域策略的实质。这个策略的内容主要包括两点:第一,中国要在推进东亚一体化中发挥重要作用,则必须首先与东盟建立紧密的经济合作,以"10+1"推进"10+3"的发展。第二,中国应该创造条件,与韩国、日本建立自由贸易区。如果没有日、韩的加入,东亚经济圈不足以在国际经济舞台上拥有更大发言权。

3.重点策略。在推进东亚经济一体化的过程中,争取重点突破是一个非常重要的策略方法。在国际区域经济合作中,有的是为了趋利,如墨西哥参加北美自由贸易区;有的是为了避害,欧洲联合的初衷是想通过合作来制止战争,实现和平。无论是趋利还是避害都是合作的重要动力。因此,在东亚经济一体化的过程中要找到一个结合点,使各国的合作能在这个基础上不断地扩大和发展,最后实现全面的合作。这种方法能够有效化解国家间的敌对与冲突,有助于解决悬而未决的历史遗留问题和现实问题。日本大学的安田武彦教授说:"欧盟源于法德两国在煤钢系统内的合作,这种先通过具体行业的整合进而逐步扩大到一般领域的范式可以为东亚合作所借鉴。"①东亚各国

---

① 转引自潘国华、张锡镇:《东亚地区合作与合作机制》,中央编译局出版社2002年版,第2页。

有三个利益攸关的领域,一是贸易投资;二是能源;三是金融货币。这些问题不仅关系东亚各国的经济发展,而且关系东亚各国的经济安全。东亚国家应该在这三个领域加强合作,力争取得突破,以加快东亚国家一体化进程。

跨国的海外华人经济圈是世界第三大经济势力。如果把海外华人看作一个整体,其经济实力仅次于美国和日本。海外华人控制了除日、韩两国之外的所有东亚国家的贸易和投资。香港、台湾地区的中国人和新加坡的华人在亚洲的投资已超过日本。华人亦是泰国、马来西亚、印度尼西亚、菲律宾和越南的最大外资来源。中国80%的外资也来自海外华人。①

——约翰·奈斯比特

第五章　"两岸四地":中国东亚经济战略的根本

　　东亚之间的经济联系已经非常紧密,但是一体化程度却不高,这里的原因有很多,而缺乏大国主导是一个非常重要的原因。北京大学国际关系学院张锡镇教授指出:"欧洲以及一般地区的经验显示,一般必须有两个或两个以上核心大国的倡导与推动(从而吸纳周边小国参与)和深入合作才能成功。仅有一个核心大国不行,因为在缺乏其他大国制衡的情况下,这很容易造成合作组织为单一大国服务的状况——如南亚未能出现合

---

　　① 约翰·奈斯比特:《亚洲大趋势》,蔚文译,外文出版社1996年版,第12页。

作趋势的一个重要原因就是只有印度一个大国。虽然东亚存在着可以起主导作用的两个大国，但中日两国不但存在着严重的相互不信任，而且出于洁身避嫌的原因，都极力回避发挥主导作用——这是东亚合作无法深入的主要原因。"①日本不能成为主导国家主要是政治上的原因，而中国不能成为主导国家主要是经济上的原因。这是中国东亚经济战略必须思考和解决的大问题。两岸四地经济融合，发展壮大自己的经济实力，是中国在东亚经济一体化进程中发挥主导性作用的重要保障。

第一节 "两岸四地"是中国东亚 经济战略的定海神针

"两岸四地"的设想，最早是由美国印第安纳州坡尔大学的郑竹园教授提出来的。20 世纪 80 年代初期，他在《大中华共同市场的构想》这篇文章中指出："台湾海峡两岸在现阶段政治及经济制度互异的情势下，全面性的统一不可能实现。唯一可行之路是仿照欧洲国家的先例，成立一个大中华经济共同体，或称共同市场；为促使中华民族的大团结，共同市场应以中国人为主体，包括台湾、大陆、港澳及新加坡的华人。"②后来有许多学者从不同的角度提出了类似的设想。香港《华人》1989 年 6 月号刊的一篇文章，对华人经济圈的各种说法做了概括："众多的'华人经济圈'事实上可以分为两个：一是包括中国大陆、香港、

---

① 潘国华、张锡镇：《东亚地区合作与合作机制》，中央编译局出版社 2002 年版，第 2 页。

② 郑竹园：《大中华共同市场的构想》，台湾《中国时报》1988 年 6 月 9 日。

台湾、新加坡华人,进而扩大到海外华人为合作范围的'大中华共同市场',台湾的林邦充、高希均及美国的郑竹园等人都持此议;另一是范围仅限于中国大陆、香港、台湾和澳门的'大中国经济圈',为香港学者黄枝连、大陆学者陈忆村、李家泉、崔殿超等提出。"①因此,"两岸四地"又称为"大中华经济圈"。

中国作为政治大国和经济大国,无论是从全球战略还是从地区战略的角度考虑,都需要建立以自身为核心的区域经济一体化战略,而"两岸四地"就是这个核心。"两岸四地"经济合作的实质,是"特殊的国内不同的经济区域的经济合作",或"中国国内不同的关税区之间的经济合作",也可以简单指中国内地与香港、澳门、台湾地区之间完全实现自由贸易区,并在此基础上逐步实现经济一体化。

一、面对东亚复杂的竞争形势,中国必须固本强基,加快"两岸四地"的融合

从经济地理学的角度来思考,任何经济活动都是在具体的时空间进行的,因此,地理位置与经济发展关系非常密切。1760年俄国科学家罗蒙诺索夫首先提出了"经济地理学"这个概念,指出研究国家经济必须结合地理条件来进行。从历史经验来看,如果一个国家或地区位于一个经济系统的地理中心位置,它就会成为这个经济系统的核心,成为一个物流、信息和资本交汇的中心。公元 1 世纪,环绕地中海形成欧洲经济体系,位于亚平宁半岛的意大利就成为欧洲经济中心。在近代大西洋世界经济

---

① 转引自陶洁:《"大中华经济圈"构想之综述》,《世界经济与政治》1994年第 10 期。

体系形成后，大西洋沿岸国家如英国就成为经济中心。当前由于世界经济中心东移，亚太成为世界经济体系中心，必然使东亚获得更大的发展机会。可以预测，在未来20—30年内，东亚地区将仍然是世界经济增长最快的地区。同样的道理，随着东亚经济一体化的发展，东亚经济体系逐渐形成，东亚必然出现一个区域中心。一个明显的事实是，从东北亚南下，经过台湾海峡到东南亚，它们之间联成一体，这是一条太平洋西岸之弧，而位于这个经济区域中心的正是两岸四地。

但是，历史的必然性并不是直线和单一的，其中必然存在矛盾和争夺。例如，在地中海成为世界文明中心时期，有过罗马与伽太基之间的争夺；在大西洋成为世界文明中心时期，西班牙、葡萄牙、荷兰、英国和法国之间有过激烈的角逐。历史大国并不命定地落在某一个幸运的国度，它更喜欢人们的智慧和勤劳。东亚各国都明白这个道理，因此，面对这个历史发展的机遇，各国展开了激烈的竞争。

日本是亚洲最早提出开展区域经济合作的国家。早在20世纪60年代，日本民间就提出了建立"泛太平洋组织"、"亚洲经济合作机构"和"太平洋自由贸易"等设想。日本于1977年就与东盟建立了正式对话关系。但是，直到80年代以后，日本才开始真正关注与东亚有关国家和地区的区域合作。日本东亚战略的目标是：在亚太地区建立一个由它控制和主导的"东亚经济圈"，即形成一个以日本为"雁首"，以亚洲"四小龙"为雁身，以东盟为雁尾的"雁行模式"。日本东亚战略的策略是争取美国支持，牢牢地控制或影响东盟，使日本在与中国的竞争中稳占上风。东盟是日本东亚战略中的重点，日本朝野把东南亚视为与中国争夺"亚洲地区主导权"的主战场。据此日本形成了其东亚战略的两个基本特点：一是扩大版的东亚共同体设想，即"10+6"。① 二是主张开放的地区主义，希望美国介入东亚事务。

由于复杂原因，东盟巧妙地主导着东亚经济一体化的进程。东盟以大国平衡战略作为基本原则，把平衡中美日关系作为东亚战略的重点。东盟的战略构想是：利用大国对权力的追求，使大国势力在东南亚地区达到一种平衡的状态，旨在防止某个大国的势力在该地区过分膨胀，从而实现地区的安全与稳定。东盟大国平衡战略有两个要点：一是以东盟为中心，东盟要发挥主导作用；二是维持其他大国势力的平衡，避免某一大国的势力坐大。

韩国早在1989年就与东盟建立对话。进入21世纪，韩国的东亚战略显得特别活跃。2005年3月，韩国总统卢武铉首次提出"东北亚均衡者论"，把韩国定位为东北亚中心国家。这个理论认为，由于中国与日本两个大国谁也不服谁，结果都不可能在整合东北亚起主导作用，而韩国可以在中日之间发挥微妙的作用。2009年3月，韩国总统李明博发表了韩国"新亚洲外交构想"，其主要内容包括：同所有亚洲国家开展自由贸易协定（FTA）谈判，积极扩大经济交流；积极参加解决金融危机和气候变化等国际问题的磋商；同每个亚洲国家建立"一对一经济合作关系"，援助和支持其他亚洲国家的发展；为加强战略合作积极组建各领域的协议机构，扩大对亚洲地区的作用和贡献。在方法论上，也把争取东盟作为实现其战略目标的关键，希望通过发展与东盟更紧密关系的新举措，推动韩国的发展。

面对东亚复杂的竞争形势，中国必须有自己的东亚经济战

---

① 进入21世纪后，日本官方提出的东亚合作设想，即在"10+3"（东盟10国和中日韩三国）基础上增加印度、澳大利亚和新西兰，由16国组成自由贸易区。

略,保证在未来的竞争中处于主动地位。两岸四地加强合作,加快融合,发挥地理优势,把自己打造成为东亚经济中心,是中国在东亚经济一体化进程中掌握主动权的重要保障。

二、"两岸四地"经济融合将提升对东亚的影响力

两岸四地处于东亚的地理中心位置,但是目前作为东亚经济中心的地位并不凸现,没能发挥主导作用,其原因在于中国经济实力还不够强大。"两岸四地"经济融合将增强中国经济实力,提升中国对东亚的影响力。

"两岸四地"人口约14亿,占东亚人口总数的60%左右。近年来,"两岸四地"经济发展很快。世界银行统计数据显示,1998年到2001年,"两岸四地"占世界进出口的份额从6.9%上升为9.6%,超过了日本,2007年达到13.7%。2009年"两岸四地"的进出口总额达33421亿美元(中国内地进出口总额22073亿美元,台湾是3783亿美元,香港是5161445百万港元,约为7500亿美元,澳门是52926百万澳门元,约为65亿美元),占亚洲进出口总额的44.4%。2009年"两岸四地"的经济总量是55249.62亿美元,占东亚GDP总数的43%左右(2009年东北亚的经济总量是114156亿美元,东南亚的经济总量14804亿美元,二者合计是128960亿美元)。截至2010年底,中国内地、台湾和香港的外汇储备分别为28473亿美元、2687亿美元和237亿美元,外汇储备总额超过3万亿美元,超过全球储备总量的30%。"两岸四地"之间不仅经济规模大,经济联系紧密,而且内部经济发展具有层次性、异质性,既有世界金融中心、物流中心,制造中心,又有广阔的经济腹地,资源丰富,市场广阔,可以在世界经济体系中营造具有自己特色的小宇宙。对外可以影响

东盟和日本、韩国,增加与欧盟、北美自由贸易区在实施贸易互惠安排谈判中的筹码;对内可以自我循环,增强在国际市场上的抗风险能力。

　　近年来,两岸四地经济持续快速发展,日益成为东亚经济成长的重要引擎,特别是东亚地区许多国家因其与中国的贸易顺差扩大而受益。在这方面韩国最为典型,韩国之所以能够最快走出金融危机,就在于与中国贸易的巨大顺差。东亚地区跨越国界的产业内贸易也因此应运而生,区域内的贸易蓬勃发展。"两岸四地"一旦经济融合成功,将使中国的经济实力大大加强,为中国成为东亚经济合作的主导国家奠定雄厚的经济基础;同时,将释放出更大的经济能量,推动中日韩携手合作,共同推动东亚经济一体化,形成拥有全球三分之一人口的庞大市场,足能与北美自由贸易区和欧盟竞争。

第二节　"两岸四地"经济融合的条件已经成熟

　　也许有人会说,"两岸四地"经济融合的好处大家都没有疑义,问题是这种融合的条件是否成熟? 我们的回答是肯定的。

一、"两岸四地"经济联系十分紧密

　　近年来,两岸四地通过 ECFA[①]和 CEPA[②],彼此充分享受到

---

　　① ECFA(Economic Cooperation Framework Agreement)即海峡两岸经济合作框架协议的英文简称,2010 年 6 月 29 日,内地和台湾两岸两会领导人签订 ECFA,基本内容涵盖海峡两岸之间的主要经济活动,包括货物贸易和服务贸易的市场开放、原产地规则、早期收获计划、贸易救济、争端解决、投资和经济合作等。

区域经济协作、贸易投资便利化带来的好处，市场开放度增强，企业发展空间加大，经济融合进程加快。

1.内地与香港澳门的经济联系十分密切。据商务部统计，2010年1月至12月内地与香港贸易额为2305.8亿美元，同比上升31.8%。其中，内地对香港出口为2183.2亿美元，同比上升31.3%；自香港进口为122.6亿美元，同比上升40.9%。截至2010年12月底，内地累计批准港资项目322391个，实际利用港资4562.1亿美元。按实际使用外资统计，港资占内地累计吸收境外投资的43.4%。2010年内地在香港承包工程、劳务合作合同数共计1632份，合同金额35.1亿美元，完成营业额19.0亿美元，在港劳务人数达到21052人。自从1993年"青岛啤酒"第一只H股在香港上市，至2010年7月底，有547家内地企业赴港上市，集资总额超过2.7万亿港元，总市值达10.6万亿港元，占香港证券交易所总市值56%。截至2010年底，内地已经有18家证券公司、10家基金公司和6家期货公司在港设立分支机构，已经成立的QDII投资计划中有40%投资于香港市场。2010年内地与澳门贸易额为22.6亿美元，同比上升8%。其中，内地对澳门出口为21.4亿美元，同比上升15.7%。截至2010年12月底，内地累计批准澳门投资项目12556个，实际利用澳门投资

---

② CEPA(Closer Economic Partnership Arrangement)即《关于建立更紧密经贸关系的安排》的英文简称。包括中央政府与香港特区政府于2004年10月27日签订的《内地与香港关于建立更紧密经贸关系的安排》，中央政府与澳门特区政府于2004年10月29日签订的《内地与澳门关于建立更紧密经贸关系的安排》，及后来签订的一系列补充协议。CEPA的基本目标是逐步取消货物贸易的关税和非关税壁垒，逐步实现服务贸易自由化，促进贸易投资便利化，提高内地与香港、澳门之间的经贸合作水平。CEPA是内地与港澳制度性合作的新路径，是内地与港澳经贸交流与合作的重要里程碑，也是内地第一个全面实施的自由贸易协议。

97亿。

2.台湾与内地的经济联系大大加强。台湾是内地第七大贸易伙伴、第九大出口市场和第五大进口来源地。据台湾方面统计,2007年台湾与内地贸易顺差高达462.6亿美元,创下历史新高。台湾与内地之间产品贸易的特征是以产业内贸易为主,2008年内地与台湾贸易额达1292.2亿美元,同比上升3.8%。其中,内地对台湾出口为258.8亿美元,同比上升10.3%;自台湾进口为1033.4亿美元,同比上升2.3%。2009年,台湾对内地及香港的出口比重达到41.1%,整个亚洲市场占台湾出口市场的68.8%,显示台湾出口市场继续向以内地、香港为主的亚洲市场集中。2010年两岸贸易额高达1453.7亿美元,其中内地对台湾出口296.8亿美元,自台湾进口1156.9亿美元。

台湾对内地的投资迅速增长。根据商务部与国台办有关统计,截至2010年底,内地累计批准台资项目83133个,实际利用台资520.2亿美元。内地已成为台资的最大目的地。台商对内地的投资从劳动密集型产业到资本、技术密集型产业,技术层次越来越高,企业规模越来越大,投资领域越来越宽。

近年来,内地企业也开始对台湾投资。2009年6月底,台湾当局公布了《大陆地区人民来台投资许可办法》、《大陆地区之营利事业在台设立分公司或办事处许可办法》,并于7月1日起办理内地企业赴台投资申请,正式揭开了内地企业赴台投资的序幕。第一批公布的开放项目包括3大类、192项。依台湾"投审会"核准统计,到2009年底,台湾共批准大陆企业赴台投资计23件,核准投资金额3794万美元。其中,电脑设计服务业占36%,运输及仓储业占36%,批发零售业占23%,电脑电子产品及光学制品占5%。

台湾银行从 2002 年开始在内地成立办事处,到 2009 年已经有 8 个办事处。2009 年 4 月,《海峡两岸金融合作协议》签订,双方同意相互协助履行金融监督管理与货币管理职责,加强金融领域合作,共同维护金融稳定。2009 年 10 月,台湾富邦银行参股的厦门商业银行获银监会批准跨区域投资,正式设立福州分行。台湾新光人寿保险公司与海南航空公司合资成立新光海航人寿保险公司。11 月,台湾国泰金控公司获大陆保监会批准,筹设大陆国泰财产保险公司福建分公司。12 月,台湾富邦人寿与富邦产险获保监会批准,取得设立合资大陆产险子公司的筹备许可,确定成立富邦财产保险有限公司,成为两岸签署合作协议后台湾首个进入内地金融机构。

根据海协会与海基会达成的协议,两岸海运直航、空运直航、直接通邮于 2008 年 12 月 15 日全面启动,宣告两岸"三通"时代到来。这是两岸关系发展史上具有里程碑意义的大事。大大缩短了两岸间的时间距离,同时交通费用也大大降低。根据海协会与海基会达成的空中直航协议,大陆地区客运包机航点增加到了 21 个,有 9 个内地航空公司参与直航。两岸航线截弯取直,不再绕经香港。

《海峡两岸海运协议》签署后,从事两岸航运的船舶大幅增加。依交通部统计,到 2009 年 12 月,160 多艘船舶获准从事两岸海上直航运输,两岸公布的 81 个直航港口已有 71 个港口开通。两岸海运直航运输货物达 5780 万吨,同比增长 2%;运输集装箱 140 万个标准箱,同比增长 11%;运输旅客 140 万人次,同比增长 40%。据国家旅游局统计,2009 年,内地居民赴台人数 93 万人次,其中赴台旅游人数为 60.6 万人次,估计在台消费金额超过 10 亿美元。据台观光局统计,从 2008 年 7 月到 2009 年

9月,大陆游客为台湾带来467亿元新台币收入。2010年两岸人员往来超过680万人次,其中台湾居民来大陆超过514万人次,内地居民赴台近166万人次。两岸教育、科技、文化及城际合作不断拓展,两岸大学校长论坛、两岸大学生辩论赛、旅博会、茶博会、林博会、艺博会、文博会等活动内容丰富多彩。

3.香港澳门与台湾的经贸联系由来已久。台湾是香港第四大贸易伙伴、第五大外来投资来源地和第六大出口市场。香港是台湾的第二大出口市场、第四大贸易伙伴。2007年双边贸易额为2580亿港元,较2006年增加5%。台湾是香港一个重要的外资来源地。截至2009年6月,在香港设立地区总部或办事处的台资公司超过300家。目前在香港联交所上市的台资公司共有46家,总市值超过3900亿港元。台湾是香港第二大旅客客源市场,每年平均有超过200万台湾居民到香港经商和旅游。2010年4月,"港台经济文化合作协进会"(简称协进会)正式成立。协进会在推动香港与台湾经济文化联系中起了很重要的作用。

据统计,仅2007年第四季度,澳门对外进出口达到170.3亿美元,比上年同期增长了19.9%,其中进口货值达到115.8亿美元,比上年同期增长20.8%,而台湾占了该进口值的21.3%,成为该季度澳门第五大进口货物来源地,由此可见澳门与台湾经贸联系也非常紧密。

二、"两岸四地"经济合作机制开始建立

两岸四地经济不仅联系十分密切,依存度日益提高,而且开始建立合作机制,形成制度安排。

首先,内地与香港、澳门签署了更紧密经贸关系的制度安排

和一系列补充协议。

2003 年,中国中央政府先后与香港特区政府、澳门特区政府签署了《内地与香港关于建立更紧密经贸关系的安排》、《内地与澳门关于建立更紧密经贸关系的安排》。之后又签署了一系列的补充协议,到 2010 年 5 月已经有七个补充协议。《安排》包括货物贸易、服务贸易和贸易投资便利化等方面的内容。与其他自由贸易协议相比,《安排》涉及的货物贸易降税范围广、速度快,服务贸易领域广泛,贸易投资便利化内容全面,拓展了自由贸易协议的领域。例如,根据《安排》,内地承诺自 2004 年 1 月 1 日起,在管理咨询、会议展览、广告、会计、法律、医疗、物流、货代、仓储、分销、运输、建筑、视听、旅游、电信、银行、保险、证券 18 个服务行业扩大对香港、澳门的开放。《补充协议二》规定,自 2006 年 1 月 1 日,内地对港澳产品全面实行零关税。《补充协议七》规定,允许香港服务提供者在上海市、重庆市、广东省、福建省、海南省以独资形式设立医院;允许香港服务提供者在内地设立独资、合资或合作企业,从事音像制品制作业务;香港银行在内地可建立小企业金融服务专营机构。通过这些文件,内地与香港澳门贸易投资自动化、便利化的程度在许多方面已经超过了一般的自由贸易区。

其次,海峡两岸之间经济合作机制开始形成。

海峡两岸之间的合作虽然起步较晚,但发展很快。2005 年 4 月,中共中央总书记胡锦涛与时任中国国民党主席连战,在北京共同发布"两岸和平发展共同愿景",提出两党将共同促进两岸经济全面交流,建立两岸经济合作机制。其后,两岸各界有识之士不断探讨和呼吁,两岸应以签署协议的方式建立两岸经济合作机制,实现两岸经济关系正常化,推动经济合作制度化。

2009 年元旦前,北京纪念《告台湾同胞书》发表三十周年,胡锦涛发表了重要讲话,提出"要确保两岸关系和平发展"和"推进经济合作,促进共同发展"的新主张。2010 年 6 月 29 日,海峡两岸关系协会会长陈云林与台湾海峡交流基金会董事长江丙坤,在重庆签署了《海峡两岸经济合作框架协议》《海峡两岸知识产权保护合作协议》。协议涵盖两岸间主要的经济活动,包括货物贸易及服务贸易的市场开放、原产地规则、早期收获计划、贸易救济、争端解决、投资和经济合作等。内地将对原产于台湾的农产品、化工、机械、电子等 10 类 539 项产品实施降税;台湾也将对原产于内地的石化、机械、纺织及其他共 4 类 267 项产品实施降税。在服务贸易方面双方都实施更加开放的政策措施,并将成立"两岸经济合作委员会"负责协调与框架协议相关的事宜。在知识产权保护与合作、金融合作、贸易促进及贸易便利化、海关合作、电子商务合作等方面也取得许多进展。

再次,两岸四地共建合作试验区迈出新步伐。

目前两岸四地合作试验区已经有多种形式。1997 年 7 月,国家批准福州、漳州设立了全国首批"海峡两岸农业合作试验区",开启了两岸农业交流与合作。2005 年试验区扩大到福建全省,成立了海峡两岸(福建)农业合作试验区,闽台农业合作的步伐加快。海峡两岸现代林业合作实验区、台湾农民创业园、台湾水果销售集散中心、台湾水产品集散中心相继设立。目前,农产品加工业已经占到福建省农业利用台资项目的四成以上,台资农业企业成为福建农产品进出口的重要力量,福建也成为台湾水果等农产品的重要集散地。1992 年厦门象屿保税区和福州马尾保税区经国务院批准设立。象屿保税区面积 0.63 平方公里,目前有企业 1100 家,引进外资 8 亿美元,实现进出口贸易总额超 200 亿美元,地方财政收入 15 亿元。2010 年,海西区福州(平潭)综合实验区正式成立,由 126 个岛屿组成,区域总面积约 6436 平方公里,其中陆域面积约 372 平方公里,总人口40 万人。主岛海坛岛面积 271 平方公里,为全国第五大岛、福建第一大岛。福州(平潭)综合实验区的目标是推进两岸经贸紧密合作,推进两岸教育文化交流合作先行先试,打造两岸合作的国际旅游岛和两岸贸易特别区。

2009 年 8 月 14 日,国务院正式批准实施《横琴总体发展规划》,将横琴岛纳入珠海经济特区范围,对口岸设置和通关制度实行分线管理,把横琴建设成为"一国两制"下探索粤港澳合作新模式的示范区。其最大特点是横琴新区将创新通关制度,主要措施是将横琴与澳门之间的口岸设定为"一线"管理,横琴与内地之间设定为"二线"管理,按照"一线"放宽、"二线"管住、人货分离、分类管理的原则实施分线管理;允许横琴建设商业性生活消费设施和开展商业零售等业务,发展旅游休闲、商务服务、金融服务、文化创意、中医保健、科教研发和高技术等产业。

在深港合作方面,国务院批准把前海地区打造成深港合作先导区。前海地区位于深圳南山半岛西部,伶仃洋东侧,珠江口东岸,包括南头半岛西部、宝安中心区,规划面积约 15 平方公里。前海地区紧临香港国际机场和深圳机场两大空港,深圳—中山跨江通道、深圳西部港区和深圳北站、广深沿江高速公路贯通其中,厦深铁路、穗莞深城际线、深港机场连接线、深圳地铁等重要交通设施将在这里与整个珠三角紧密地联系在一起,未来可在 10 分钟内抵达深港两地机场,半小时内抵达香港中环。前海具有独特的区位优势、良好的发展基础、广阔的经济腹地、雄厚的产业支撑,在粤港澳区域内具有重要战略地位。党中央、国务院高度重视开发建设前海合作区,明确将前海建设纳入国家战略。2010年8月26日,国务院正式批复了《前海深港现代服务业合作区总体发展规划》。

《规划》将前海定位为粤港现代服务业创新合作示范区,承担现代服务业体制机制创新区、现代服务业发展集聚区、香港与内地紧密合作先导区、珠三角地区产业升级引领区四个方面的功能。重点发展金融业、现代物流业、信息服务业、科技服务和其他专业服务业四大产业领域。到2020年,前海合作区将建成基础设施完备、国际一流的现代服务业合作区,具备适应现代服务业发展需要的体制机制和法律环境,形成结构合理、国际化程度高、辐射能力强的现代服务业体系,聚集一批具有世界影响力的现代服务业企业,成为亚太地区重要的生产性服务业中心,在全球现代服务业领域发挥重要作用,成为世界服务贸易重要基地,地区生产总值将达到1500亿元。

根据前海的基础条件和产业发展要求,未来前海合作区内将沿前海湾形成特色鲜明、有机关联的"三片一带"布局,包括商务中心片区、保税港片区、综合发展片区和滨海休闲带。为此,前海将被赋予法治、财税、土地、口岸等七个方面独特的政策安排。其中,对国家已做出明确规定的领域,在非金融类产业项目的审批管理上,授予前海管理机构相当于计划单列市的管理权限,对特殊领域如金融行业,监管部门可设立专门机构直接监管;在不突破土地利用总体规划确定的建设用地规模、不影响河口泄洪纳潮安全、不破坏海洋生态环境的前提下,可依法适当围填海。加快前海开发建设,有利于提升区域合作发展水平,打造粤港澳合作的新载体,有利于在"一国两制"背景下,探索深化与香港合作的新途径,为"两岸四地"经济融合积累经验。

第三节 "两岸四地"经济融合的方法

近年来，"两岸四地"经济融合已经成为共识，除了台湾少数人仍有冷战思维外，大家都热切期盼从两岸经济融合中获益。但是，落实在行动上，步伐还是不够大，效果还是不尽如人意，还有许多问题有待解决。

一、明确"两岸四地"经济融合的目标

在世界贸易组织框架内，中国内地、香港、澳门和台湾都是中国的单独关税区，以"更紧密贸易安排"的签署为契机，通过相应必要的过渡、协调和规范，用自由贸易区的基本模式来调整"两岸四地"的经贸关系，从而加快推进"两岸四地"经济一体化，是"两岸四地"经济融合的基本目标。

两岸四地建立自由贸易区，这是一个普遍的共识，但是内部分歧还很多，特别是在两岸关系方面。总的说来，内地倾向以更紧密贸易安排的形式，而台湾倾向一般自由贸易区的形式。如何找到双方共同目标非常重要。事实上，双方的基本立场是一致的，但内地的设想步子更大，也更有操作性。关税贸易总协定（GATT）第二十四条第八款（乙）项规定："自由贸易区应理解为由两个或两个以上的关税领土所组成的集团，对原产于这些组成领土的产品的贸易，已实质上取消关税或其他贸易限制的集团。"[1]

---

① 迟福林:《中国自由贸易区的构想——WTO 框架下中国大陆与港、澳、台经贸关系展望》,《香港大公报》2001 年 11 月 27 日。

它有两个特点:即在该集团内成员相互之间取消关税或其他贸易限制;各个成员又各自独立地保留自己的对外贸易政策,尤其是关税政策。一般来说,自由贸易区指两个或两个以上国家或地区通过签署自由贸易协定,在 WTO 最惠国待遇基础上,相互开放市场,分阶段取消部分货物的关税和非关税壁垒,在服务领域改善市场准入条件,实现贸易和投资自由化。两岸四地自由贸易区应该是一个对内相互取消关税和其他贸易限制,对外仍保留各自独立贸易政策的经济合作组织,其发展目标是逐渐建立起一个比一般 WTO 成员更互惠的自由贸易关系。为实现这一目标,需要制度再创新,调动各方的积极性。

1.深化和扩大《更紧密贸易安排》及其补充协议的积极成果,探索、确定两岸四地经济一体化的模式

关税同盟理论认为,在成员国内实行自由贸易,会产生"贸易创造"和"贸易转移"两种效益,前者增进了区内成员国消费者的福利,优化了资源配置,而后者则相反。结盟后成员国是否受益,由这二者的大小比例来决定。贸易创造效应越大,成员国合作的积极性越高,自贸区就越成功。从目前内地与香港、澳门《更紧密贸易安排》的实施的结果来看,其所产生的积极贸易创造效应十分显著,在推进内地与港澳区域经济一体化的发展方面发挥了重要作用。内地巨大的产业能力,与香港企业所擅长的低风险高增值的运营模式,加上澳门所具有广泛的国际联系和畅通的贸易渠道,各得其所,相得益彰,成为具有中国特色的自由贸易区的重要形式。更紧密贸易安排这种思路已经作为共享性经贸制度资源为两岸四地所接受,以后应当在此基础上进一步创新制度,积极探索两岸四地经济融合、一体化的制度框架和模式。

2.支持大陆地方政府同港澳台建立各种经贸合作关系,调动各方积极性,加快推进两岸四地经济融合

推进两岸四地经济融合除了以国家大政策为根本外,也要调动地方,如广东(特别是深圳和珠海)、福建(特别是厦门)、香港和澳门的积极性。中央人民政府给地方授权,让地方政府积极探索加强经济合作的制度性安排办法。只要坚持一国两制,符合《更紧密贸易安排》和《海峡两岸经济合作框架协议》精神,符合世贸规则,允许有条件的地方在加强经济融合方面先行一步。可以由中央政府授权内地地方政府和香港、澳门特区政府与台湾签署更紧密经贸关系协议,或者在内地建立与香港、澳门和台湾合作的"经济合作区",包括"出口加工区"、"科技园区"、"自由贸易港区"。例如,可以在海西区划出厦门湾一带,台湾划出高雄地区,共建自由贸易区。也可以在双方邻近地区建立更多的试验区,在试验区实行"境内关外、四大自由"的自由贸易区政策:货物进出自由,企业经营自由,投资金融自由,人员进出自由。要创新通关制度和查验监管模式,实行海关特殊监管区域的税收政策、外汇管理政策,推进两岸四地投资贸易和人员往来便利化。通过地方之间加强合作,加快推进融合。

二、明确由点到面推进两岸四地经济一体化的步骤

从我国东南沿海城市区位来看,在台湾海峡两岸,分布着高雄、台北、台南、厦门、福州、温州等人口超过百万的地区中心城市,在东南沿海,有香港、澳门、深圳、珠海等著名城市。如果以这些城市的功能为基础,形成各具特点的城市群,将对两岸四地经济发展繁荣起到巨大的推助作用。推进两岸四地经济一体化要长远规划,分步实施。

1.加快港澳深珠、台湾厦门的经济合作与融合,加大海南开发力度

两岸四地经济一体化,可以从进一步加强粤港澳、闽台(福建、台湾)的区域合作和开放海南开始。首先,可以让港澳深珠率先实现经济一体化(港澳深珠经济一体化问题后面要专门讲,这里暂不展开讲)。其次,利用好闽台之间独有的地缘、文缘、血缘优势,加快发展福州、厦门与台湾之间的经济合作。福建与台湾只有一水之隔,在台湾岛内,80%的台湾同胞祖籍来自福建,闽台两地具有"血缘亲、史缘久、文缘深、语缘通、神缘合、俗缘同"的"六缘"特色,民间交往和经贸联系十分密切,尤其是经济上具有很强的互补性,闽台投资、贸易、旅游的良性互动态势日趋明显。可以把厦门特区扩大到福建省2004年规划的海峡西岸经济区范围,推动扩大了的厦门特区加强与台湾的经济合作与融合,像港澳深珠那样要率先实现经济一体化。第三,加大海南开发力度。海南是中国最大的南方岛屿,近傍香港,遥望台湾,内靠珠三角,面向东南亚,地处日本和新加坡连线的中段,东连太平洋,西通印度洋,既是陆地与海洋的最佳连接点,又是海上战略通道,连接亚洲和大洋洲,太平洋和印度洋,是我国通往东南亚、印度洋,直到非洲和欧洲的海上通道,战略位置十分重要。改革开放后,海南的发展一波三折,近年来有了很大的发展,特别是海南国际旅游岛的提出,使海南开放上升到国家战略的层面。2010年1月4日,《国务院关于推进海南国际旅游岛建设发展的若干意见》出台,中央政府将在5年内投资50亿元用于国际旅游岛的建设。

但是,从东亚经济战略的高度来考虑,应该加大海南开放开

发的力度。例如,可以按自由港贸易区的思维来开放开发海南,把海南变成第二个香港,并以此为基础,让海南与香港、澳门和台湾实现经济一体化。这是关系到 21 世纪中国在国际经济舞台上的地位的大问题。

2.港澳深珠、台湾、厦门特区、海南率先一体化

在港澳深珠、台湾厦门特区实现经济融合,以及海南建成自由港贸易区的基础上,推动港澳深珠、台湾厦门特区、海南率先实现一体化,是两岸四地经济一体化的第二阶段的步骤。两岸四地的经济融合关键是制度,《更紧密贸易安排》是到目前为止最好的制度设计。但是,目前两岸之间签订《最紧密贸易安排》的条件还不成熟,可以采取先易后难、逐步推进的方式。首先建立双边、常设性的谈判机制,努力探讨两岸皆能接受的一系列经贸关系安排,然后逐步将这种机制升级,最终使两岸经贸关系演进为一种制度性机制。具体说来,可以考虑率先签订次区域更紧密贸易安排,以推动港澳深珠、厦门特区、海南、台湾加快经济融合,率先实现经济一体化。

3.香港、澳门、台湾、海南、广东、福建以《更紧密贸易安排》为基础,率先全国实现经济融合,建成共同市场

2009 年,国务院正式批准"海西区"规划,海西区以福建省为核心,包括浙南、粤东及赣东南,它东与台湾一水相隔,北承长三角,南接珠三角。"海西区"具有对台交往的独特优势,"海西区"的建设将使两岸之间的经济合作更加紧密,目前已经开始在银行业、证券及期货业、保险业进行合作的试点。经过前两个阶段的探索、实践,可以把这种次区域更紧密的贸易安排扩大到香港、澳门、台湾、海南、广东、福建,由这些省、区共同建成更大规模的更紧密的贸易安排,在不违背 WTO 精神的前提下,逐步

消除区内关税和贸易投资壁垒,建成共同市场,逐步实现商品、资本和劳务在区内的自由流动。

通过这些努力,两岸四地的经济融合、一体化一定能够实现。

要么避开中国,要么更密切地与它接触。尽管一些行业会受到影响,但自由贸易对中国和东盟的整体影响将是有利的。①

——鲁道夫·塞维里诺

第六章　东盟:中国东亚经济战略的突破口

东亚地区存在三个明显的"次区域"经济圈:即东盟经济圈、"中华经济圈"以及日韩经济圈。它们在地缘上较为亲近,社会文化也具有较好的相容性,具有区域合作的天然优势,为建立区域和次区域经济合作提供了广阔空间。对中国来说,中华经济圈是自身力量的根本,而中国要在推进东亚一体化中发挥重要作用,则必须首先与东盟经济圈建立紧密的经济合作关系。

第一节　东盟在中国东亚经济战略中举足轻重

东盟在东亚最早成立经济合作组织,不仅积累了经济合作

---

① 转引自《中国经济导报》2002 年 11 月 12 日。鲁道夫·塞维里诺时任东盟秘书长。

经验,也使东南亚 10 国结成经济联盟,在东亚经济一体化进程中成为一支举足轻重的力量,中日韩的东亚战略都高度重视东盟。

一、东盟是东亚经济一体化的重要力量

东盟 10 国的总面积有 450 万平方公里,人口约 5.5 亿,经济规模日益壮大,2009 年的经济总量达到 14804 亿美元。近年来,东盟经济发展重新回到快车道。根据经合组织(OECD)的预测,2010 年东盟六大新兴经济体的平均经济增速为 7.3%,2011—2015 年的增速将达到 6%。2010 年,马来西亚、新加坡和泰国利用出口优势,以制造业作为经济的重要推动力,较早走出了国际金融危机的阴影。在东盟六大新兴经济体中,增长最快的是新加坡。新加坡 2010 年上半年经济增幅达到 18.1%,全年经济增长超过 13%,成为 2010 年全球增长最快的经济体之一。泰国、马来西亚全年经济增长超过 7%,越南超过 6%,印度尼西亚和菲律宾也实现增长 5%—6% 的预期目标。①

东盟是东亚最先建立一体化组织的区域,而且已经取得很大的进展。2008 年《东盟宪章》正式生效,明确东盟共同体将在 2015 年建成。共同体建成后,东盟将从一个较为松散的、以经济合作为主体的地区联盟,发展为一个成员国之间在各领域关系更紧密、经济政治一体化的区域组织。按照《东盟宪章》的规定,东盟共同体建成后,东盟将"具有一个目标、一个身份和一个声音"。东盟一体化在如下三个方面取得了明显成就:

1.东盟基本完成了内部市场的开放,在东亚区域经济一体

① 参见《东盟经济继续保持稳定发展》,《经济日报》2010 年 12 月 30 日。

化中先行一步。2009 年,东盟成员国之间 99 %的贸易产品列入关税优惠清单,其中 69.95%的产品关税完全免除。东盟成员国间的平均关税从 2008 年的 1.95%降至 2009 年的 1.65%。在服务领域,东盟各成员国已经开放了 65 个行业或部门的服务业,基本完成了区域内部的市场开放。

2.东盟模式已经形成并且在实践上获得了很大的成绩。东盟模式的核心价值体现在三个方面:协商、和谐与合作。东盟在发展过程中坚持的基本原则是尊重各国的独立、主权、平等,不干涉成员国的内政,坚持和平解决争端,不威胁使用武力,坚持开放性和渐进性方法,这些原则保证了东盟的团结与和谐,也保证了东盟可以循序渐进地取得进步,为建立本区域及国际关系的合理秩序发挥了积极作用。东盟模式已经获得东亚各国广泛认同,成为解决东亚问题的重要方法。

3.东盟通过发展多层参与的自由贸易区框架,在推动东亚地区合作方面发挥了重要作用。东盟作为区域经济组织在东亚甚至亚太地区的作用已经显现,由东盟牵头的"10+1"、"10+3"等构成了一种灵活、开放的地区合作框架。中日韩都认可"10+3"作为推进东亚自贸区建设的模式,东亚峰会也由东盟牵头。这些都说明了东盟已经成为亚洲经济合作中的一支重要的力量。

二、东盟是中日韩争取的对象

在东亚经济一体化的过程中,中日韩三国都把东盟作为首要争取的对象。东盟在东亚的重要性在于,中国和日本是既合作又竞争的两极,东盟偏向哪一极,哪一极就会在东亚经济合作中有更多的主动权。对中国来说,东盟是中国经济地理的近邻,长期与中国经济关系密切,是中国开展对外区域合作的起点,在中国对外经济战略中有重要作用。中国与东盟率先建成自由贸易区,推动了日本、韩国加快与东盟经济合作的步伐。东盟也是日本东亚战略中的重点。东盟是日本的能源基地和重要经济生命线,日本工业发展所需要的原材料如石油、天然气、天然橡胶、锡、钨、钽等大多从东盟或途经东盟进口;日本还将东盟视为实现经济可持续发展,发挥政治大国作用的重要依托。20 世纪 80 年代中期以后,日本确立了大国外交战略,发挥地区主导作用的实力与愿望同步增强,并把东盟的支持视为主导本地区的必要条件。日本从"环太平洋合作构想"到"东亚经济圈构想",一直非常重视东盟作为重要伙伴的地位。1985 年日本首相中曾根提出亚太经济合作四原则,其中之一就是"以东盟为中心开展经济合作"。1989 年日本首相竹下登提出东亚经济合作三原则,又再次强调"尊重东盟意见"。日本首相大平正芳曾指出:"正如美国对中南美各国、西德对欧洲共同体各国、欧洲共同体对非洲各国给予特别关照一样,我国对太平洋地区各国给予特别关照是理所当然的事。这也是国际社会对我国的期待,我国已具有仅次于美国、与西德同等的经济力量。"①1985 年签订"广场协议"之后,日本由"出口立国"开始走向"投资立国"的道路,不再将东亚国家仅仅看作是最终商品消费市场,而是将其看作是投资场所。中曾根组阁后,把东南亚放在亚太外交的重要位置。福田以后的历届内阁也都重申:尊重东盟的主导精神。1991 年 5 月,日本海部首相在新加坡发表演讲时,引述吴作栋的观点,认为在 21 世纪初期将出现由东北亚、印支三国(即越

---

① 大平正芳纪念财团:《大平正芳》,中国青年出版社 1991 年版,第 693—694 页。

南、柬埔寨、老挝）和东盟结成的"繁荣的三角形"，并预言日本和新加坡将成为推动地区繁荣的不可缺少的伙伴。日本表示愿为东盟与印支三国结成伙伴关系提供合作。2002 年 10 月，日本外务省制定了《日本自由贸易战略》（简称"日本 FTA 战略"），提出了自由贸易的指导方针和战略重点，决定在日本、新加坡自由贸易的基础上，以韩国和东盟为中心，在东亚和全球范围内开展双边自由贸易，以推动东亚自由贸易区的形成与发展。2008 年 4 月 14 日，日本与东盟在京都签署了《日本—东盟全面经济伙伴关系协定》（AJCEP）。这也是日本与区域经济组织签署的首个自由贸易协定。

韩国对东盟也很重视。韩国与东盟于 2005 年签署了《全面经济合作框架协议》，协议规定韩国东盟自贸区将于 2008 年到2010 年建成。2009 年 6 月在东盟—韩国纪念峰会上，双方签署了《投资协议》，标志着韩国—东盟全面经济合作框架下的所有谈判都已经完成。2009 年 3 月，韩国总统李明博发表了韩国"新亚洲外交构想"，将韩国在亚洲地区的地位和作用升级至"主导国家"，在方法论上，则把争取东盟作为实现其战略目标的关键，希望通过发展与东盟更紧密关系的新举措，推动韩国的发展。东盟与韩国的经贸关系在 2008 年达到一个高峰，东盟向韩国出口 349 亿美元，进口 405 亿美元。目前东盟是韩国第三大贸易伙伴和第二大海外投资对象。据韩方估计，2015 年韩国与东盟贸易额有望达到 1500 亿美元，亚洲地区在韩国贸易、海外投资所占的比例将分别达 48% 和 53%。韩国今后将更重视与东盟的合作，其措施包括到 2015 年，把对东盟国家的政府开发援助（ODA）规模增至 3.95 亿美元，这相当于目前援助规模1.55 亿美元的两倍以上。

第二节　率先建成中国—东盟自由
贸易区是明智之举

　　20 世纪 90 年代以来,中国积极参与区域经济合作,逐步形成了以自由贸易区为核心,以周边国家为重点,面向全球,具有中国特色的区域经济合作总体布局。1991 年,中国与中国香港、中国台湾同时成为亚太经济合作组织(APEC)成员,这是中国第一次加入国际区域经济合作组织。2001 年 5 月,中国正式加入《曼谷协定》,这是中国加入的第一个制度性区域安排。2002 年 11 月,中国与东盟签署了自由贸易协定。2006 年 11 月,中国与巴基斯坦签署自由贸易协定。2007 年 7 月,《中巴自由贸易协定》关税减让进程全面启动。2008 年 4 月 7 日,《中国和新西兰自由贸易协定》签署。同时,中国还不断加强各类区域和次区域经济合作,图们江开发计划、大湄公河次区域经济合作以及上海合作组织等都取得了阶段性成果。中国先于日本、韩国与东盟建立自由贸易区是非常明智的,是中国积极参与推动东亚经济一体化的重要举措。

一、中日之间竞争大于合作,韩国力量偏小

　　东盟在中国东亚经济战略中的重要作用是由东亚政治、经济格局所决定的,由于东亚两个核心大国,即中日之间竞争大于合作,短期内建立自由贸易区的可能性不大,韩国力量偏小,历史造就了东盟成为推进东亚经济一体化的重要力量。

　　目前世界上富有成效的国际区域经济组织,几乎都是核心

大国相互合作,共同发挥作用。东亚区域经济合作也不例外,在推进东亚经济一体化的过程中,中日合作是关键。中国和日本是东亚地区最大的经济体,其经济总量占东亚的70%以上。从理论上讲,在东亚经济一体化的进程中,中日携手合作是最重要的条件,或者说是成功的标志。中国、日本、东盟、韩国联合起来,才能使东亚成为世界经济格局中的重要一极,与欧洲、北美鼎足而立,这是亚洲崛起的根本保证。但是,由于受历史遗留问题影响,加上现实中中日之间的竞争不可避免,日本不希望中国在东亚区域经济合作中比日本获得更大的相对利益,更不希望中国在东亚区域经济一体化进程中发挥主导性作用。20世纪后半期,日本设计的"雁行模式"就没有包括中国,并且一直对中国提出的区域经济合作建议反应冷淡,对中国农产品和纺织品出口日本设置了诸多障碍,希望长期保持在东亚的老大地位。

韩国是东亚又一重要国家,中韩之间的友谊历史悠久,文化相通。1992年中韩建交后,中韩之间的经贸发展迅速。中国经济发展给韩国带来许多机会,中国是韩国贸易顺差最多的国家。2010年韩国对中国的贸易顺差达到528.4亿美元。相反,韩国与日本存在更多的历史恩怨和现实竞争,加上"冷战"结束后意识形态影响的弱化,韩国更有可能"亲中疏日"。但是,韩国人口只有4838.7万,国土面积只有9.96万平方公里,形单影只,经济总量也不大。韩国2009年的名义国内生产总值(GDP)为1050万亿韩元,约合8200亿美元,只有日本的16%,不能成为东亚地区决定性力量。

因此,中国要实现东亚经济战略,推动东亚经济的合作与一体化进程,只能从建立中国—东盟自由贸易区入手。

二、东盟是中国东亚经济战略的突破口的含义

东盟虽然目前经济规模还小,但是有 10 个国家,人口多,发展潜力巨大。东南亚不仅资源丰富,而且地处海路交通要道,是东西方航运的必经之路。香港大学原校长王庚武教授曾经指出,中国在历史上和北方邻国的武装冲突很多,古代不用说,近代也发生过好几次。中国所有的周边国家中,相对来说关系最好的还是和东南亚国家。因此中国和东南亚搞好关系,符合历史趋势。① 中国与东盟国家有良好的地缘、人缘、文缘关系,是建立地缘经济战略合作伙伴的首选。目前,中国的企业无论是技术含量、核心竞争能力,还是经营管理水平,与欧美发达国家还有差距。相对而言,中国很多产业,在东南亚却具有优势。从中国长远经济发展的角度来看,需要东盟这样一个能把中国的相对优势发挥出来的环境。

东亚存在三个明显的区域经济圈,应该根据不同区域经济圈特点,建立各种区域性的自由贸易区,从点到面,从部分到整体,最后水到渠成,顺利建立"10+3"的东亚经济共同体。但是,由于"10+3"内部存在许多矛盾冲突,东亚经济一体化在短时期内全面实现是不可能的。在这种情况下,中国与东盟率先建立自由贸易区,对推动加快东亚经济一体化进程有积极意义。

所谓东盟是中国经济战略的突破口,其含义是:东盟是中国在东亚开展国际区域经济合作的首先区域,中国率先与东盟建立自由贸易区是明智之举;中国可以通过加强发展同东盟的经贸合作,以促进同日本、韩国的经贸合作,建立中、日、韩自由贸

---

① 丁学良:《抓住六百年来最大的机遇 积极拓展东盟市场》,《南方都市报》2008 年 10 月 12 日。

易区,从"10+1"开始,逐步发展到"10+3",最终实现东亚经济的大联合。

三、中国—东盟自贸区对促进东亚经济合作效果明显

2010 年 1 月 1 日,中国和东盟自贸区正式建成。中国与文莱、印度尼西亚、马来西亚、菲律宾、新加坡和泰国六个东盟老成员国超过 90%的产品实行零关税,中国对东盟的平均关税已从 2009 年的 9.8%降至 0.1%,而东盟六个老成员国对中国的平均关税则从 12.8%降至 0.6%。越南、老挝、柬埔寨和缅甸四个东盟新成员国,将在 2015 年对 90%的中国产品实现零关税的目标。中国—东盟自由贸易区拥有约 19 亿人口、1400 万平方公里土地面积、6 万多亿美元国内生产总值、4.5 万亿美元贸易额,是目前世界人口最多、面积巨大的自贸区。

中国—东盟自贸区对东亚经济一体化的影响是直接和明显的。首先,对推动中国—东盟经贸发展效果明显。2008 年双方贸易额达到 2311 亿美元,2010 年中国与东盟贸易额创历史新高,达 2927.8 亿美元,其中:中国向东盟出口达 1382 亿美元,增长 30.1%;中国从东盟进口 1546 亿美元,增长 44.8%,中国已成为东盟第一大贸易伙伴。东盟与中国双向投资也有了很大的发展。截至 2010 年 4 月,中国和东盟累计双向投资总额约 700 亿美元,其中国对东盟投资累计约 100 亿美元,涵盖农业、制造加工业和服务业等多个领域。2011 年,中国企业在东盟投资的存量将近 130 亿美元。其次,促进了日韩更积极地参与东亚经济一体化。中国—东盟自由贸易区的建立,促使日本加快了与东盟建立自由贸易区的步伐。2002 年 1 月,日本首相小泉与新加坡总理吴作栋签署了《日本—新加坡新时代经济伙伴关系协

定》,这是日本第一个自由贸易协定,也是东亚经济体之间的第一个双边自由贸易协定。2002 年 10 月,日本外务省制定了《日本自由贸易战略》(简称"日本 FTA 战略"),提出了自由贸易的指导方针和战略重点,决定在日本—新加坡自由贸易的基础上,以韩国和东盟为中心,在东亚和全球范围内开展双边自由贸易,推动东亚自由贸易区的形成与发展。2003 年 11 月,日本宣布决定加入《东南亚友好合作条约》。为了烘托日本同东盟的关系,日本宣布将 2003 年定为"日本—东盟友好年",双方举行了一系列的庆祝和纪念活动,并在东京举行首脑峰会,提出建立日本和东盟为核心的东亚共同体。2007 年 11 月,日本首相福田康夫在新加坡与东盟首脑举行会谈,双方就签署以贸易自由化为核心的经济合作协定(EPA)达成了共识。该协定生效后,日本将对东盟 90% 的产品实行零关税,并在 10 年内逐步取消另外 3% 的产品的关税,同时降低另外 6% 的产品的关税。该协定预计 2017 年建成东盟—日本自由贸易区。

2002 年中国和东盟宣布 2010 年建成中国—东盟自由贸易区后,韩国有报告指出,占韩对华出口 81% 的 200 个品种中,180 多个品种与东盟在中国市场存在竞争;对印度尼西亚、泰国、马来西亚、菲律宾等东盟国家出口的 100 个品种中,60 个以上与中国产品存在竞争。韩国产业资源部强调,针对中国和东盟签署自由贸易协定(FTA),韩国需全面积极应对。2003 年 10 月 8 日东盟和韩国建立 FTA 专家组,2004 年 3 月 8 日正式开始第一轮谈判,这都是应对中国—东盟自由贸易协定的具体措施。韩国—东盟服务贸易协议、韩国—东盟投资协议,分别于 2009 年 5 月和 2009 年 6 月签署,时间选择在 2010 年 1 月 1 日中国—东盟自由贸易区全面建成之前,反映了韩国利用同东盟建立自由贸易关系,以应对中国—东盟自由贸易区可能给其带来的冲击。

第三节　中国—东盟自由贸易区
建设的策略选择

中国—东盟自由贸易区 2010 年建成。但是,要让自由贸易区发挥更大的作用还有许多工作要做。为此,要对中国—东盟自由贸易区建设的有利条件和困难有深刻的认识,并且据此制定中国—东盟自由贸易区建设的策略,充分发挥比较优势,把中国—东盟自由贸易区的发展潜力充分挖掘出来。

一、中国—东盟自由贸易区建设的有利条件和困难

中国—东盟自由贸易区的建设发展有许多有利条件。中国与东盟有良好的地缘、人缘和文缘关系。中国—东盟自由贸易区的建设捷足先登,2010 年中国—东盟自由贸易区全面建成,顺应了区域经济一体化发展趋势,合乎双方的根本利益要求,促进了双边贸易、投资快速发展。目前,东盟是中国第四大贸易伙伴、第四大出口市场和第三大进口来源地。中国—东盟自由贸易区建设发展不仅拥有这些有利的条件,而且合作发展的潜力和空间巨大。比如说,东盟国家这些年经济增长速度很快,但是对于拥有 5.5 亿人口的东盟 10 国来说,2009 年的经济总量才 14804 亿美元,人均国内生产总值还很低;中国与东盟的双边贸易尽管增长很快,但是贸易领域仍然比较集中,仅新加坡和马来西亚两国就占了中国与东盟贸易的一半以上,中国与东盟新成

员国的贸易额仍很小，而且其中有很大比重是跨国公司的内部贸易和转口贸易。2010年10月29日，温家宝总理在第十三次中国与东盟领导人会议上，建议继续推动中国与东盟经贸关系实现持续、健康、快速发展，中国愿意在5年内同每个东盟成员国共建一个经贸合作区，力争双边贸易2015年达到5000亿美元。这些都是中国—东盟自由贸易区建设的有利条件。但是要认识到，中国—东盟自由贸易区仍然存在下列问题：

首先，双方处于大致相同的经济发展水平，存在一定程度的竞争，贸易创造效应非常有限，还存在民族主义影响大，历史恩怨多，现实顾虑大，国际环境微妙等非经济因素的干扰。随着中国、东盟自贸区的建成和发展，大量的中国商品会以零关税进入东盟市场，东盟国家对此反应不一。新加坡是工业国家，它可以把生产、投资拿到中国，利用中国的生产能力把新加坡转型成一个非常好的服务业社会，因此持欢迎态度；而印度尼西亚、马来西亚、泰国的反应就复杂很多，担心中国廉价商品的涌入会危及本国的制造业。

其次，中国与东盟之间的经济联系存在一些虚数。例如，在中国—东盟贸易中，在华外资企业占60%以上。近年中国与东盟贸易的增长，多数是由于这些外企内部或外企之间的贸易增长所造成，同一产品往往需要过境两次甚至多次才形成最终产品。这样的价值重复计算，双边贸易额飞速上升，但实际产品数量并未相应增加，造成贸易数字的虚肿，而这一重复计算约占中国与东盟贸易额的30%以上。再者，转口贸易占中国东盟贸易额中的比重也很大。在中国同新加坡的贸易中，过境转口贸易占中国对新出口的46%，占新加坡对华出口的40%。换言之，许多出口产品，虽然算入贸易总额，但最终并不进入彼此的消费市场。

第三,在一些西方的经济学者看来,中国与东盟 10 国签署的还不是真正意义上的自由贸易协议,因为协议规定每个国家都可以将数百种敏感商品列入非免税目录,继续征收关税,其中很多商品关税将持续到 2020 年。服务和投资领域有许多的限制,非关税壁垒等问题仍然很多。

最后,中国与东盟经济合作发展面对日本的激烈竞争。日本是发达国家,而且在东盟苦心经营几十年,其对东盟的投资量和贸易额长期高于中国。一直到 2008 年,日本都是东盟最大贸易伙伴国,2008 年日本与东盟国家的贸易总额为 2117 亿美元,而同时期中国与东盟的贸易总额为 1920 亿美元。日本作为东亚地区最大的投资国,是东亚各国引进外资、吸引技术的主要来源国。在东南亚经济发展过程中,日本的资金、设备、技术和管理,还有市场发挥了重要作用。在东南亚经济起飞之时,恰是日本国内纺织业、重化工业等劳动密集型产业衰弱,而机械、电子等技术、资本密集型产业迅速发展,加快产业结构升级换代之时,亚洲新兴工业国和东盟各国生产所必需的机械设备和零部件都依靠日本。

面对以上的种种困难,中国要审时度势,趋利避害,发挥优势,才能更好地发展和巩固与东盟的经济合作。这就要求重视策略的选择和运用。

二、中国一东盟自贸区建设要重视发挥比较优势

比较优势理论是由李嘉图提出来的。这种理论认为,国际贸易的基础是生产技术的相对差别(而非绝对差别),以及由此产生的相对成本的差别。每个国家都应根据"两利相权取其

重,两弊相权取其轻"的原则,集中生产并出口其具有"比较优势"的产品;进口其具有"比较劣势"的产品。中国古代田忌赛马的故事也体现了这样一种比较优势原理,就是说在竞争中,要集中优势力量,扬长避短。比较优势理论本来是国际贸易学中的重要概念,现在被广泛用在各种竞争合作当中。

由于中日韩三国都对东盟高度重视,都开出了不同的优惠条件,如中国有早期收获计划,韩国表示要大规模增加对东盟的开发援助,日本则加快了与东盟建立全面经济伙伴关系的步伐。虽然目前中国与东盟的经济合作走在前面,但是由于日本经济实力雄厚,而且在东盟经营时间长,对东盟影响很大,中国必须重视发挥比较优势,这样一方面可以提高效率,另一方面也可以减少成本。

中国的比较优势主要体现在两个方面:一是中国西南、华南地区与东盟有良好的地缘、人缘、文缘关系,这是发展国际区域经济合作十分重要的客观条件;二是中国西南、华南地区经济发达,与东盟有着非常紧密的经济联系。

1.中国西南、华南地区与东盟有良好的地缘、人缘、文缘关系

正如美国美洲大学国际公益服务学院教授米特尔曼所说:"相邻地区有力的血缘和文化纽带可以减少交易成本和提供促进区域商业的某种程度的人际信任。"①中国与东盟是邻国,中国西南、华南地区有 7 个省区都是沿海或沿边省区,要么与东南亚国家隔海相望,要么与东南亚国家山水相连。云

---

① 米特尔曼:《全球化综合症》,刘得手译,新华出版社 2002 年版,第 146—147 页。

南与东盟国家有 4060 公里的边境线,广西与东盟国家有 1020
公里的边境线。东盟 10 国的华人华侨有 2526 万,占全球华人
华侨总数近 75%。东南亚华人华侨的祖籍又多在广东、福建、
广西等省区。东南亚也是全球华人、华侨资本最雄厚的地区。
澳大利亚外贸部 1995 年 8 月指出,在东南亚各国的华人,年生
产总额高达 4500 亿元。中国西南、华南地区是东北亚板块与
东南亚板块之间物流、资金流、信息流和人流的必经之地,如
此优越的地理位置,是其他经济区域所不可比拟的。重视发
挥这些比较优势,可以有效促进中国—东盟自由贸易区的
建设。

2.中国华南、西南地区经济发达,与东盟经济互补性强,联
系紧密

华南、西南地区面积 199.45 万平方公里,人口 4.46 亿,
GDP 总量和出口总额都占全国的一半以上。既有世界上著名
的金融、货运、贸易、信息中心,又有世界上最有竞争力的制造业
基地,还有幅员辽阔、资源丰富的经济腹地。

从总体上看,华南、西南地区与东盟在地缘上接近,在经济
发展上有差异,互补性强。有较为发达的香港、澳门和广东,也
有相对后发展的西南地区。东盟 10 国的经济层次表现为“菱形
结构”:最上层为新加坡;第二层为文莱、马来西亚;第三层为印
度尼西亚、菲律宾、泰国、越南;最下层为缅甸、老挝和柬埔寨。
经济优势的互补性是区域经济实现整合的先决条件,华南、西南
地区与东盟 10 国之间经济发展的非均衡结构创造了双方的互
补空间。双方制造业各具特色,互补性强。华南、西南地区具有
优势的商品主要是金属制品、纺织品、服装与鞋类、蔬菜及加工
食品、车辆等,而从东盟进口的机电产品中很大一部分是电子元

器件类产品。华南、西南地区与东盟在服务领域有较大的互补性,双方在承包工程和劳务、旅游业、文化交流、人力资源开发和培训等方面的合作发展迅速。近年来,华南、西南地区与东盟经济合作发展势头良好。海关统计显示,2010 年上半年,华南、西南 9 省区对东盟进出口贸易达 185.3 亿美元,占全国对东盟贸易的 38.7%,仅广东一省与东盟的进出口贸易总额 2009 年就超过了 300 亿美元。

而且,华南、西南开始与东盟形成经济合作的各种机制。首届中国—东盟博览会于 2004 年 11 月 3 日在广西南宁开幕。每年举办一次的博览会不仅为中国与东盟的经贸合作提供重要平台,也为中国西南地区加强同东盟的交流合作提供了良机。2006 年中国提出了泛北部湾经济合作建议,希望通过整合越南、马来西亚、印度尼西亚、菲律宾和泰国等环北部湾国家资源,共同发展地区经济。该建议一经提出立即得到广泛支持,成为中国和东盟经济战略合作的新平台。2009 年 8 月,第三届泛北部湾经济合作论坛在南宁举行,中国和东盟国家的政要,重要国际组织官员,国内外著名专家学者出席会议,共同探讨金融危机下泛北部湾经济合作、区域基础设施项目建设与合作、北部湾地区与东盟各次区域的合作发展等问题,并提出共建中国—东盟新的增长极。泛北部湾经济合作成为中国推动东盟次区域经济合作的重要战略。

三、发挥"泛珠三角"在中国—东盟自贸区建设中的地位和作用

从地缘经济理论的角度来思考,中国可以利用同东盟在地缘、人缘、文缘等方面的优势,在国内整合一个经济区来加强同

东盟的合作,这样可以收到事半功倍的效果,"泛珠三角"①就可以担负这样的角色。在中国—东盟自由贸易区建设发展过程中,让"泛珠三角"发挥主角的地位和作用,可以收到事半功倍的效果,也是重视加强次区域合作的重要体现。

1."泛珠三角"主角的地位和作用的基本含义。

首先,在中国—东盟自贸区建设中,"泛珠三角"具有国内其他经济区所不具备的区位优势,包括地缘、人缘、经缘和文缘优势,能够起到国内其他经济区无法起到的作用。在中国—东盟自贸区建设中,特别是在中国—东盟自贸区建设初期,在中国—东盟自由贸易区建设发展过程中,让"泛珠三角"发挥更大的作用,承担更多更大的责任。

其次,在中国—东盟自贸区建设中,可以让"泛珠三角"在某些领域和方面先行一步,大胆试验。中央政府可以适当把一些经济上的权限下放给"泛珠三角",为"泛珠三角"营造与东盟国家发展更紧密经贸合作关系的政策环境。

再次,"泛珠三角"要有一种区域经济协作的自觉意识,发挥主动性和创造性,自觉创造各种有利条件来推动中国—东盟自贸区的建设,积极为发展中国与东盟的经贸合作、推进中国—东盟自贸区建设探路和积累经验。

---

① "泛珠三角"概念是时任广东省委书记张德江在"2003 广东经济发展国际咨询会"上首次提出来的。泛珠三角包括广东、福建、江西、广西、海南、湖南、四川、云南和贵州 9 个省(自治区)加上香港和澳门两个特别行政区、即"9+2"的区域合作。泛珠三角占全国面积的 1/5、人口 1/3 强、经济总量占全国的比重超过 1/3(不含港澳)。泛珠三角区域合作是按照"一国两制"方针,在《内地与香港关于建立更紧密经贸关系的安排》和《内地与澳门关于建立更紧密经贸关系的安排》框架内进行。泛珠三角区域合作的两大平台,一是泛珠三角区域合作与发展论坛,二是泛珠三角区域经贸合作洽谈会。两大平台从 2004 年开始,每年举行一次。

最后,"泛珠三角"与东盟国家之间经济合作关系的发展,将对中国—东盟自贸区建设有巨大的推动作用。在中国—东盟自贸区建设过程中,由于需要解决的问题很多,采取先小后大,先局部后整体,由"泛珠三角"率先与东盟国家发展更紧密的经贸合作关系,这将是纵深推进中国—东盟自贸区建设发展的有效途径。

提出"泛珠三角"在中国—东盟自贸区建设中要发挥主角的作用,并不是说以"泛珠三角"来与东盟建立、发展自贸区。"泛珠三角"在中国—东盟自贸区建设中的主角地位和作用,是在中国与东盟达成制度安排之下,也就是在"10+1"的协议框架下体现和发挥的。另外,发挥"泛珠三角"的主角地位和作用,并不否定国内其他经济区对推进中国—东盟自贸区建设的作用,这里只是强调,由于"泛珠三角"有着独特的区位优势和各种有利条件,在中国—东盟自贸区建设过程中(特别是早期),应该(也能够)比国内其他经济区发挥更大的作用。

2.发挥"泛珠三角"在中国—东盟自贸区建设的主角作用的理论根据。

以一个国家的某个区域为主,在一定的时期让这个区域发挥更大的作用,甚至代表国家与他国开展经贸合作,这种模式在世界经济史上有先例吗?抑或是一种全新的创造?应该说,既有先例又是创新。早在18世纪,欧洲边境特别是上莱茵河流域就存在这种合作模式。20世纪90年代以后出现一种新的跨国经济合作方式,一般称之为"增长三角"。"增长三角"这个词最早由新加坡总理吴作栋提出。1989年12月,当时作为新加坡第一副总理的吴作栋倡议在新加坡、马来西亚的柔佛州、印度尼西亚的廖内群岛之间的三角地带建立经济开发区,并称其为

"增长三角"。美国著名的国际问题专家斯卡拉皮诺(Robert A. Scalapino),在美国《外交事务》撰文,列举了珠江三角洲—香港之间的经济合作、新柔廖增长三角等事例,提出了"自然的经济领土"的概念,认为"自然的经济领土"就是指跨越政治疆界的自然的经济互补性;这里的"自然"并不意味着政府不介入,而是可以涵括清除障碍,以实现本来就已存在的经济互补性的政府行动。① 所以从形式而言,这种合作方式早已存在。由于历史原因和政治、经济、文化背景的差异,当一些地区难以组建大范围的区域经济合作组织时,相邻的国家和地区间建立"增长三角"或次区域经济合作是一种有效的合作途径。20 世纪 90 年代亚太地区先后出现了若干增长三角,都取得了良好效果。为什么又说是创新呢? 因为过去出现的各种"增长三角"都是一个国家的某个区域与其他国家某个区域的合作,而发挥"泛珠三角"在中国—东盟自贸区建设的主角地位和作用,是让"泛珠三角"同整个东盟加强合作,这种以一个国家的某个区域同别国全面合作的模式又是没有先例的。

　　3.以"泛珠三角"为主角来推动中国—东盟自由贸易区的建设是一种策略优选。

　　首先,可以充分调动有利因素,创造局部比较优势。中国同东盟发展经贸合作面临同美国和日本的竞争。与美国和日本相比较,中国在地缘、人缘、文缘的优势十分凸现,而且这种优势主要集中在"泛珠三角",充分发挥"泛珠三角"的主角地位和作用,可以创造出日本、美国可望而不可及的局部比较优势。

---

　　①　丁斗:《东亚地区的次区域经济合作》,北京大学出版社 2001 年版,第 3—4 页。

其次,可以避开政治的敏感性和经济的脆弱性。中国是大国,东盟一直担心中国的经济实力扩大后会对东盟构成某种威胁,这是东盟各国挥之不去的阴影。在民族主义情绪很强烈的东盟,政治上的敏感性容易产生负面的影响,"中国威胁论"经常被别有用心的人拿来作借口,加上经济上对外依存度高,内源性自我推动能力不强,抵御经济风险或危机的力量不足,这些都容易使东盟对合作产生疑虑。发挥"泛珠三角"在中国—东盟自贸区建设中的主角地位和作用,可以在一定程度减少东盟的政治顾虑,增加双方的理解与信任。

第三,能够增强合作的可行性和实效性。中国幅员辽阔,各经济区域各有优势和特色,应该发挥各自的优势和特色,更好地开展对外经济合作。中国需要建立的区域经济合作区决不会是一个,如何发挥国内各经济区的积极性和主动性,在中央大政策的指导下有侧重地以国内相应的经济区为主,加强与周边国家或地区的经贸合作,是明智的策略选择。我国在这方面已有一些经验,例如,在大湄公河次区域合作中,就主要以云南作为中国方参加。事实证明,这是一个很好的方法。发挥"泛珠三角"在中国—东盟自贸区建设的主角地位和作用则是这种模式的放大。

四、整合"泛珠三角",变潜在优势为现实优势

在中国—东盟自贸区建设进程中,"泛珠三角"可以发挥主角的地位和作用,这是就它的区位优势和发展潜力而言的。但是,"泛珠三角"的建设刚刚起步,还没有形成一个真正意义上的经济协作区,目前它还不具备这一能力。要把这种潜力变成现实,须对"泛珠三角"进行整合。具体说来,要从如下几个方

面着手：

1.明确"泛珠三角"整合的目标。

对"泛珠三角"的定位是一个非常重要的问题,它决定了"泛珠三角"的发展目标和方向。"泛珠三角"整合的目标应该是:形成一个紧密联系的共生型的经济协作区,实现资源共享、优势互补、协调可持续发展,并在此基础上加强与东盟的经济合作。它包括如下内容:要有"泛珠三角"共存共赢的意识,通力合作,共同发展;加强内部资源整合,形成有明显特色的共同市场,使区内资金、信息、技术、人力等各种要素和服务自由地流动;构筑联系紧密的经济体系,加强内部协商、合作,联合对外,提升协助区整体竞争力;要有目标一致的对外经济发展战略。泛珠三角对外经济发展的一个重要目标是加强与东盟的经济合作,使"泛珠三角"在中国—东盟自贸区的建设发展过程中发挥主角的地位和作用。

2.加大"泛珠三角"整合的动力。

整合"泛珠三角"有两个动力源,一是内源性动力。就目前的现实而言,产业转移是"泛珠三角"内部经济联系的主要动力,动力源就是大珠三角的产业向其他省(区)的移动,对各省(区)来说就是招商引资,这是内源性动力的初级形式。从发展的角度看,真正成为"泛珠三角"内部经济联系的主要动力源,是在"泛珠三角"建设过程中形成的产业内贸易。只有在产业内贸易成为"泛珠三角"内部经济联系的主要纽带时,"泛珠三角"经济圈才能真正形成。因此,加强"泛珠三角"内部产业联系是加大"泛珠三角"整合的动力的重要方法。

"泛珠三角"整合,由于内源性动力目前不够强大,发挥外源性动力的作用非常重要。随着中国—东盟自贸区的发展,东盟这个动力源的作用会日益明显地表现出来。"泛珠三角"将更加密切与东盟国家的经贸往来。如广西以交通建设为基础打造中越物流中心。在公路建设方面,南宁市至友谊关高速公路全长 179.2 公里,其终点友谊关与越南贯穿南北的 1 号公路相接。港口建设方面,随着防城港、钦州港的建设,到 2010 年,广西沿海港口的吞吐能力已达到 5000 万吨。云南的目标是发展中国西部—东盟区域商务中心,目前已建成了出省、通边的高等级公路网,开通了包括曼谷、新加坡、吉隆坡、河内、仰光、曼德勒、万象等东盟国家的国际、国内和地区航线 103 条,铁路和越南运输干线连接,"澜沧江—湄公河国际航运"和昆明至老挝万象的国际公路运输已正式开通。这些为中国西部省区市拓展东盟市场提供物流服务。广东省与东盟在制造业和技术结构方面存在着巨大的互补空间。东盟国家的基础工业相对薄弱,机电产品的进口量需求较大,大部分属于中低档产品。广东省的电子通讯、电气机械、石油化工三大支柱产业技术先进,形成规模优势。因此,广东的电子、电气、机械设备、化工等产品对东盟的出口具有很大的潜力。加强同东盟的经贸合作,将有效推动"泛珠三角"内部的整合。

3.探索"泛珠三角"的合作模式和利益分配机制。

"泛珠三角"目前采取松散型的合作模式,将来应该逐渐过渡到紧密型合作。形成利益分配机制是建立区域经济合作的难点。在目前松散型的合作模式框架下,"泛珠三角"利益的分配相对容易,因为各个省(区)可以根据自己获益的大小来决定参加合作的程度与方式。但如果"泛珠三角"的合作逐步发展到紧密型模式,利益的分配就会是一个很难协调的问题。因为"泛珠三角"是在同一国家主权下不同关税区之间的合作。说

"泛珠三角"是国内的一个经济区,其内又有不同的关税区;说"泛珠三角"是跨关税区的合作,但又只有内地独立关税区的部分区域参加。这是一种非常特殊的现象,比国际区域合作中的利益分配还难,需要创造出新的利益分配模式才能解决问题。全面的利益安排是很难一下实现的,可以以产业合作为切入点,首先在内部有分工合作关系的产业中建立制度安排,对贸易创造的效益进行二次分配,或对贸易转移进行利益调整。例如,现在内地对香港码头运输费用颇有微词,并出现相争,有可能影响香港航运中心的地位。如果有二次分配机制,就可以通过协商来解决,或者对"泛珠三角"的企业实行优惠,或者拿出部分利润给予补偿。随着内部产业合作领域的扩大,有共同利益分配的行业越来越多,才能慢慢过渡到全面的利益安排。

4. "泛珠三角"整合的具体路径。

"泛珠三角"整合需要做好如下几个方面的工作:一是"泛珠三角"要上升为国家战略,纳入国家规划。二是基础设施先行,建立完善的区域交通、通信网络和信息平台,并努力实现与东盟对接,这是发挥"泛珠三角"的主角地位和作用的先决条件。三是共建大市场,促进区域经贸合作。打破地区封锁,消除各省区之间体制性障碍,共同构建区域统一大市场,促进区域经贸合作等。四是加强产业规划,配以政策导向,各省市要加强协调,中央要有导向性的政策支持,形成合理的产业布局。"泛珠三角"区域产业规划可以有两种不同的思路,一种是根据各省区的资源禀赋特点,以经济的互补性为中心实行产业布局。另一种思路是不单考虑资源的因素,而主要考虑区位的优势。从理想的角度考虑,"泛珠三角"产业布局要与东盟国家产业分布特点对接,形成"泛珠三角"—东盟产业链。五是培育经济增长极,发挥经济增长极的龙头作用。要在"泛珠三角"区域内培育、创建若干个经济增长极。比如,粤港澳就是"泛珠三角"最重要的经济增长极,必须充分发挥其龙头作用。六是以制度整合为中心,形成长效机制。"泛珠三角"的制度整合与创新的一项重要内容,是在社会主义的制度环境下引入港澳比较成熟的市场经济的制度安排。在社会主义基本制度下如何实现市场经济的制度安排,走区域经济法律政策趋同的道路,是"泛珠三角"成败的关键。

虽然东亚社会的直接经济利益是继续进入西方市场，但在更长的时期内经济区域主义可能会流行，因此东亚必须日益加强亚洲内部的贸易和投资。①

——亨廷顿

第七章　日韩:中国东亚经济战略的关键

日本、韩国的主动性、积极性和参与度,对加强东亚经济合作,加快东亚经济一体化进程,对东亚发展成为世界经济格局的重要一极具有决定性的意义。这就是日本、韩国是东亚经济战略的关键的含义。

第一节　日韩对东亚成为世界经济重要一极关系重大

日本、韩国对东亚经济战略具有决定性意义,是因为日本、韩国是东亚发达的经济国家,不仅占东亚经济分量重,而且对东亚地区经济发展影响大。

---

① 亨廷顿:《文明的冲突与世界秩序的重建》,周琪等译,新华出版社2002年版,第89页。

一、日韩经济占东亚经济半壁江山

1992 年,美国麻省理工学院经济学教授莱思特·瑟罗教授预言:"100 年之后,历史学家们在回顾历史时可能会说,21 世纪是属于日本的。"[①]现在看来,莱思特·瑟罗教授的预言与现实相去甚远。但是,从 1970 年到 1990 年 20 年间,日本经济确实以惊人的速度发展,人均国民生产总值由是美国的一半跃升到高出美国 22%,其经济发展速度比美国高 75%,比欧共体高一倍。1970 年,世界最大的 15 家银行中,没有一家是日本的,但是到 1990 年,有 10 家是日本的。1970 年日本只占美国汽车市场的 5%,1990 年占了 28%。日本固定资产投资要比美国高一倍,民间研发开支也远高于欧美。

第二次世界大战后,日本经济在美国的扶助下快速复苏,大体上经历了两个阶段:第一阶段,即 1955—1973 年,经济增长率年均高达 9% 以上,属于高速增长阶段;第二阶段,1974—1985 年经济增长 6% 左右,属于平稳增长阶段。经过近半个世纪的恢复发展,日本成为东亚地区最重要的经济大国,其 GDP 长期占东亚的 5 成左右。近年来,随着中国经济的发展,其比重有所下降。2010 年,日本国内生产总值达到 54742 亿美元,人均 GDP 达到 4 万美元。日本海关和世界贸易组织统计数据表明,2010 年,日本对外贸易总值为 14625.8 亿美元,同比增长 29.1%,其中出口 7699.3 亿美元,增长 32.6%;进口 6926.5 亿美元,增长 25.5%;贸易顺差 772.8 亿美元,增加 168.7%。日本对外投资 2007 年达到了 86607 亿日元。2008 年,在全球金融

---

① 莱思特·瑟罗:《二十一世纪的角逐——行将到来的日欧美经济战》,周晓钟等译,社会科学文献出版社 1999 年版,第 263 页。

危机的大背景下,日本对外投资不降反升,达到 132320 亿日元,
同比增长 14.2%。2009 年日本海外投资虽然有所减少,也达到
69896 亿日元。2008 年 2 月底,日本外汇储备首次超过 1 万亿
美元,之后一直保持在 1 万亿美元左右。

韩国是东亚又一重要的经济发达国家。1962—1979 年,韩
国经济平均每年以 8.9%的速度高速发展,创造了"汉江奇
迹"①。2010 年韩国国内生产总值为 1140 万亿—1150 万亿韩
元,相当于 10010 亿—10020 亿美元,人均 GDP 达到 2 万美元。
2010 年进出口贸易总额达到 8916 亿美元,实现 412 亿美元贸易
顺差,其中,出口 4664 亿美元,同比增长 28.3%;进口 4252 亿美
元,同比增长 31.6%。截至 2010 年 2 月底,韩国外汇储备规模
达 2976.7 亿美元,韩国外汇储备规模继中国、日本、俄罗斯、中
国台湾、印度和巴西之后,排名世界第七位。日本、韩国经济份
额接近整个东亚的 50%。

二、日韩对东亚其他国家经济发展影响深远

在 20 世纪 60—80 年代,日本随着经济的快速发展,对东亚
的影响不断扩大,日本的投资和技术带动了东亚经济的不断发
展,日本成为东亚经济发展的发动机,这种现象被称为"雁行模
式"。20 世纪 30 年代,日本一桥大学教授、著名国际经济学家
赤松要用"雁行模式"分析、描述日本经济通过外贸和替代生
产、不断由低级向高级波浪式发展的进程。之后日本一桥大学
教授小岛清及其学生山泽逸平,对赤松要的雁行理论进行了扩

---

① 自 20 世纪 60 年代以来,韩国政府实行了"出口主导型"开发经济战略,
在短短 20 多年的时间里,由世界上最贫穷落后的国家之一,一跃成为中上等发
达国家、"亚洲四小龙"之一。韩国的发展被称为"汉江奇迹"。

展和补充。后来,雁行模式逐步发展成为系统解释日本与东亚其他国家、地区之间贸易、投资、经济发展的模式,也成为日本政府推动建立以日本为核心的东亚经济圈的理论依据。"雁行模式"形象地描述了 20 世纪 60—80 年代、东亚地区内部产业转移和产业分工的动态关系,即东亚国家和地区的主要产业按照发展水平的不同,呈现出领先、随后的大雁飞行格局。在雁行模式中,工业发达、资金雄厚、技术先进的日本是东亚经济发展的主导,居于雁首;具有一定技术水平和一定资本积累的亚洲"四小龙"(韩国、新加坡、中国台湾和香港)是东亚经济发展的雁身;拥有廉价劳动力和丰富资源的东盟,主要是泰国、马来西亚、菲律宾、印度尼西亚和中国为雁尾。日本通过产业结构的不断升级换代,把进入成熟期和大规模制造期的产业转移到"四小龙","四小龙"又将其成熟的产业进一步转移到东南亚国家和中国沿海地区,结果在东亚形成了技术密集与高附加值产业——资本密集产业——劳动密集产业的阶梯式产业分工体系。作为领头雁,日本产业不断升级为四小龙、东盟和中国的经济发展提供了动力,带动了东亚经济的增长,同时也加深了日本与东亚地区之间的相互依存关系。正如日本经济学家林直道所说:"70 年代后,韩国、台湾、香港、新加坡等新兴工业国(地区)以劳动密集型产业为中心的工业化取得了令人瞩目的发展,这与日本在这些国家和地区设立合资企业或进行资本技术方面的投资是分不开的。日本企业或者向这些国家推销生产资料、工业材料,或者直接把这些国家的企业纳入自己承包体系之中加以控制。"①

---

① 林直道:《现代日本经济》,色文译,北京大学出版社 1995 年版,第244页。

韩国对东亚的影响主要表现在两个方面:一是其贸易投资促进了东亚经济的发展。2010年韩国对外直接投资申报总额325.3亿美元,比2009年增长8.5%,对外直接投资实际到位金额229.8亿美元。韩国是对中国投资最多的国家之一。到2009年末,韩国企业对中国投资2万多个项目,金额达344.2亿美元。2008年韩国对东盟的投资达到55亿美元。二是其文化和文化产业对东亚也产生了很大的影响。进入21世纪以来,韩国音乐、电视剧大举登陆中国大陆。这种现象被人们戏称为"韩流"。韩国的媒体频频出现"韩流"这两个汉字,并且认为"韩国经济的出路就在'韩流'之中"。韩流现象引起韩国政府的高度重视。韩国政府表示要借韩流更多更广泛地进军中国市场,使"韩流"成为促进出口的桥梁。

三、日韩今后仍然是推动东亚经济发展的强大动力

在"10+3"中,日本和韩国无疑是经济最发达的国家,它们不仅在历史上对东亚的发展起了非常重要的作用,以后仍然能够在许多方面担负重任,成为推动东亚发展的强大动力。曾任日本常驻联合国代表的谷口诚在《东亚共同体》一书中说过:作为东亚最发达的国家,日本可以在许多领域作出贡献,比如在人才培养、环境、能源、农业、货币等问题上提出具体方案。他认为,日本成为东亚地区融合的中坚力量,不仅有利于日本的发展,对东亚乃至全亚洲的稳定和发展也有好处。

首先,日本、韩国在高新节能环保技术和现代服务业方面处于世界领先地位。瑞士洛桑国际管理发展学院发布的《2006年世界竞争力年报》,对中、日两国科学技术基础条件作了比较,中国科学技术基础条件世界排名第17,日本位居第二,中国的

研究开发费用的 GDP 占比、外国专利取得件数等多项指标排名均明显落后于日本。2008 年 5 月,日本经济产业省和环境省公布《亚洲经济和环境共同体设想》,提出新经济增长战略,设想在广阔的亚洲地区,包括东盟、日本、韩国、中国、印度、澳大利亚和新西兰,形成以经济及环境为轴心的共同体,加强与亚洲各国的经济联系,向世界推广日本的节能技术,力争在 2030 年将亚洲"环境经济"的市场规模扩大 4.7 倍,即从现在的 64 万亿日元增至 300 万亿日元。日本国际合作银行将向相关节能基金提供资金和债务担保,接纳更多亚洲国家的研究和技术人员。这些措施对能源紧张和工业污染严重的东亚各国有很大的吸引力,受到东亚各国的热烈欢迎。

其次,在今后很长一个时期,日本和韩国仍然是东亚其他国家招商引资的主要来源地。目前日韩在中国设立企业的总数接近 10 万家,累计投资金额超过 1200 亿美元。日本、韩国作为东亚其他国家引进外资、项目、技术的主要来源国的状况还会延续下去。

第二节　建立中日韩自由贸易区的条件与困难

2003 年 5 月 21 日,中国商务部研究院发表了《中韩日自由贸易区可行性研究》的报告,认为三国建立自由贸易区的条件已基本成熟。三国对此都有大致相同的认识,但是在实际操作中却阻力重重。之所以出现这样的现象,是因为建立中日韩自由贸易区既有许多有利条件,也存在各种困难。

一、建立中日韩自由贸易区的有利条件

建立中日韩自由贸易区的有利条件体现在:客观上,三国地缘相近,经济联系密切;主观上,三国都认识到合作是多赢的选择,大部分民众都对建立中日韩自由贸易区持肯定态度。

1.建立中日韩自由贸易区的地缘和文缘优势

就地理方面来讲,中韩日可说是"近邻中的近邻",一衣带水,隔海相望,从仁川到威海只有362公里,从上海到日本只有1000公里。就历史、文化方面而言,中国与日韩有着十分悠久的密切的联系,经济交流及人员往来频繁。虽然东亚各国的价值观念和发展模式不尽相同,但是东亚国家的文化价值观念体系具有许多共同点是不争的事实。这些为三方的合作奠定了良好的社会基础。

2.中日韩经济互补性强,联系紧密

中日韩三国资源禀赋各不相同,形成不同资源的比较优势,合作空间很大。中国是世界上人口最多的国家,有丰富的人力资源和广大的市场,日本和韩国则在知识技术资金、管理经验上有明显优势,形成战略性资源优势互补。这种经济格局有利于三国间通过进出口贸易和产业分工获得比较利益,进而发展成为区域经济一体化组织。

进入21世纪后,中日韩三国之间经济联系越来越紧密,为建立中日韩自由贸易区奠定了基础。中国已成为日韩的第一大贸易伙伴,日本是韩国的第二大贸易伙伴。中日两国贸易和中韩两国贸易的结构逐渐趋同,产业内贸易的比重很大。2010年中日两国间的贸易总额3018.5亿美元,比2009年增长30%,其中日本对中国的出口总额为1490.9亿美元,比2009年增长36%,进口总额则为1527.5亿美元。在日本贸易总量中,对中

国贸易额所占的比重高达 20.7%，创下历史新高，中国成为日本第一大出口市场。中国继 2002 年超过美国成为日本第一大进口国，2007 年超过美国成为日本第一大贸易国之后，2009 年又超过美国成为日本的第一大出口国，中国作为日本最大贸易伙伴的地位进一步得到巩固和提升。

近年来，中日两国贸易出现两个明显的特点：一是产业内贸易的比重大，中国输往日本的许多产品如液晶电视及智能手机等，很大比例是加工贸易方式，是日本在华企业产品出口；二是双方互补性很强，中国输往日本的原材料产品和食品比重大，特别是铝和镁等有色金属和农产品，日本向中国输出的大型工业机械大幅度增长。在投资方面，中国已经连续 21 年成为日本制造业海外投资首选目的地。截至 2010 年 4 月底，日本在华直接投资设立了 42877 家企业，累计实际投资 709.63 亿美元，是中国的第二大外资来源地。中国在日本直接投资设立的企业也接近 500 家，累计直接投资 7.5 亿美元，签订承包工程和劳务合同 143.2 亿美元，完成营业额 128.5 亿美元。进入 2010 年中国大幅增持日本国债，中国从日本的债务国一跃成为债权国。

中国是韩国最大的出口市场、最大进口来源国和最大的海外投资对象国，韩国是中国的第三大贸易伙伴国和第四大外商投资来源地。1992 年中韩两国建交时，两国双边贸易额仅有 50 亿美元，到 2008 年，已经增长了 38 倍，接近 1900 亿美元。2010 年中韩贸易额达到 2072 亿美元，同比增长 32.6%，与建交时相比增长了 40 倍。近 10 年来，中韩贸易以 25.2% 的年均速度增长，不仅高于同期中国对外贸易年均 24.7% 的增长水平，也接近或高于同期中国与欧盟（25.3%）、美国（21.9%）等主要贸易伙伴的年均增长水平，更远远高于韩国同期对外贸易年均

13.6%的增长水平。2010 年两国人员交流达 600 万人次,每天有 120 多个航班往返于两国之间。目前在韩的中国留学人员总人数已达 7 万余名。韩国是中国贸易逆差最多的国家。据韩国方面的统计,自 2003 年起,中国已经超过美国成为其最大的贸易顺差国,2009 年韩国对中国的贸易顺差达 324.6 亿美元。

3.中日韩企业界热情高涨

目前,中日韩三国的企业对建立自由贸易区的热情明显高于各国政府。据三国官方研究机构的联合调查结果,近 90%的企业希望能在 3 到 4 年内建立中日韩自由贸易区。日本学界、企业和民间大都对建立中日自由贸易区(FTA)持肯定态度。2003 年 2 月,日本外务省公布的《关于 WTO 和 FTA 的民意调查》显示,日本国民最关心的 FTA 是中日 FTA,占调查对象的 35.4%,超过关心日美 FTA 的 30.8%、日韩 FTA 的 20.7%、日本—东盟 FTA 的 17.3%和日印(印度)FTA 的 2.0%。2006 年 3 月,日本贸易振兴会公布《2005 年度日本企业海外事业发展的民意调查》显示,认为中日 FTA"有必要"和"可以说是必要"的企业各占 41.0%和 23.6%,合计共占 64.6%。[①]

中韩两国企业界和学术界的态度也很积极。韩国对外经济政策研究院在其对外公布的报告中称,中韩 FTA 的建立将有望拉动韩国 GDP 增长 2.44%—3.17%,同时也将带动中国 GDP 增长 0.4%—0.59%。韩国贸易协会 2005 年的研究称,中韩建立 FTA 将使韩国的对华出口增加 11.2%,进口增加 8.6%,贸易顺差将增加 20.5 亿美元。据韩联社报道,李明博总统 2010 年 4

---

① 刘昌黎:《论日本政府回避中日自由贸易区的原因与中国的对策》,《世界经济与政治》2006 年第 12 期。

月30日表示:"对韩国经济来说,韩国企业如何成功进入中国市场至关重要。"他表示:"韩中关系正在得到飞跃式发展。在经贸、投资方面,韩中关系已经赶超了韩日、韩美关系。"①

二、建立中日韩自由贸易区的难点

从理论上说,东北亚自由贸易区的建立有多种形式,包括中日韩 FTA,中日 FTA,中韩 FTA 和日韩 FTA。从主观上来说,中国对建立 FTA 的态度最为积极,韩国次之,日本疑虑最多。对建立日韩 FTA 日本兴趣较高,但是韩国反应冷淡。1999 年 8月,韩国对外经济政策研究院发表的一份报告,认为韩日两国总体关税水平存在差异,如果两国同时取消关税,韩国对日本的贸易赤字将大幅增加,对其经济增长和就业将带来不利影响。此后韩国对韩日 FTA 的态度转为谨慎。2005 年,日韩自由贸易区的谈判因政治问题而搁浅,至 2009 年还没有完全恢复。建立中日韩自由贸易区存在主客观两方面的障碍。

1.客观条件方面:农业、重化工业和服务业方面的利益冲突是主要障碍

农业贸易的自由化问题,是韩日两国与外界达成自由贸易协定的主要障碍。日本和东盟没有达成自由贸易协定的主要原因,就是日本不愿向东盟打开国内的农产品市场。建立中日韩 FTA 将给日本农业带来巨大的打击。日本属于发达市场经济国家,除农产品外,其他关税比较低,虽然中国关税比较高,但是日本企业可以利用中国的优惠政策实际上减少税收,所以日本认

① 李明博:《韩中关系已经赶超了韩日、韩美关系》,中国日报网,2010 年 4月 30 日。

为与中国开启自由贸易区谈判,并不能更多地获得工业品关税削减带来的福利提高。中国农产品的竞争力又相对较强,农产品开放涉及日本国内的政治问题,很难在双边 FTA 中取得突破,农产品贸易是日本对外贸易摩擦的主要领域,严重影响了日本对东亚区域经济合作的积极性。

缔结中韩 FTA 对韩国农业的冲击也很大。中韩两国有 233 种农产品相互竞争,除了洋葱和肉鸡之外,韩国大部分农产品平均价格是中国的 6 — 8 倍。农产品贸易自由化问题成为中韩 FTA 争论的最主要问题,也是阻碍中韩 FTA 谈判的最大障碍。目前韩国对 27 种农产品和轻工产品征收高额进口调节税,其中 17 种主要或基本上从中国进口。例如,韩国的大蒜等农产品长期依赖从中国进口,但是受高关税影响(大蒜关税为 30%)。2000—2001 年中韩农产品贸易摩擦清楚地反映了这一问题。2000 年 3 月,韩国政府以进口中国大蒜增长速度过快,已经危害其国内大蒜生产者的利益为由,决定把冷冻大蒜和腌制大蒜 30% 的关税提高到 315%,对去皮蒜茎甚至实行 436% 的关税。由于韩国大蒜的进口基本上来自中国,因此对中国商品的歧视性进口限制措施一经提出,立即遭到了中国的强烈反对。在中韩两国政府两轮谈判没有达成一致的情况下,韩国政府于 2000 年 6 月 1 日开始采用紧急关税措施,中国则在 2000 年 6 月 7 日实施了禁止进口韩国手机、聚乙烯等的报复性措施。在 WTO 的坎昆会议和香港会议期间,韩国农民和农业团体都在会场附近举行了声势浩大的抗议活动。在韩美 FTA、韩智 FTA 等的谈判中,韩国农民和农业团体也强烈反对涉及农产品自由化的条款,甚至要求韩国政府停止谈判,废除已经达成协议的韩美 FTA 和韩智 FTA。为保护本国的农业,韩国坚持多达 200 多种农、渔产品不能列在农产品市场开放领域之内,大米是绝对不能触动的禁区。

日本和韩国农业协会的力量非常强大,如果他们的政府提出开放农产品市场,就会激起国内的强烈反抗。中国在农产品自由贸易方面也不会轻易让步,不会同意签署将农产品问题排除在外的自由贸易协定。

重化工业也是阻碍中日韩达成自由贸易协定的障碍之一,这在钢铁行业表现尤为突出。因为韩日都是世界上钢铁强国,一旦将生产线转移到中国,不但会招致其国内的“空心化”的指责,还会导致大量失业。在中国方面看来,中韩签订 FTA 协定后,韩国将扩大重化工产品的对华出口,冲击中国市场。根据预测,中韩自由贸易区建立后,韩国对华出口中增加幅度比较大的是电子产品,将增加 15.4 亿美元,依次是化工产品将增加 7.4 亿美元,金属产品将增加 4.4 亿美元,机械产品将增加 3.7 亿美元,纺织产品将增加 2.8 亿美元,①从而导致中国对韩贸易逆差进一步加大,尤其是对中国刚刚起步的重化工产业和电子、信息产业会产生不利的影响。

服务业领域是中日韩 FTA 的又一大问题。到目前为止,中国除了同新西兰签订的 FTA 之外,与其他国家基本上都是先缔结商品领域的 FTA,后协商签订服务业领域的 FTA。因为在服务业领域中,商业、医疗、金融等是十分敏感的部门,中国政府采取逐渐开放的策略。韩国一贯主张签订广义上的 FTA,坚持签订协议不仅包括商品领域,还要涵盖开放服务业、知识产权保

---

① 朴健一、朴光姬:《中韩关系与东北亚经济共同体》,中国社会科学出版社 2006 年版,第 264 页。

护、改善韩国企业投资环境等。如何统一技术标准、相互认证药品和医疗器材、改善流通结构、扩大开放地区、开通商务系统、开放政府采购领域和环境领域的合作等方面的问题,成为制约中韩 FTA 谈判进程的主要争论焦点。在日—韩 FTA 谈判中,除了农产品问题外,韩国的医生、护士能否进入日本医务市场,也是两国难以协调的问题。

2.主观条件方面:日本的认识问题是主要障碍

第一,日本单独主导东亚经济一体化进程的意识根深蒂固。

日本长期以来自认为是东亚的老大,提出过各种关于东亚经济一体化的构想,始终想单独主导东亚经济一体化的进程。日本把中国视为竞争对手,想方设法排斥中国。1988 年,日本提出"东亚经济圈"构想,意在推行以日本为头雁,四小龙为雁身,东盟国家为雁尾的"雁行发展模式"。这一构想把中国排除在外,以图遏制迅速发展的中国。1997 年东南亚金融危机后,由于中国与东盟经济合作发展迅速,日本担心东亚的领导权落到中国手里,朝野一致主张加快同东盟建立自由贸易区的行动,同时对中日合作态度不积极,目的也是想排挤中国,主导东亚经济一体化进程。在 2002 年 11 月中日韩领导人会谈中,当中国总理朱镕基强调中日韩自由贸易区对东亚经济一体化的意义,并建议中日韩共同研究建立自由贸易区时,小泉首相表示了十分谨慎的态度,以应该从中长期的视野进行讨论为由加以推托。2002 年 10 月,日本外务省制定了《日本自由贸易战略》,提出了自由贸易的指导方针和战略重点,决定在日本、新加坡自由贸易区的基础上,以韩国和东盟为中心,在东亚和全球范围内开展双边自由贸易,以推动东亚自由贸易区的形成与发展。2006 年 4 月,日本经济产业省制定了今后五年的"经济伙伴协定(EPA)行动计划",根据该计划,日本政府不仅继续强调与韩国和东盟各国缔结 FTA/EPA 的重要性,而且把日本—印度缔结 EPA 放在了比中日韩建立 FTA 优先的地位。2006 年3 月 8 日,日本外相麻生太郎在《什么是日本的经济外交》的演说中,再次强调为确保日本国家的经济利益,在选择 EPA 谈判对象时必须综合考虑如下七点:一是是否有助于扩大贸易和投资,改善当地日资企业的经营环境;二是因为没有缔结EPA 而受到了排挤和损失的状况是否必须改变;三是是否有助于确保资源和粮食的稳定供给;四是是否有助于日本的结构改革;五是是否有助于促进专业性和技术性劳动力的流入;六是是否有利于形成对日本有利的国际环境;七是根据谈判对象国的情况,缔结 EPA 是否是发展双边关系的最佳选择。根据上述标准,日本政府在东亚选择 FTA/EPA 对象时选择了韩国、东盟各国,在其他地区则选择了墨西哥、智利、澳大利亚和印度等国。换言之,上述国家都符合日本要求,唯独中国不符合。

　　表面上看,日本以中国落后的通商制度、很高的贸易壁垒等为由排斥中国,事实上,日本排斥中国的根本原因有两个:一是主导权问题。日本政府不希望中国成为东亚经济合作的主导国家,希望保持日本在东亚经济中的决定性地位。日本政府认为只要抢在中国之前与东盟各国、韩国以及澳大利亚、新西兰和印度缔结了 EPA,就会加强与上述国家的经济伙伴关系,确保其对东亚经济联合的主导权。二是政治文化心理因素的影响。中日之间受政治文化心理因素影响非常大,如日本为了保持日美同盟,长期坚持开放东亚原则。其目的也是想借助美国等东亚区域外国家的实力削弱中国在东亚的影响力。

第二，日本把日美同盟作为东亚政策的基石。

第二次世界大战后，美国出于自身利益的考虑，大力扶助日本战后重建、恢复与发展。半个多世纪来，日本的亚洲政策严重依赖、从属于美国亚太战略。政治上，日本除了密切与美国的军事同盟之外，对本地区的任何政治安全和合作构想均不感兴趣。经济上，作为世界自由贸易的主要受惠国，日本长期实行"贸易立国"的方针，始终把注意力放在全球多边贸易体制上，对推动东亚区域经济合作兴趣不大，态度消极。2001 年版日本外务省的《外交蓝皮书》就特别强调，为了确保本国及亚太地区的安全，日本将继续把日美同盟关系作为外交的关键。最近 10 年，情况有些变化，想摆脱美国的牵制，执行独立的亚洲政策，又不愿失去美国这个靠背，也可能面对强大的美国更多的是无奈，表现出左右摇摆，最后还是把日美同盟作为东亚政策的基石。

三、推动中日韩合作要解决三个认识问题

由于建立中日韩自由贸易区的主要障碍来自日本，而且主要是思想认识问题，所以需要对如下三个问题再认识。

1.对美国再认识

日本在发展的过程中很重视战略伙伴。第二次世界大战后，日本得到美国的支持而崛起，所以一直把美国作为最重要的战略伙伴，也是可以理解的。但是，日本对美国应该有客观和全面的认识。在国际关系中，国家利益的博弈是根本。事实上，在"美国第一"还是"日本第一"的问题上，美国态度毫不含糊，美国在东亚的战略始终把自己国家利益放在首位。美国并不是日本可靠的"靠山"。20 世纪 80 年代，当日本迅速发展壮大，有赶超美国之势，美国就向日本亮剑。美国先制造舆论说，日元值低

估是万恶之源,日本政府操纵汇率,背离市场,导致美国政府财政赤字;接着联合西方各国压迫日元升值。结果怎样大家很清楚:1985 年美国和德国、日本达成"广场协议"后,日元汇价在两年内升值一倍,日本经济泡沫爆发,导致日本出现丢失的 20 年,到 2005 年才开始缓慢回升。美国在使用金融武器把日本打得人仰马翻的同时,启动了信息产业的新经济快车,把日本远远地甩在后面。美国哈佛大学约翰·肯尼迪政治学院国际问题教授斯蒂芬·沃尔特,在美国《外交政策》杂志 11 月号发表的文章《"美国例外论"的错觉》写道:"美国远非一个所作所为与其他大国迥异的独一无二的国家,它的行为与其他大国一样,首先追求的是自身利益,谋求逐步改善自己的相对地位,对纯属理想主义的追求付出的人力物力相对而言微不足道。"①对此日本的有识之士已经有所认识,正如日本明治大学教授伊藤刚所指出的:美国为了维护它在亚太地区的战略优势,现在这样做,以后还会那样做。而且,美国在 21 世纪的影响力将大大削弱,日本还能唯美国马首是瞻?

2.对中国的再认识

日本对中国的态度是矛盾的,一方面,看到了中国的发展势不可挡,也看到了中国的发展给日本经济发展带来了机会,因此日本有识之士对中国经济的持续增长持欢迎的态度,希望发展与中国的友好合作关系;另一方面,日本又不想中国强大起来,担心中国发展强大会削弱日本在东亚的影响力,甚至取代日本在东亚的主导地位,因此中国威胁论在日本也很有市场。其实,担心中国发展起来会对周边国家造成威胁是对中国的误判。中

---

① 《参考消息》2011 年 11 月 21 日第 10 版。

华文化博大精深,"和而不同"、"和为贵"、宽容、和谐等理念和"王道思想"对中国历代当权者影响之深之大,世人皆知。在征战、吞并习以为常的中古时代,中国历史上也有不少征战,但是当时中国作为世界上的大国强国,对周边国家地区实行藩属政策,而不是占其地,灭其国,比较来说也算是最温和最文明的帝国了。中华民族近代100多年来和东亚许多民族国家一样,遭受列强的侵略、瓜分、欺凌,对战火造成的灾难感同身受,渴望和平,热爱和平。中国的发展强大不但不会带来威胁,而且是维护和平稳定的重要力量。事实上,如果日本要发挥其经济大国的作用,中国才是其最重要的战略合作伙伴。只要中日携手共进,东亚就能在激烈的国际竞争中争得一席之地,中日就能在国际经济舞台上有更多发言权。中国的强大是日本之福,是东亚之福,是世界之福。

3.对亚洲再认识

以福泽谕吉为代表的日本知识分子提出"脱亚入欧"口号后,日本就一直在东方化还是西方化之间摇摆不定。第二次世界大战后,日本确立了脱亚入欧的政策。近年来,随着日本经济的下滑和东亚经济的快速发展,日本又提出诸如让亚洲整体经济成长与日本的成长做联结,推动与亚洲经济统合等的政策主张,出现脱欧入亚的倾向。日本现在需要重新认识新亚洲:亚洲已经不是过去贫穷落后的亚洲,今日的东亚已经成为推动世界经济发展的强大动力;日本经济已经与亚洲,尤其是东亚紧密联系在一起,亚洲才是日本经济大显身手的大舞台。只有中日韩合作,和东盟一起共同推动实现"10+3"FTA,才是东亚的真正出路,才是东亚崛起的根本保证。

第三节 中日韩自由贸易区的现实与实现

中日韩是东北亚地区的经济大国,三国经济总量占全球经济总量近20%。2010年中韩日GDP约为12万亿美元(加上东盟则达到13.5万亿美元,接近美国的14.7万亿美元,欧盟27国的16.2万亿美元),人口超过15亿。中日韩都是世界前十位贸易大国,但三国间贸易额仅占三国对外贸易总额的11%左右,还有很大的发展空间。日本和韩国是世界重要对外投资国,中国企业对外投资也已起步,但目前三国相互投资占三国对外投资总额的比重不足10%,合作潜力巨大。中日韩自由贸易区的建立将大大推动东亚经济合作与发展,加快东亚经济一体化进程,提升东亚在世界经济中的地位和影响力,使东亚真正成为世界经济格局中的重要一极。

一、建立中日韩自由贸易区的前期工作

1987年,日本早稻田大学教授西川润提出了环日本海经济圈构想,主张日本、中国、韩国和朝鲜的有关地区在航空、贸易、投资、金融、技术等方面进行有效的合作。截至2009年,中日韩三国确立了11个重点合作领域,建立了15个部长级会议机制,成立了由外长牵头的三方委员会,各层级交流与对话机制已超过50个。①

1.政府的努力

自2002年中国总理朱镕基提议建立中日韩自由贸易区后,

---

① 吴绮敏、曹鹏程:《值得期待的盛会》,《人民日报》2009年10月10日。

中日韩三国领导人同意开展相关研究。2003 年 10 月,中国国务院总理温家宝、日本首相小泉纯一郎、韩国总统卢武铉,在印度尼西亚巴厘岛举行了中日韩领导人第五次会晤,就中日韩三国合作、三国与东盟合作以及其他共同关心的问题进行了讨论,签署了《中日韩推进三方合作联合宣言》,这是三国领导人发表的第一份三方合作文件,确定了三国合作的基本框架和前进方向。2004 年 11 月 29 日,温家宝、小泉纯一郎、卢武铉在老挝首都万象再次聚首,讨论、通过了《中日韩三国行动战略》和《中日韩合作进展报告》。2007 年 11 月 20 日,中国、日本、韩国领导人会议在新加坡举行,中国国务院总理温家宝、日本首相福田康夫和韩国总统卢武铉出席会议,审议并通过了 2007 年中日韩合作进展报告,确定了今后的合作项目,并就共同关心的国际和地区问题交换了意见。2008 年 12 月,日本举办首次中日韩领导人会议,三国发表了《三国伙伴关系联合声明》和《推进中日韩合作行动计划》,表示要在政治、经济、社会和文化等领域开展全方位的合作,并以相互补充、相互促进的方式推进东盟与中日韩、东亚峰会、东盟地区论坛和亚太经合组织等更大范围的区域合作。2009 年 10 月,中日韩三国领导人会议在北京举行,会议发表了《中日韩合作十周年联合声明》,表示将继续致力于在开放、透明、包容原则基础上建设东亚共同体的长远目标,致力于区域合作,加强在地区和国际事务上的沟通与协调。会议还发表了《中日韩可持续发展联合声明》,决心大力发展绿色经济,共同致力于促进社会经济系统和自然生态系统的良性循环,促进经济社会和谐发展。在这次会议上,中日韩领导人达成尽快启动中日韩自由贸易区问题研究的共识。2010 年 5 月中日韩领导人在韩国济州岛举行会议,通过了《2020 年中日韩合作展望》,签署了《中日韩三国合作秘书处备忘录》,并就标准化合作以及加强科技创新达成了联合声明。2011年5月22日,中国、日本、韩国领导人会议在日本东京举行,中国国务院总理温家宝、日本首相菅直人和韩国总统李明博出席会议。温家宝就中日韩三国合作提出7点建议,倡议包括加快推进贸易投资自由化、便利化;今年内完成三国自贸区官产学联合研究,争取明年启动谈判;努力在今年内完成三国投资协定谈判;推动物流信息互联与共享,全面开展陆海联运合作;建立中日韩核电安全交流与合作机制,等等。会议宣布建成中日韩合作秘书处,同意举行三国年度亚洲政策磋商。会后三国发表了《第四次中日韩领导人会议宣言》。

2.企业界的合作尝试

中日韩三国都在探索适应本地区特点的多种合作途径。就目前来说,已有三种途径:一是环海经济合作区,即"环黄渤海经济圈";二是沿海国际经济开发区;三是城市间的合作,三国已有了许多"姐妹城市",开展了多领域和多方式的经济交流合作。2006年5月,日本、中国、韩国和俄罗斯等4个国家就共同经营国际航线进行洽谈,并于2007年7月达成共识,一致同意成立"东北亚航运股份有限公司"。公司总部设在韩国束草市,注册资金300万美元,韩国占51%的股份,余下股份由其他3国(日本16%、中国16%、俄罗斯17%)持有,由日中韩俄4个国家共同运营这条横跨日本海的航线,并决定租用韩国原有国际航线的船舶。值得关注的是,韩国束草——日本新泻——俄罗斯扎鲁比诺港——中国珲春,这条国际新航线的开通,为东北亚提供了快捷、便利的航运。2010年10月在天津举行的PECC(太平洋经济合作理事会)会议上,与会者达成了建立"东北亚银行"的协定,这是中日韩三方达成的第一个建立营利性金融机构的决定。一些专家认为,此举表明三国向达成自由贸易协定迈出了关键一步。中国宝钢集团和日本新日铁表示将建立合资公司,表明中日企业都在寻找办法绕过政策限制,达成新的合作。

3.理论界的探索

目前理论界提出的建立中日韩自由贸易区的方案主要有以下几种。第一,东盟自由贸易区扩展型的东北亚区域经济一体化。认为不能单独建立中日韩自由贸易区或涵盖东北亚六国的自由贸易区,而是应该利用"10+1"或"10+3"机制分别发展,并在条件成熟的情况下实现东南亚与东北亚的联合,最终形成包括东北亚和东南亚国家的东亚自由贸易区。[1] 第二,"东亚地中海"自由贸易区型的东北亚区域经济一体化。日本西南大学小川雄平教授把日本海、黄海、东海统称为"东亚地中海",并且认为在"东亚地中海"地区可以建立起一个自由贸易区。[2] 第三,从具体项目合作入手逐步扩展型的自由贸易区。认为由于东北亚地区许多复杂矛盾一时难以解决,应该通过具体项目合作的逐步扩展来实现东北亚区域经济一体化。

二、中日韩自贸区建设的原则

从以上分析可以看到,建立中日韩自由贸易区有许多有利条件,也有了较好的基础,但是也存在很多困难,可以按照先易

---

[1]　张蕴岭:《东亚合作与中国—东盟自由贸易区的建设》,《当代亚太》2002年第1期。

[2]　小川雄平:《东亚地中海自由贸易圈形成的可能性》,《东北亚论坛》2000年第4期。

后难、先局部后整体的原则推进中日韩自由贸易区建设。

1.加强对话,增进共识

2010年10月,温家宝在出席中日韩领导人会议时指出,无论地区和国际形势如何变幻,都要从战略高度牢牢把握三国合作的正确方向,坚持对话,增进互信,化解分歧,推动三国合作不断取得进展。目前,三国之间的对话在不同的层面上展开,包括政府之间、城市之间、企业之间和民间,内容包括了政治、经济、文化和外交关系等,并且取得了良好的效果。中日韩之间的经贸合作取得一定的进展,但是和预期相比,还是显得过于缓慢,其主要原因是政治互信不足。中日之间冷淡政治关系的改善,政治互信的增加是建立中日韩自由贸易区的前提条件。要通过对话深刻认识到,世界发生了很大变化,东亚一体化是东亚国家赖以生存、发展的基础,增进一体化的共识。

2.先易后难,由点及面

首先是文化先行,减少政治冲突,构建三国民众的心理认同。在中日韩邦交过程中,民间力量发挥了很大的作用,如乒乓外交、熊猫外交,还有20世纪90年代的中日青年的交流等,效果都非常好。今后可以加强文化交流,通过文化交流来消解历史问题,减少政治冲突。2009年10月,日本外相冈田克在东京举行的一次演讲会上提出,中日韩合编历史教科书是解决历史问题的最理想的方法,另外日本计划在5年内开展两万人规模的青少年交流等,这些都是值得研究的方法。中国目前有许多留学生在日本,2010年在日留学的中国留学生总人数超过了10万人。民间交往愿望非常强烈,政府可以给予引导和资助,以文化交流为内容,构建两国民众的心理认同,减少中日自由贸易区的阻力。

其次,降低关税,扩大三国之间的贸易往来。中日韩三国,中国的平均关税率最高,其次是韩国,日本最低。农业、食品加工、饮料和皮革四大产业的关税率普遍偏高,是中日韩三国的共性,其中农业关税最高,中国为40.7%,日本为23.1%,韩国为66.1%。这是中日韩三国经贸合作最难以突破的领域,也是中日韩三国实现贸易自由化最大的障碍。在制造业领域内,中国的关税普遍高于日韩两国,例如,中国运输机械产品关税率为27.6%,日本为零,韩国为7.3%;中国电子机械产品关税率为9.2%,日本为零,韩国为1.1%;中国金属产品关税率为7.0%,日本为0.5%,韩国为3.7%。从世界范围来看,贸易自由是大势所趋,降低关税可以有效促进贸易发展,也是一件相对容易做的事情。另外可以考虑建立三国间的非贸易壁垒处理协调机制,减少三国之间的贸易摩擦,使三国之间的区域合作健康发展。

再次,加强项目合作。中日韩三国企业在贸易、金融领域进行了项目合作的有益探索和尝试,三国政府应该出台政策鼓励、扶持企业界积极开展项目合作,比如对三国合资股份公司给予低息贷款、税收政策优惠等。

第四,加强新领域的共同开发。海洋经济是世界经济增长的新天地。据联合国统计,20世纪70年代初,世界海洋经济总产值大约为1100亿美元,1998年世界海洋经济总产值达到了1万亿美元,占当年全球经济总产值(23万亿美元)的4.4%。进入21世纪,海洋经济以更快的速度发展,2010年总产值达到2万亿美元。有关方面预测,2020年海洋经济有可能达到3万亿—3.5万亿美元,占世界经济总产值的10%左右。中日韩三个国家都面临经济发展的资源约束,都有丰富的海洋资源,发展海洋经济合作的空间宽阔。

三、中韩自由贸易区先行

就目前的情况来说,建立中日自由贸易区的条件相对不够成熟,首先推进中韩自由贸易区建设的步伐,以此来推动中日韩自由贸易区的建设是一个值得探索的方法。中韩自由贸易区先行也是遵循先易后难、先局部后整体的原则的体现。

建立中韩自由贸易区的条件基本成熟。卢武铉2003年成为韩国总统后,进一步推动了韩国FTA战略的发展,改变了金大中政府时代的"费用最小化"原则,强调实施利益最大化的政策,并公布了FTA总体战略的路线图,这个路线图对建立中韩FTA态度积极。从韩国的立场来看,韩中贸易与韩日贸易是两种不同的贸易。在韩中贸易中,韩国处于分工的上游,中国处于下游,韩国对中国保持贸易顺差。在韩日贸易中,韩国处于下游,日本在上游,韩国对日本存在巨额贸易逆差。因此,韩国众多企业界、政界人士主张优先同中国达成自由贸易协定。2001年韩国经济研究院对韩国154家大企业进行调查显示,29.3%的企业希望同中国签订自由贸易协定,仅次于美国(36.8%),远高于东南亚(12.6%)和日本(8.0%)。在这种情况下,借中韩自由贸易区建设来推动中日韩FTA是一种可行的策略。

对中韩两国来说,建立中韩自由贸易区是一个双赢的选择。2011年5月22日,温家宝总理在东京会见韩国总统李明博时表示,当前中韩经贸合作发展势头良好,双方要努力实现2015年双边贸易额达到3000亿美元,尽快启动中韩自由贸易区谈判。李明博也表示愿与中方共同努力,以2012年两国建交20周年为契机,推动两国战略伙伴关系迈上新台阶。中韩自由贸易区建设的原则可以这样来设计:以文化交流促进经济合作,以减税为主,重点区域突破,区域化推进。

第一，借文化之力扩大经济合作。中韩在维护朝鲜半岛和平、海峡两岸稳定，反对日本右翼势力方面有共同的立场。近年来，中韩政治、经济关系发展顺利，两国间已由"睦邻合作关系"发展成为"全面合作伙伴关系"，上到两国领导人、下到平民百姓均感到合作给两国人民带来的好处，完全符合两国的长远发展目标和切身利益。在这种有利条件下，积极开展文化交流，对增加双方的理解和合作非常有利。2010年由中国国际友好联络会、中韩友好协会、韩中文化协会、韩国大学发明协会等发起，由山东省人民政府、威海市人民政府主办的中韩文化交流月活动就取得了良好的效果。

第二，降低关税和消除贸易壁垒，建立贸易均衡机制，扩大双方贸易。中韩两国减少关税和贸易壁垒有很大的操作空间。2005年韩国平均关税率为11.91%，在亚太经合组织21个成员方中名列第三，高于中国的9.9%。韩国农业贸易壁垒特别高，国内牛肉价格更是高出国际市场7倍。中国进口韩国农产品的平均关税率为16.8%，水产品为12.2%，而韩国进口中国农产品、水产品的平均关税率则高达46.2%和16.8%，其中对受配额管制的绿豆、茶叶、辣椒等商品追加征200%以上的关税。中国则在汽车及零部件部门对韩国产品保持较高的21.79%的关税，为韩国同类产品进口关税的3倍。在建立自由贸易区过程中，开放市场，降低关税和非关税壁垒是最基本也是最容易实现的，应该作为建立中韩自由贸易区的突破口。

在韩国国内曾出现过"中国经济威胁论"，特别是对中国农产品冲击韩国农产品市场谈虎色变。在中国则主要担心韩国机电类产业包括钢铁、汽车对国内市场冲击太大。这是中韩建立自由贸易区的两个障碍领域，两国应该扩大信息沟通和舆论引导,全面认识、评估开放农业和钢铁汽车市场的利与弊,积极寻找解决问题的办法,实现新的突破。

第三,加快山东半岛蓝色经济区建设,加快推进次区域合作。中国的山东省和韩国基本处于同一纬度上,两地相距最近处只有 90 海里。由于地缘和历史等原因,韩国国内许多华侨都来自山东,1992 年中韩两国建交后,这些人纷纷回到家乡投资。山东省十分重视发展与韩国的经贸关系,威海曾高调打出"借韩兴威"的口号,吸引大量韩国企业前来投资,以韩资企业为核心的电脑设备产业集群在当地也颇具规模。韩国企业在中国的实际投资近 50% 落户山东。2009 年,山东与韩国的进出口额占中韩两国进出口总额的 15%。2009 年 4 月,胡锦涛总书记在青岛视察时提出:"要大力发展海洋经济,科学开发海洋资源,培育海洋优势产业,打造山东半岛蓝色经济区"。韩国对加强与山东的合作也很有兴趣,有关研究机构还设计了从首尔到威海的海底隧道线路。据韩联社 2009 年 10 月 8 日报道,韩国京畿道政府表示,建筑韩中海底隧道将可以创造 275 万亿韩元(相当于 1.61 万亿人民币)的经济效益。利用时速 200 千米的高铁,通过隧道从首尔到威海,将需要 1 小时 57 分钟,首尔到北京需要 4 小时 26 分钟。以首尔到威海的海底隧道为纽带加快次区域合作,对中韩自由贸易区的实现有很大的帮助。

四、中日合作要力争在重点领域突破

前文已经谈到,中日合作是加快东亚经济合作,推动东亚经济一体化的关键。但是,目前中日合作还存在许多困难。中日双方要加强对话,克服成见,达成共识,排除干扰,深刻认识到两国对东亚地区经济稳定发展的权利和责任,力争在事关东亚经

济稳定发展大局的金融、能源等重点领域加强合作，取得突破，这是东亚经济一体化的重要保证。但是，由于中日之间不仅仅在经济层面存在矛盾，还存在政治层面、文化心理层面的问题，推进中日自由贸易区建设，不能仅仅从经济角度考虑问题，还应该在政治、文化方面多做工作。特别是目前政治、文化冲突远比经济冲突激烈，影响更大，要特别重视化解政治文化的冲突。应该搁置领土争议，加强文化交流，扩大民间往来，增加国民友谊。双方应在中日四个政治文件的基础上，①以史为鉴，面向未来，以世代和平、友好为目标，不断增进政治互信、增进国民感情。在这个基础上，扩大各领域的务实合作、推进中日战略互惠关系，实现平等互利，共同发展。

---

① 1972 年 9 月《中华人民共和国政府和日本国政府联合声明》、1978 年 8 月《中日和平友好条约》、1998 年 11 月《中日关于建立致力于和平与发展的友好合作伙伴关系的联合宣言》、2008 年 5 月《中日关于全面推进战略互惠关系的联合声明》。

过去150年来，能源的资源和利用状况发生了很大的变化。19世纪消耗的能源绝大部分是生物质，如薪柴、木炭和农业残余物等，即所谓的"传统能源"。19世纪后半叶，煤炭生产迅速扩大，从1890年开始，煤炭成为世界主要能源，这种状况持续了75年。使用煤炭作为蒸汽机和发电的燃料，改变了发达国家的工业生产和人民生活。第二次世界大战后，石油生产急速扩大，在过去的35—40年里成为主要能源。使用石油的小汽车、公共汽车、卡车、飞机及其他交通工具改变了人们的交通方式。此外，过去30年来，天然气和核能也快速增长。由此可见，全球已经历了能源系统的转换。能源系统转换与经济、社会转型同时进行，并且为经济和社会转型提供了动力。①

——霍华德·格尔勒

第八章　经贸、能源、金融：中国东亚经济战略的重点

在欧盟的发展过程中，有一个很好的经验，就是从欧洲煤钢联营开始，从这里突破，继而全面推动经济一体化。法德之间的

---

① 霍华德·格尔勒：《能源革命——通向可持续未来的政策》，刘显法等译，中国环境科学出版社2006年版，第2页。

鲁尔盛产煤铁，长期成为两国之间战争的根源之一。1950 年 5 月，法国外长舒曼发表了一项声明，提议"把法国、德国的全部煤钢生产置于一个其他欧洲国家都可参加的高级联营机构的管制之下"，"各成员国之间的煤钢流通将立即免除一切关税"。经过谈判，法国、联邦德国、意大利、荷兰、比利时和卢森堡六国，于 1951 年 4 月签订《欧洲煤钢联营条约》。1952 年 7 月欧洲煤钢共同体正式成立，参与国的煤、焦炭、钢、生铁等的贸易壁垒几乎完全消除。后来，六国之间的合作范围不断扩大。1965 年 4 月 8 日，六国签署《布鲁塞尔条约》，决定将欧洲煤钢共同体、欧洲经济共同体和欧洲原子能共同体合并，统称"欧洲共同体"，欧盟就是欧洲共同体发展的结果。在东亚经济一体化的过程中，也可以借鉴这个方法，在关系东亚全局、长远意义的若干领域从具体项目合作突破，逐步扩大合作的广度和深度，以此来推动东亚经济一体化的进程。贸易投资自由化、能源、货币就是关系东亚全局和长远利益的重要领域。

第一节 推动东亚贸易投资自由化

贸易投资自由化是东亚经济合作和一体化的重要内容。东亚贸易与投资自由化进程主要是通过建立自由贸易协定来推进的。由于贸易投资自由化问题已经有很多讨论，这里主要讨论东亚贸易投资自由化存在的问题和解决问题的对策。

一、东亚贸易投资自由化现状

东盟自由贸易区是东亚建立的第一个自由贸易区组织。

1967 年,印度尼西亚、泰国、新加坡、菲律宾、马来西亚共同发表《曼谷宣言》,正式宣告东南亚国家联盟成立。1992 年 1 月在新加坡举行了由印度尼西亚、马来西亚、菲律宾、新加坡、泰国、文莱六国参加的东盟贸易部长会议,会议签署了《东盟加强经济合作框架协定》。10 月,东盟经济部长会议通过了《有效普惠关税协定》,并决定从翌年开始实施。协定的核心内容是各成员国逐步削减关税,到 2008 年关税降至 5% 以下,并完全取消成员国间的非关税壁垒。后来越南、柬埔寨、老挝和缅甸相继加入。东盟十国总面积约 450 万平方公里,人口约 5.3 亿,GDP 总值约 1.5 万亿美元,目前东盟自由贸易区已经基本建成。

中国—东盟自由贸易区是东亚建立的又一个重要自由贸易组织。2002 年 11 月,第六次中国—东盟领导人会议在柬埔寨首都金边举行,时任中国国务院总理朱镕基和东盟 10 国领导人,签署了《中国与东盟全面经济合作框架协议》,这标志着中国—东盟建立自由贸易区的进程正式启动。《中国与东盟全面经济合作框架协议》,提出了中国与东盟加强和增进各缔约方之间的经济、贸易和投资合作,促进货物和服务贸易,逐步实现货物和服务贸易自由化,并创造透明、自由和便利的投资机制。2010 年 1 月,中国—东盟自由贸易区如期建成。

2002 年 1 月,日本和新加坡正式签署了《日本—新加坡新时代经济连携协定》。根据协定,新加坡进口的 100%、日本进口的 94%,实现零税率。该协定不仅是一个旨在促进日新两国间贸易与投资自由化的贸易协定,而且还涉及服务贸易、科学技术与研究开发、IT 产业与信息化、知识产权保护、金融服务、观光旅游、中小企业、广播电视、人才交流和人才培养等诸多方面。另外,日本与菲律宾、泰国、马来西亚、印度尼西亚就建立经济伙伴关系协定(EPA)有许多具体的接触和协商,文莱和越南也多次表示希望与日本协商和谈判EPA,日本与香港的FTA也在协商和意向之中。

目前东亚地区不仅建立了多个自由贸易区,而且经济一体化水平明显提高。从20世纪90年代末开始,东亚区域内各国和地区的经济发展水平明显提升,区域内关税已经大幅下降,水平贸易比例增大,区域内贸易已超过东亚贸易总额的50%以上。

二、东亚贸易投资自由化存在的问题

虽然东亚贸易投资自由化已经取得很大的成绩,但是也还有诸多需要解决的问题。

第一,关税问题。

目前,东亚国家虽然在降低关税方面取得了很大成绩,但是关税仍然较高。关税依然是东亚贸易投资自由化和便利化的主要障碍。近年来,销售管道的控制,工业标准不同等的非关税壁垒又成为新的贸易障碍。

第二,农业、劳务问题。

农业和劳务问题是东亚各国贸易投资自由化问题最多的领域。日本是世界第二大农产品进口国,近年进口农产品在300亿美元以上。日本在贸易政策上历来重视保护农林水产品,农产品贸易是日本对外贸易摩擦的主要领域,严重影响了日本对东亚区域经济合作的参与。日本与泰国自由贸易谈判难以取得进展的重要原因之一,就是日本担心国内农业受到损害而缺乏积极性。出身于农村地区的国会议员普遍强调农业是"圣域"。1346万农村人口是一块肥沃而产量稳定的"票田",正是依靠这块"票田",日本国会议员中的"农水族"才得以保持强大的势力,在日本政坛举足轻重。为了获得农村选民的支持,日本政府对农业采取保护措施,在区域经济合作过程中极力避开农业领域。在日本—东盟EPA的协议中,日本依然将大米、牛肉等主要农产品划在圈外,这对要求日本打开农产品市场大门的东盟来说是很大的障碍。日本政府多年来采取了过度保护农业的政策,对内发放农业补贴,对外设置高额关税和非关税壁垒,大米等部分农产品的进口关税甚至达到1000%。

东盟人口众多,劳务输出是其强项,日本对此十分担心。在日—韩FTA谈判中,韩国的医生、护士能否进入日本医务市场,也是两国难以协调的问题。

第三,投资壁垒问题。

投资壁垒包括投资准入壁垒和投资退出壁垒,如禁止、限制外国投资的领域过于宽泛,或不合理地限制了外国投资的进入;通过立法上的治外法权条款,为其他国家对第三国的投资设置障碍等。东亚内部投资壁垒问题比较严重。例如,日本在东亚地区合作过程中,从未主张搞简单的自由贸易协定(FTA),而是提出"经济伙伴关系协定"。这是因为,根据WTO的相关条款,发达国家与发展中国家谈判FTA时,发达国家必须将全部贸易领域纳入谈判框架,至少要对90%以上的贸易废除关税和非关税壁垒。在东亚地区,发达国家只有日本、韩国、新加坡,其他国家都是发展中国家,简单谈FTA显然不符合日本的利益。日本主张的EPA不仅要求对日本不具竞争力的部门实行保护,而且将日本具有优势的投资、知识产权、服务贸易乃至金融交易规则等一并纳入谈判。中国、东盟国家都对外资持欢迎态度,有许多鼓励外资的政策,但是,也存在投资壁垒问题。2010年7月,欧盟官员认为中国政府对外国投资和贸易设置了许多壁垒,声称要"强硬起来"。欧盟商会成员指称中国的某些规章制度压制外国竞争对手，围绕欧洲风力涡轮机市场准入的争端就是一个例子。限制使用 1 兆瓦以下涡轮机的最新规定，实质上将其他公司全部排挤出去，只剩下中国的几家国有大企业，因为只有它们能生产符合规定的涡轮机。东盟国家在投资经营方面存在的壁垒包括行业准入、持股比例限制、外资投资项目禁止、工作许可和雇用当地人比例等。如越南禁止外国投资者投资设立汽车组装厂；马来西亚限制外资在马来西亚从事烟草和烈性酒的生产；印度尼西亚限制外资对其林业开采和加工的投资；泰国要求在服务业、农业、渔业、勘探和采矿业的合资企业外资股权不能超过 49%；马来西亚规定在印刷、钢铁、包装等行业的外资股权不得超过 70%；马来西亚有关法律规定部分行业禁止外商独资，且必须有 2 名以上的马来西亚籍的股东；印度尼西亚规定电讯业、航空运输业的外资股权不得超过 49%。其他限制还有，马来西亚的政府投资项目不对外国公司开放，泰国原则上禁止外国公民拥有泰国土地(如果是属泰国投资促进委员会的引资项目，则可以公司名义拥有土地)，除了文莱对聘用当地或外国雇员没有比例限制外，其他国家都有不同比例的要求。

三、推进贸易投资自由化的思路

根据东亚经济贸易投资的特点和存在问题，加快推进东亚贸易投资自由化和便利化的步伐，需要解决好如下几个问题。

1.处理好多边贸易与双边贸易的关系

"多边贸易"是三个或三个以上的国家，通过协议在多边结算的基础上所进行的贸易。以美国为代表的国家主张全球自由贸易。改革开放后，中国对外经济发展战略以开放为中心，特别是 1994 年"大经贸发展战略"的形成,把"走出去"作为中国对外经济战略的原则。为适应经济全球化发展趋势,中国政府积极参与加入世贸组织的谈判,并终于在 2001 年加入 WTO。应该说,中国从全球自由贸易中获益良多。因此,我国对外经济战略原来对经济全球化趋势关注较多,对区域经济一体化、国际区域经济组织关注较少。所谓"双边(区域)贸易"是指两个国家或地区之间的贸易,包括货物、技术或服务贸易三种形式的贸易。与多边贸易体制相比,双边贸易经济合作具有矛盾少、效率高、见效快、冲击小的优点。

随着 WTO 谈判出现越来越多的矛盾,也由于区域经济一体化谈判存在更大的灵活性,在多边贸易谈判困难重重的情况下,双边贸易得到快速发展。世界各国都把区域经济合作作为优先发展目标。因此,推进东亚经贸投资自由化,要重视处理好多边贸易与双边贸易的关系。进入 21 世纪,我国对外经济战略发生很大的变化,日益关注国际经济区域组织。胡锦涛主席在博鳌亚洲论坛 2004 年年会上说,"中国坚持与邻为善,以邻为伴的周边外交方针,奉行睦邻、安邻、富邻的周边外交政策","中国希望同亚洲国家建立不同形式的自由贸易安排,最终形成亚洲自由贸易合作网络。"这是中国最高领导对中国地区战略和地区责任最为明确的阐述。

虽然理论上分析双边贸易体制和多边贸易体制的利弊并不难,但是在实践中作出选择并不容易,因为这两种不同的贸易体制在中国对外经济中有大致相同的地位。中国改革开放初期经济发展主要得益于全球多边贸易体制,多边贸易体制至今仍然非常重要。2009 年,欧盟继续保持我国第一大贸易伙伴和第一大出口市场的地位,中欧贸易总值 3640.9 亿美元,占我国进出口总值的16.5%。美国是我国第二大贸易伙伴，中美双边贸易总值为2982.6亿美元。由于中国周边大多数国家经济发展相对落后，中国从中获得的经济利益还不能与全球贸易相比较。但是，中国的进一步发展需要建立区域贸易体制，这不仅仅是发展问题，更关系到国家的经济安全问题，所以如何处理这二者的关系，是21世纪中国对外经济战略非常关键的问题。

2.厘清贸易投资自由化和便利化关系

贸易自由化是指一国对外国商品和服务的进口所采取的限制逐步减少，为进口商品和服务提供贸易优惠待遇的过程或结果。无论是以往的关贸总协定，还是现在的世贸组织，都以贸易自由化为宗旨。根据联合国贸易发展会议的解释，所谓投资自由化主要包括以下几方面的内容：第一，减轻或者消除所谓市场扭曲的影响，造成市场扭曲的原因可能是外资法中专门针对外国投资者的限制措施，如外资进入经营方面的障碍，也可能是外资法中有关给予或不给予外国投资者某种优惠措施及补贴的规定。第二，提高给予外国投资者的待遇标准，如给予外国投资者国民待遇、最惠国待遇以及公平公正待遇。第三，加强对市场的监督以保障市场机制的正常运转，如制定竞争规则、信息披露规则等。

东亚大多数国家在近代是殖民地半殖民地国家，独立后非常看重国家主权，对近代不平等条约的协定关税记忆犹新。因为关税是国家主权中非常重要的一个部分，东亚多数国家在保护民族工业的口号下采取重税政策，这在客观上不利于贸易投资自由化的发展。随着20世纪后半期全球化的发展，人们发现无论是进口替代还是出口补偿都不是发展民族工业的最好方法，贸易投资自由化成为全球发展经济的共识，东亚发展中国家也开始实行比较开放的经济政策。中国从 1995 年 11 月开始降低关税的行动,1996 年中国的平均关税水平由 35.9% 降到 23%,实现了人民币经常项目下的可兑换。加入 WTO 后,我国市场更加开放,贸易自由度大幅上升。

我国的贸易投资自由化虽然有了很大的进展,但是在一些领域特别是金融和一些特殊行业还有许多限制。这在亚洲国家也是一个比较普遍的现象,所以便利化成为亚洲版的贸易投资自由化。

根据目前 APEC 官方文件的定义,贸易投资便利化是指消除非关税壁垒和经济技术合作领域内的某些具体活动。事实上,这一定义包括了三层意思:第一,APEC 削减关税壁垒以外的工作都可以被视为便利化。第二,便利化措施旨在消除不必要的阻碍贸易交易的各种障碍,从而降低商业活动的交易成本。第三,便利化将对提高市场准入和加强市场建设作出贡献。对比发达国家,我国经济的开放程度还是比较低的,而在投资和金融方面更是如此。在以后的发展中,中国在这方面应该如何选择,是对外经济战略的大问题。

东亚各国间在经济发展水平、文化习俗等方面的巨大差异,导致东亚区域经济一体化不可能一步到位,必须循序渐进,东亚贸易投资自由化亦是如此。参与经济一体化,实行贸易投资自由化政策,势必要有一定的经济主权的让渡,以换取更大更多的国家利益,但作为主权国家要把握好让渡的"度"。如前所述,贸易投资自由化和贸易投资便利化既有联系也有区别,必须处理好两者之间的关系。就东亚而言,因涉及国家利益,尤其是东盟各国担心一旦完全开放市场将极大损害其利益,不应在短期内对东亚各国贸易投资自由化程度强加要求,必须寻求突破点。

推动贸易投资便利化并不强求改变各国关于贸易、外来投资的大方针政策，既不损害各国原有利益，又可提高贸易、投资效率，基本不为各国所排斥，可考虑作为切入点，在先行采取有效措施推动东亚贸易投资便利化的同时，寻求各国利益的均衡点，求同存异，从而带动、推动贸易投资自由化。

3.逐步强化"10+1"和"10+3"机制作用，增加制度约束力

考虑到东亚历史与现实的特殊性、复杂性，应坚持自主自愿、协商一致和灵活渐进的原则，积极稳妥地推进贸易投资自由化和便利化进程。目前东亚经贸合作的一大特点也是以自愿为原则，虽然有许多协定或条约，但是普遍缺乏制度性的约束力。随着东亚经济联系日益加强，如何通过强化"10+1"和"10+3"机制作用，增加制度约束力，是下一步推进东亚贸易投资自由化和便利化需要研究、解决的问题。

4.通过加强次区域经济合作推动全面合作

通过加强次区域经济合作推动全面合作，是遵循东亚经济合作必须坚持的自主自愿、协商一致和灵活渐进原则的重要体现，也是发挥比较优势的重要体现。比如前面讲到，中国—东盟自由贸易区建设要重视发挥比较优势，而中国对东盟的比较优势集中体现在华南西南的一些省、自治区。广东、广西、云南、海南等不仅与东盟有良好的地缘、人缘、文缘关系，而且与东盟经济往来历史悠久，关系密切。2010年中国与东盟贸易创历史新高，达2927.8亿美元，较上年增长了37.5%。其中，中国向东盟出口达1382亿美元，增长30.1%；中国从东盟进口1546亿美元，增长44.8%。截至2010年6月底，双方累计相互投资总额约694亿美元，其中东盟对华投资累计约598亿美元，中国对东盟非金融类投资累计约96亿美元。华南西南地区与东盟的经

贸关系占到全国的 4 成左右。发挥华南西南地区与东盟在地缘、人缘、经缘和文缘方面的有利条件,加强次区域经济合作,凸现局部优势,可以加快推进中国—东盟自贸区建设。当前,在中国—东盟自贸区框架下的次区域合作,有大湄公河次区域经济合作,主要由缅甸、越南、老挝、泰国部分区域和接壤的中国云南构成;有环北部湾经济合作区,原来只发生在桂粤琼和越南之间的环北部湾地区性合作,后来延伸到隔海相邻的马来西亚、新加坡、印度尼西亚、菲律宾和文莱等国家。中国以国家名义参与环北部湾地区合作,其中广西、广东和海南三省区是主要参与主体;有"泛亚铁路"经济带,从新加坡、马来西亚北上后,由泰国往东,经柬埔寨到越南,然后沿海岸北上到河内,再从河内分为两支,一支往西北上昆明,另一支往东北上南宁。

5.扩大经济合作领域,争取更大的效果

从最近新签署的双边自由贸易协定看,许多协定已打破了传统自由贸易协定的框架,其内容除消除关税和非关税壁垒外,还包括了政治、社会、文化等领域的合作关系。前面介绍的《日本—新加坡新时代经济连携协定》就是一个典型的案例。中国在这方面可以有更开放的措施,在试验中发现问题、解决问题,从而达到推进贸易投资自由化和便利化的目的。

第二节　加强东亚能源合作

《大英百科全书》的能源定义是:"能源是一个包括着所有燃料、流水、阳光和风的术语,人类用适当的转换手段便可让它为自己提供所需的能量。"煤炭、原油、天然气、风能、太阳能、地热能、生物质能、核能等都属于能源。蒸汽机发明后,煤炭成为最重要的工业能源。内燃机发明以后,石油和天然气在能源中的地位急剧上升,在现代社会几乎成为能源的同义语,现代国家的能源储备基本是指石油。近年来,能源安全的概念发生了变化,不再仅指石油供应安全,而是指整体的能源供应安全,即包括基础设施在内的所有能源供应链的安全。东亚各国在能源问题上面临许多共同的问题,有许多共同的利益,有很大的合作空间。

一、东亚能源存在的问题

东亚经济发展进入快速上升通道,对能源需求巨大。但是,东亚地区能源严重匮乏,成为制约东亚经济持续发展的瓶颈。

1.能源自给严重不足,进口需求量大

东亚的石油和天然气探明储量占全球的比例分别仅为2%和5.2%,是世界上油气资源最少的地区。东亚的石油、天然气和煤炭的储采比分别仅为13年、37年和46年,到2050年东亚主要的能源资源都将耗竭。东亚石油消费量占世界石油总消费量的21.9%,而本地区石油产量只占全世界石油总产量的8.2%。东亚石油进口依赖度很高,2006年达到了66.62%,远远超过了北美(42.5%)。据预测,2030年之前,这一局面不会改变。1993年中国成为石油净进口国之后,中国的石油净进口量增长很快,对外依赖度迅速提高。2010年中国进口石油占到总需求量的55%,其中一半来自中东地区,30%来自非洲。日本的石油、天然气和煤炭几乎全部依赖进口。2009年日本原油和天然气进口量占全球贸易量的比重分别为8.1%和9.8%,煤炭进口量的比重高达20%。日本约三分之二的电力依靠燃气、石油和煤炭等传统能源,日本是全球最大的液化天然气进口国。日本的石油、天然气产量只占其需求量的 0.2% 和 4%。日本每年的石油消费量在 2.4—2.5 亿吨/年左右。预计到 2020 年,它对石油的需求将达到 2.88 亿吨,而 99% 以上靠进口。

2.能源安全系数低,存在严重的安全隐患

当前世界能源的现状是,几乎三分之二的世界石油储量集中在动荡不安的中东地区,并被石油输出国组织欧佩克(OPEC)所控制。据统计,世界前 20 位产油国的原油日产量为 5700 万桶(占世界原油产量的 87%),其中 2400 万桶产自欧佩克成员国,占世界原油产量的 43%。东亚石油过度依赖中东,2006 年从中东进口的石油占各国进口石油总量的比例,日本、韩国、中国和新加坡分别为 81.35%、75%、38.53% 和 51.05%。这导致东亚能源运输安全问题也非常突出。东亚石油运输途经地区包括波斯湾、南亚、南中国海、中亚—里海地区、东北亚等区域,尤其是霍尔木兹海峡、马六甲海峡和南沙群岛等,面临地缘政治不稳定、恐怖活动和海盗猖獗等诸多威胁。例如,东亚国家严重依赖马六甲海峡(只有老挝和缅甸除外),日本、韩国、中国和菲律宾要通过南沙群岛附近海域航线。这使东亚在能源安全问题上严重依赖美国,因为美国是油气海洋运输线路的唯一控制者,东亚所有的油气运输海洋通道基本上都在美国海军的掌控之下,包括霍尔木兹海峡和马六甲海峡等咽喉地段。

3.内部存在严重的竞争

由于东亚普遍存在能源不足的问题,所以在开发和获取本地区油气资源方面竞争激烈,"东盟、中国、中国台湾、日本和韩国都在各自为战,积极争夺地区内部和外部的化石燃料供应"。① 最突出的表现在东南亚国家对中国南海石油的争夺,中日在东海的石油、天然气的争夺,中日对俄罗斯油气的竞争等。

二、东亚能源合作现状

20世纪90年代以来,东亚国家就建立东亚能源合作问题进行了许多探索,东亚能源合作取得了一定的成果。

1.能源合作对话与论坛机制逐步建立,达成合作协议

东盟内部,由印度尼西亚牵头,通过对话与协商,各成员国在1999年通过了和平处理南中国海争端的原则。2002年,中国与东盟签署了《南海各方行为宣言》,双方承诺"以和平方式解决它们的领土和管辖权争议,而不诉诸武力或以武力相威胁"。2003年9月中国、日本、韩国签署了《中日韩推进三方合作联合宣言》,宣布要扩大三国能源领域的互利合作,共同致力于加强地区和世界的能源安全。2004年6月,首届东盟、中国、日本、韩国能源部长会议召开,发表联合声明,再次强调加强在能源安全领域的合作。2004年6月22日,在青岛召开的亚洲合作对话第三次外长会议上,发表了旨在加强能源合作的《青岛倡议》,认为可持续、稳定的能源生产和供应符合每个国家的根本利益,是各国能源政策的共同目标和各国人民的强烈愿望,强调能源安全是国际社会共同面临的问题,只有通过坦诚对话、互利合作才能解决,能源合作应成为区域和国际合作的重要组成部分。东亚能源合作的标志性成果是,2007年1月15日第

---

① Elspeth Thomson, "ASEAN and Northeast Asian Energy Security: Cooperation or Competition?" East Asia, Fall 2006, Vol.23, No.3, p.82.

二届东亚峰会在菲律宾宿务召开,出席会议的东盟 10 国和中国、日本、韩国、印度、澳大利亚和新西兰签署了《东亚能源安全宿务宣言》,宣言重申本地区国家将共同努力,确保地区能源安全,提出各方将致力于改善矿物能源的使用效率和环境效应;扩大可再生能源系统和生物燃料的生产或利用,减少对传统能源的依赖;营造开放和具有竞争力的地区和国际市场,致力于在各个经济层面提供价格上可承受的能源。在东海油气问题上,中日也不断提高对话和磋商级别,并取得了一定的进展。"10+3"能源部长会议每年召开一次,由东盟成员国轮流主办,能源合作的具体运作机构是能源高官会。

2.在油气贸易、共同勘探和开采油气、共护油路安全等方面也有了进展

东南亚石油的大规模开采始于 1992 年。之后东南亚成为世界重要的石油生产和输出地区。印度尼西亚、马来西亚、文莱都是老牌的石油出口国,其中印度尼西亚是亚太地区唯一的欧佩克成员国。作为新兴的石油输出国,越南的石油产量和出口量自 20 世纪 80 年代末以来也快速增长。东南亚迄今一直是中国重要的石油来源地,中国从东南亚进口的石油占进口石油总量的 15%。印度尼西亚在 20 世纪 90 年代中期曾经是中国最重要的石油来源国之一。在 2001 年中国原油进口来源国家中,越南居第六位,占中国原油进口 5.6% 的份额。多年以来,中国政府针对东亚区域内某些岛屿和海洋划界及油气田之争,一直主张采取"搁置争议、共同开发"的思路。2000 年 12 月 25 日,中国与越南签署了《中越北部湾渔业合作协定》和《中越北部湾划界协定》,这是中国与周边邻国通过谈判划定的第一条海上边界,也是中越双方适应新的海洋法秩序,公平解决海洋划界的成

功实践。2005 年 3 月 14 日，中国海洋石油总公司、越南石油和天然气公司与菲律宾国家石油公司，签署了《在南中国海协议区三方联合海洋地震工作协议》，协议规定将在未来 3 年内，在面积为 14.3 万平方公里的海域内联合进行海上地质研究和考察，其主要目标是使用地震和地球物理方法，查明该海域的地质结构和油气储量，并确定是否具有商业开采价值。

东盟也是日本的能源基地和经济生命线，日本工业发展所需要的能源如石油、天然气大多从东盟或途经东盟进口。

三、建立东亚能源合作机制，形成能源利益共同体

对于能源自给严重不足，过度依赖油气进口的东亚地区而言，加强能源合作，建立东亚能源利益共同体十分重要。东亚能源合作涵盖中国、日本、韩国和东盟 10 国，只有将四方的力量整合起来，才可能推动建立东亚能源合作机制，形成利益共同体。2007 年末出版的《中国能源状况与政策白皮书》指出，中国能源发展战略坚持节约优先、立足国内、多元发展、依靠科技、保护环境、加强国际互利合作，努力构筑稳定、经济、清洁、安全的能源供应体系，以能源的可持续发展支持经济社会的可持续发展。

1.成立东亚能源合作组织，通过巩固、完善区域能源合作论坛机制和政府高层对话，协调各国能源政策，推动加强能源合作

目前国际上已经有许多能源组织，在加强各国间能源信息交流、开展国际技术合作与提高全球能源安全性方面产生了很好的作用。鉴于东亚在能源方面的共同的利益，可以考虑成立东亚能源合作组织，加强政府高层对话和内部的信息交流，采取共同的对外能源政策。比如，抵制"亚洲溢价"就需要协调能源政策。由于东亚在国际石油市场的竞争，自 1992 年起，亚洲的

石油价格(每桶)一直高出欧美市场1—1.5美元。亚洲原油"溢价"使亚洲石油消费国每年向石油生产国多支付50亿—100亿美元。2005年2月在新德里举行的第三届亚洲天然气买方峰会上,中国、印度带头呼吁共同抵制"亚洲溢价",中日、中韩等也在不同的场合进行了类似的合作探讨。东亚要通过加强合作向欧佩克争取东亚油价发言权。为解决油气进口数量和价格矛盾,可以按经济总量或以前几年消耗能源量为基数确定各国进口能源配额,统一东亚对外能源价格,确定价格浮动比例。又如,共同维护海上通道安全也需要协调政策。中国85%左右的进口石油,日本、韩国每年4.5亿吨的进口原油都要途经马六甲海峡。维护海上运输通道安全,关系到相关各国的生存与发展,因为从东北亚经过马六甲海峡、印度洋直到中东的海上通道是中日韩等国至关重要的经济命脉。还有,可以成立东亚能源基金,建立石油应急储备体系。中日韩是石油净进口国,为应对石油市场可能出现的风险,必须建立石油应急储备体系,加强石油市场危机应对管理能力。在东北亚只有日韩两国是IEA(国际能源署)成员,其中日本储备了160天以上的石油消费量,国家储备制度比较完善。韩国虽然有战略石油储备,但尚未达到IEA要求的60天量。中国自1999年才开始着手建立国家战略石油储备制度,目前基础设施建设还没有完成。东北亚各国和地区应利用地缘上的优势,借鉴发达国家的石油储备经验,建立共同储备机制,共同对石油储备进行投资、管理、运营。

2.寻找能源供应新渠道,实现油气联营,形成能源共同体

美国是世界上最大的能源进口国。但是,近年来,美国能源进口出现下降的趋势。2010年4月,美国能源情报署公布《2011年度能源展望》报告说,长远来看,美国对进口液体燃料

的依赖程度将不断下降。2005 年和 2006 年，进口石油占美国液体燃料消费总量的比例为 60%，2009 年降至 51%，到 2035 年这一比例预计会降至 42%。这主要是因为包括生物燃料在内的国内燃料产量增加以及能源效率提高。2011 年 3 月，美国总统奥巴马就美国能源安全计划发表演讲，提出美国应降低对石油的依赖，目标是到 2025 年石油进口减少 1/3。相反，东亚能源进口还在逐年增加。随着美国能源进口数量下降，中国、日本将可能成为世界最大的能源进口国家。因此，东亚国家要寻找新的能源来源地。据统计，俄罗斯的石油储量占全球总储量的 6%。目前俄罗斯石油年产量在 3 亿吨以上，是继沙特之后的世界第二大产油国。俄罗斯天然气资源非常丰富。2010 年俄罗斯东西伯利亚和远东地区总产量能达到 400 亿—500 亿立方米，据预测，2015 年将达到 950 亿—1000 亿立方米，2030 年有可能达到 1400 亿—1500 亿立方米①。蒙古塔本陶勒盖煤矿是当今世界上最大的未开采煤矿，矿区煤炭储藏面积达 400 平方公里，煤层厚度 190 米，共 16 层，该煤矿属优质炼焦用煤，原煤出焦率 60% 以上，是世界上紧缺煤种。初步探明的焦煤储量约为 64 亿吨，其中主焦煤 18 亿吨，动力煤 46 亿吨，价值高达 3000 多亿美元。原独联体②一些国家，如吉尔吉斯斯坦、土库曼斯坦、哈萨克斯坦的资源也很丰富。这些国家地区同东北亚地缘相近，不仅可以满足中国、日本、韩国日益增长的对能源的需求，减少中东能源的依赖度，而且可以避免长途运输带来的困难，保证

---

① 参见中国科学院国情分析研究小组：《两种资源、两个市场——构建中国资源安全保障体系研究》，天津人民出版社 2001 年版。

② 是由前苏联大多数共和国组成的进行多边合作的独立国家联合体，简称"独联体"，1991 年 12 月成立。

运输安全,节省大量运输费用,降低能源使用的成本,可以成为东亚重要能源供给地。

目前,中国、日本、韩国都在积极开展同俄罗斯等国家的能源合作,但是基本上还是各自为政。中俄开始修建泰(舍特)纳(霍德卡)线,2008年完成一期工程,年输油量达8000万吨。同时,俄罗斯增加通过铁路向中国北方地区供应石油的数量,2005年达到750万吨,2006年达到1200万吨以上。2006年3月21日,中俄签订向中国提供天然气、石油和电能的长期合同,保证以后每年向中国提供600亿—800亿立方米的天然气。日本同俄罗斯的双边能源合作也在积极开展。中国神华集团与日本第二大商社三井物产组成联合体,参与竞标蒙古国塔本陶勒盖煤田Tsankhi矿区公开招标。石油、天然气的开发也可以采用这种模式。目前,中日韩天然气使用量较低,以2004年能源需求结构为例,日韩两国天然气份额约为11% —14%,中国只占2.5%。天然气是优质、清洁、高效的能源,未来东北亚地区天然气需求潜力巨大。从东北亚天然气合作现状来看,中俄、日俄之间的双边合作正在进行之中,各国都有不同的优势。中国石油天然气集团公司是世界排名前20位的大油气公司,在勘探开发方面具有较强的优势。韩国有一批在油气加工方面有较强资金优势和技术实力的能源公司,如现代集团、大宇集团、鲜京等。日本的索迭科、三菱、三井等大企业集团也具备很强的实力。中日韩的公司可以通过合资、合营等方式,共同参与俄罗斯油气田的勘探开发,并在管道建设上加强合作。

3.妥善解决海上能源争纷

据预测,西沙群岛和南沙群岛附近海域的石油储量达到1050亿桶,整个南中国海则可达到2310亿桶。南中国海的天然气资源也很丰富,估计天然气储量超过了 2000 万亿立方英尺,仅南沙群岛附近海域的天然气储量就可能达到 1575 亿桶。菲律宾、马来西亚、文莱、印度尼西亚和越南竞相在南海南部开采油气。在直接卷入南沙争端的国家中,马来西亚在南沙海域中拥有的油气井最多,产量也最高。越南的三大油田——"白虎"、"龙"和"大熊"——提供了越绝大部分的原油产量,对近年来越南迅速增长的石油产量和出口量贡献很大,而这些油田都位于南沙及毗邻海域。东南亚最大的天然气田纳土纳 D——Alpha 现由印度尼西亚开采,该油田位于中国的领海内。东海油气之争始于 20 世纪 60 年代。当时的一项报告认为,东海海域,尤其是钓鱼岛及其附属岛屿周边可能蕴藏大量油气资源。据推算,仅钓鱼岛周边海域的石油储量就高达 1095 亿桶,而天然气储量则可供日本使用 100 年。随后,东海油气之争就在日本、韩国和中国之间展开。自 20 世纪 70 年代以来,东海油气之争还诱发了中日双方关于东海的海底资源之争,并加剧了钓鱼岛及其附属岛屿的领土主权归属的争端。

东亚国家妥善解决海上能源争端,需要加强对话,达成共识,明确共同遵循的原则。比如,"搁置争议、共同开发";和平协商,排除武力;区内合作,自己解决;共同承诺并维护海上运输安全;等等。

4.加强节能和新能源开发的合作

日本、韩国在环保、节能、可再生资源生产等方面技术先进、经验丰富。把这些先进的技术、经验在东亚地区推广,可以减缓区内能源危机的压力,提高区内能源安全系数。中国以煤炭能源消费为主,造成严重的环境污染和能源使用效率低下,应该加强同日本、韩国合作,引进先进的节能技术,以便在今后一二十年大幅度提高能源利用效率,其效果不下于开发出若干个超级大油田。

东盟大部分国家处于热带雨林,盛产木薯。目前东盟国家把大量木薯出口到欧洲作为工业原料。由于没有定价权,木薯价格低廉,再减去长途运输的费用,东盟国家基本无利可图。所以在这些方面合作的空间很大。

第三节　推进东亚金融与货币合作

对于东亚经济一体化而言,如果说能源合作就像物质粮食对于生命那样重要,那么金融合作就像血液对于生命的意义一样重大。货币合作是金融合作最重要的领域,而且东亚金融合作以货币合作成绩最显著,因此,这里着重讨论货币合作。

一、加强东亚货币合作的必要性和可行性

在 2001 年上海 APEC 会议期间,美国著名经济学家罗伯特·蒙代尔曾预言,10 年后世界将出现三大货币区,即欧元区、美元区和亚洲货币区。他认为亚洲或者亚太地区建立一个统一货币是大势所趋。亚洲实行统一的货币,可以增加亚洲经济在世界范围内的影响,同时又能抵制美元对亚洲经济的影响。他认为亚洲区域内的贸易量目前已经超过世界总贸易量的50%,如亚洲不能实行一种共同货币,就必须以第三国的货币作为贸易支付手段,这无形中加大了交易成本和金融风险。加强东亚货币合作的必要性和可行性,可以从如下四个方面来理解。

1.加强东亚货币合作是确保东亚金融安全、稳定和健康发展的需要

1944年布雷顿森林体系的建立,标志着世界进入以美元为本位的货币体系。虽然20世纪70年代布雷顿森林体系已经崩溃,但是,除了日本,其他国家和地区货币依然与美元维持相对固定的比价关系。应该说,20世纪后期在东亚经济欠发展和处于发展起步阶段,维持本国货币与美元之间相对固定的比价关系,对于减少投机资本对东亚地区货币汇率的干扰,对于稳定东亚地区物价,对于吸引外来资金和促进对外经济发展等,都有积极意义。但是,应该看到,普遍钉住美元汇率制度的东亚货币体系存在严重依赖性,缺乏独立性,容易遭受外部冲击。一方面,一旦东亚地区金融发生动荡、危机,东亚各国无力自保自救,只能受制于美国和国际货币基金组织。1997年东南亚金融危机的教训已经给东亚敲了警钟。另一方面,一旦美元地位发生动摇,东亚地区就会成为美元的牺牲品。由美国次贷危机引发的金融危机爆发后,美国推行数量宽松货币政策导致金融危机迅速向全球蔓延,东亚地区遭受巨大冲击而付出了沉重代价,尤其是拥有巨额美元储备的中国、日本、韩国已经成为美元体系的最大受害者。因此,如何摆脱高度依赖美元而造成的敏感性和脆弱性,建立东亚相对独立的货币体系,提高抗风险能力,应该成为东亚的共识。这也是东亚金融安全、稳定和健康发展的重要保障。

2.加强东亚金融货币合作是东亚经济持续发展繁荣的需要

经济贸易、投资的发展是推动金融货币合作的重要力量。自从20世纪60、70年代以来,东亚地区经济联系、合作加强,特

别是 2001 年中国加入 WTO 以来,中国经济保持快速发展,进出口额大幅增长,大大推动了东亚地区经贸投资的合作与发展,日本、东盟、韩国分别成为中国第三、第四、第五大贸易伙伴。2007年,中国开始成为韩国最大贸易伙伴。现在中国又成为日本、东盟的最大贸易伙伴。与经贸合作迅速发展相比,东亚金融合作显得滞后。在现代市场经济充分发展的今天,经济稳定、健康发展与安全有效的金融货币体系分不开。随着东亚地区经济相互依存性提高,经济一体化的不断加强,迫切要求加强东亚金融与货币合作。加强东亚金融货币合作,建立相对独立、稳定、安全的东亚金融体系,可以减少各国汇率的波动风险和投资贸易的成本,扩展东亚投资贸易空间,进一步推动东亚经济合作、发展与繁荣,加快经济一体化进程。

3.加强东亚货币合作是推动建立公正、合理国际金融货币体系,提高东亚在国际经济舞台的地位的需要

2008 年金融危机爆发,美国为维护自身的最大利益而实行极不负责任的货币政策,使人们加深认识现有的国际金融货币体系存在严重问题。世界银行和国际货币基金组织(IMF)未能有效解决当前国际经济面临的问题,新兴的 G20 国首脑峰会雷声大雨点小,缺乏实际性的举措,没能推动现存国际金融机构和货币体系的根本性改革,"金砖国家"更是力不从心。还必须看到,欧元的诞生、扩展和美洲地区美元化浪潮的兴起,对东亚在国际金融货币体系的地位十分不利。这从官方外汇储备比重构成数据可以一管窥豹。截至 2008 年年底,在全球外汇储备结构中,美元资产约占 64%,欧元资产约占 27%,英镑资产约占 4%,日元资产只占 3%。尽管欧元目前面临巨大困难,但是欧元不可能崩溃。从长远来看,欧元不但必然成为重要国际储备货币,

而且在国际储备货币的地位还将提高；而且可能形成欧元货币联盟，并扩大至东欧、地中海国家。在金融危机的冲击下，美元霸权受到挑战，但是美元作为最主要的国际储备货币的地位还不可替代，而且美元在中美洲、南美洲的影响有进一步扩大之势。在这样一种环境和发展态势下，只有加强东亚金融与货币合作，建立东亚金融货币秩序的制度性安排，才能摆脱东亚对美元、欧元的依赖性，提高东亚对国际金融货币体系建设的发言权，推动建立公正、合理国际金融货币体系，才能提升东亚在国际经济舞台的地位。

4.加强东亚金融货币合作条件成熟，机遇难得

1997年东南亚金融危机和2008年国际金融危机，使东亚国家对加强金融货币合作的重要性加深了认识，增进了共识。十多年来的探索、尝试也为进一步加强东亚金融货币合作积累了经验。更重要的是世界经济重心东移，新兴经济体多数在亚洲，东亚经济保持快速发展，成为世界经济新的增长中心，内部经贸关系日益加强，一体化趋势不可阻挡，为加强东亚金融货币合作创造了良好的条件环境。此外，美元遭受挑战，美国经济实力削弱，欧元也处于困难时期，这是加强东亚金融货币合作，建立东亚金融货币秩序制度性安排，形成东亚相对独立金融货币体系的大好良机。过去东亚金融货币合作、经贸合作，经常由于遭到美国的干预、反对而无疾而终。这次国际金融危机在世界金融中心美国爆发，对美国的冲击前所未有。在今后一个较长的时期，美国需要恢复元气，不可能像过去那样随心所欲，指手画脚。东亚国家如果能达成共识，拿出切实可行的方略，东亚金融货币合作一定能鲜花盛开，硕果累累。

二、东亚货币合作的探索与尝试

早在 20 世纪 70 年代,日本随着经济发展、壮大,积极推动日元走向国际化。当时有日本学者提出建立以日元为基础的东亚货币秩序。但是,后来由于美国出手,迫使日元对美元大幅升值,最后导致日本经济泡沫破灭,"日本奇迹"戛然而止,日元主导的东亚货币秩序的梦想随之破灭。

东盟内部的货币合作较早,可追溯到 1977 年签署的东盟五国货币互换安排(ASA)。当时的五个签约国分别为印度尼西亚、菲律宾、马来西亚、新加坡和泰国,目的是向面临短期国际收支困难、需要短期流动性的签约国提供资金,以此增强该地区的金融稳定性。初始签约金额是 1 亿美元,到 1978 年增加至 2 亿美元。该项货币互换安排使用很少,在 1979 到 1985 年间,菲律宾使用过 5 次,合计金额 3.4 亿美元。印度尼西亚、马来西亚和泰国各使用过 1 次,金额分别为 2000 万美元、400 万美元和 8000 万美元,之后没有再使用过。东盟的货币互换协议虽然在东南亚金融危机期间没有发挥作用,却为东亚货币合作提供了一种可供选择的合作模式。

1997 年亚洲金融危机后,东亚货币合作进程加速。1997 年 9 月,日本大藏省大臣宫泽喜一提出建立"亚洲货币基金"(AMF)的倡议,设想由中国、日本、韩国及东盟各国组成一个组织,共集资 1000 亿美元,为遭受货币危机的国家提供援助。但由于美国政府、国际货币基金组织强烈反对而搁浅。1998 年 10 月,宫泽喜一又倡议建立亚洲基金,即所谓"新宫泽构想",设想亚洲基金总额为 300 亿美元,其中 150 亿美元用于满足遭受危机国家的中长期资金需求,150 亿美元用于满足其短期资金需求。新宫泽构想受到东亚国家的广泛欢迎。

1999 年 10 月 18 日，在"东亚经济峰会"上，马来西亚总理马哈蒂尔提出建立东亚货币基金（EAMF）的倡议。他主张从东亚开始进行多边协议，然后逐渐扩大到亚洲其他国家或地区。他倡议建立的东亚货币基金规模比国际货币基金小，是一个完全属于东亚地区的基金。总体来说，国际社会对东亚货币基金的建议反应并不强烈。

2000 年"10＋3"财长在泰国清迈共同签署了建立区域性货币互换网络的协议，即《清迈倡议》。决定扩大东盟原有货币互换网络的资金规模，并号召东盟国家及中、日、韩在自愿的基础上，根据共同达成的基本原则建立双边货币互换协议，以便在一国发生外汇流动性短缺或出现国际收支问题时，向协议国申请应急外汇资金，以解决流动性、稳定金融市场。

2003 年 6 月，亚洲合作对话第二次外长会议宣布，正式启动总额为 10 亿美元的亚洲债券共同基金。这表明亚洲国家和地区开始以合作的姿态共同抵御金融风险，并为本地区高速增长的经济寻求更为安全的投资方式。之后，亚洲债券市场一直是东亚货币金融合作的重要议题。旨在开发区域性债券市场的"亚洲债券市场倡议"（ABMI），目前正在热烈的探讨之中。所谓亚洲债券，有广义和狭义两种。广义的亚洲债券，是指在亚洲发行并进行交易的债券；而狭义的亚洲债券，则是指由亚洲的各种机构（亚洲各国的政府、企业和金融机构）所发行的、以亚洲的货币为面值并在亚洲的金融中心（东京、香港和新加坡等）发售、交易和结算的债券。这里特指狭义的亚洲债券。"亚洲债券市场倡议"呼吁深化东盟、中国、日本和韩国之间的区域性债券市场，促进跨境发行与投资。目前，有关国家已组成了若干个研究小组，就建立区域性债券市场的各种相关问题，例如资产支持证券、主权债券发行、信用保证、信用评级和清算系统等,进行考察和风险评估,使得"亚洲债券市场倡议"成为继"清迈倡议"之后东亚区域金融合作的中心议题。

2008年金融危机以后,中国先后同韩国、马来西亚等国签署了扩大本币双边货币互换协议,总金额达6600亿人民币。中国还与包括越南、缅甸等国在内的周边8国签订了自主选择双边货币结算协议,推进人民币区域化。2009年2月和3月,中国分别与马来西亚和印度尼西亚签署了双边货币互换协议,互换规模达到1800亿元人民币,以支持双边贸易及直接投资等。7月,中国最终确定将东盟国家作为开展跨境贸易人民币结算的境外试点地域,东盟成为人民币国际化的重要地区。截至2008年底,中国与泰国、菲律宾、马来西亚、印度尼西亚等国,签署了总额达230多亿美元的互换协议。

为了进一步推动区域货币合作,2007年5月,"10+3"财长会议同意建立共同外汇储备库。外汇储备库的建立把《清迈倡议》提出的区域性货币互换合作向前推进一大步,从双边资金救助发展到多边资金救助。外汇储备库成员国承诺将本国外汇储备的一部分作为区域储备资金,平时由各成员国自己管理,发生金融危机时,各成员国同意动用外汇储备库资金救助区域内危机。2008年5月,东盟10国与中、日、韩就建立800亿美元的外汇储备库达成协议。2009年5月,"10+3"财长发表联合公报,宣布将外汇储备库规模扩大到1200亿美元,其中中国、日本各出资384亿美元,分别占总额的32%,韩国出资192亿美元,占总额的16%,东盟10国承担剩余的20%。2010年3月24日,外汇储备库正式生效。外汇储备库的建立标志着东亚货币合作迈出了重要一步。

东亚货币合作已经做了许多有益的探索与尝试，但是也存在很多不足，主要是合作规模太小，资金有限，而且缺乏协调和统一管理的机制，缺乏法律约束力，操作性不强，一旦出现较严重的问题往往显得无能为力。比如，韩国受 2008 年金融危机冲击而出现融资困难时，并没有启动《清迈倡议》的双边货币协议，而是在 2008 年 10 月与美国签订了 300 亿美元的双边货币互换协议，以稳定国内金融市场。

关于东亚货币与金融合作的研究还有很多，特别值得一提的是，清华大学国际问题研究所主办的清华大学国际安全论坛，于 2010 年发表了题为《构建 A3 货币联盟——邻国合作互助胜于全球金融改革》的研究报告，提出 A3 货币联盟的设想，很有参考价值。①

三、东亚货币与金融合作必须走"东亚化"道路

东亚货币金融合作具有危机驱动的特征。1997 — 1998 年东南亚金融危机催生了清迈协议。2007 年美国次贷危机引爆的国际金融危机扩大了双边货币互换，催生了东亚外汇储备库。受历史、地缘政治与宗教文化问题困扰，东亚地区要达成统一的货币金融政策非常困难，东亚的特点决定东亚货币金融合作不

---

①　A3 货币联盟是关于中日韩三国货币合作的构想，包括 A3 货币联盟目标、基本原则、组织机构建设、三步战略等的内容，该报告全文分三期在《21 世纪经济报道》2010 年 6 月 24—26 日第 2 版上刊登。A3 货币联盟目标包括建立三国汇率协调机制，为贸易发展提供稳定的货币秩序；建立资本流动的监管机制，防范金融风险；建立共同的外汇储备管理机制，避免金融资源的浪费；建立国际收支失衡的管理机制和危机发生后的救援机制。A3 货币联盟的基本原则包括大国先行合作；合作机制化；渐进式扩大。该构想建议成立三国货币委员会，作为推动货币联盟建设的组织机构。并设计了初级合作、中级合作和高级合作的三步发展战略。

能照搬欧元的模式,必须探索走自己的路。

1.东亚货币金融合作首先要明确合作的目标

东亚货币金融合作的目标主要是:解决东亚各国贸易支付手段,推动东亚投资贸易自由化、便利化;建立和完善东亚金融协调管理机构、协调机制,提高协调能力和融资能力,推动投资促发展;加强东亚金融协调、监管能力,维护金融市场稳定,增强金融危机救助能力;形成东亚相对独立的金融货币体系,提升东亚经济在国际金融体系的地位和影响力。

2.从具体业务开始,加强合作,循序渐进,是积极稳妥推进东亚地区货币合作的基本思路

第一,扩大货币互换规模。

形成货币互换机制,可以将互换资金用于双边贸易融资中,从而大大消除汇率风险,降低成本,促进贸易投资,推动各国经济增长;同时可以较好解决短期流动性问题,维护金融市场稳定。1997年东南亚金融危机后,东亚积极探讨、推进货币互换,特别是2008年全球性金融危机爆发以来,东亚货币互换的步伐加快,取得显著成效。在当前全球经贸增长乏力,外汇市场波动加剧,贸易投资萎缩的形势下,东亚要以更加积极的态度探索、创新货币互换的内容,扩大货币互换规模,逐步实现区内贸易和直接投资用本币结算。

第二,建立东亚版的货币基金。

东亚外汇储备库比双边货币互换前进了一大步,但是它的功能依然主要是解决流动性问题,即当成员国出现国际收支失衡时,提供紧急资金救助。它不是货币基金,没有统一的监管机构、制度和机制,离有效的多边货币合作还很远。为了进一步加强东亚货币合作,提高东亚抗风险能力,应该积极探索建立东亚

货币基金。在东亚货币基金开始运转以前，可以扩大东亚外汇储备库，以提高外汇储备库危机救助能力。建立东亚货币基金可以学习、借鉴国际货币基金一些成功的经验，还要体现和符合东亚的特点，比如更多地体现各成员国的平等权益，更多地体现经济大国强国的贡献精神。

第三，探索建立东亚货币单位。

东亚要建立相对独立、有效的国际性货币体系，需要解决本位货币、汇率机制和国际经贸失衡时的流动性供给问题。从《清迈倡议》到外汇储备库，只是有限度地降低了汇率风险，部分解决了国际经贸失衡时的流动性供给问题。如果不解决本位货币问题，东亚就难以建立相对独立的区域货币体系。如何才能解决东亚本位货币，以摆脱对美元的严重依赖？以东亚某个国家的货币作为东亚本位货币不可行，因为目前没有哪个国家的货币有这种能力；就算某个国家的货币有这种能力，其他国家也不会乐意接受，这是东亚地区的复杂性使然。像欧洲推出欧元那样推出亚元也没有可操作性，欧元模式不适合东亚的水土。前面介绍的"构建A3货币联盟"的构想可能遭受东盟的反对。我们认为探索、建立东亚货币单位是明智的选择。一是国际社会阻力不大。1999年10月18日，马哈蒂尔在"东亚经济峰会"上提出建立东亚货币基金（EAMF）的倡议，国际社会对此没有强烈反应。二是有些经验积累。亚洲开发银行曾经编制和公布过亚洲货币加权平均值的亚洲货币单位（ACU）。三是在东亚13国容易通过。东亚货币单位不是一种真的货币，而是一篮子指标体系。具体做法是：以东亚13国为基本成员，根据各成员国的GDP和贸易额等指标加权后形成东亚货币单位。以东亚货币单位作为东亚国家的货币锚，成员国的货币钉住该货币单位,在一定的目标范围内上下浮动或直接钉住商定的汇率。

第四,大力发展东亚债券市场。

目前,东亚债券市场已经取得一定的成绩,信用担保与投资机制的初步建立,但还需要有更多的建树。2009 年日本外汇储备超过 1 万亿美元,中国外汇储备超过 2 万亿美元。东亚有很强的金融实力,当务之急就是加强东亚资本市场的制度建设,逐步建立以东亚货币结算的东亚统一融资市场。发展亚洲债券市场,有助于吸收亚洲各经济体的大量外汇储备,防止大量资金在投向美国和欧洲市场后又回流的不利状况,将地区的储蓄保持在该地区使用,使本地资金用于本地经济发展,可以防范金融危机。同时,通过发展亚洲债券市场,鼓励区内贸易和直接投资使用区内货币结算,减少区内大量使用美元的情况,有助于推进亚洲的经济合作。

第五,加强东亚资本市场制度建设,提高对资本市场的协调和监管能力。

加强东亚各国金融信息的交流,放宽东亚各国相互之间资本市场的准入条件,促进区内资本流动,提高资本市场的效率与质量。逐步建立东亚各国监管机构之间、交易所之间和行业协会之间的双边或多边定期磋商机制;研究、制定与亚洲经济发展水平和金融开放程度相适应的跨境交易、共同监管制度;建立东亚区域范围的信用评级机构,合理评定各种信用风险等。

中美两国通过与日本在东亚地区的合作，能够创造该地区的稳定局面，这有利于该地区经济的共同发展。①

——美国前助理国防部长约瑟夫·S.奈

第九章　美国:中国东亚经济战略的重要国际因素

从近代开始，东亚经济以殖民经济的方式融入世界经济体系。20 世纪 50 年代以来，东亚承接了发达国家三次产业转移，成为世界产业链条的一环，与世界经济体系紧密相连。中国东亚经济战略需要考虑的国际因素很多。目前，对东亚影响最大的国际性经济组织有亚太经济合作组织②和上海经济合作组织。③ 同东亚经济联系密切的国家地区遍及全球，包括

---

① 引自陈舟:《美国的安全战略与东亚——美国著名国际战略专家访谈录》，世界知识出版社 2002 年版，第 10 页。

② 亚太经济合作组织(Asia-Pacific Economic Cooperation,简称 APEC)是亚太地区最具影响的经济合作官方论坛。1989 年 11 月,澳大利亚、美国、加拿大、日本、韩国、新西兰和东盟 6 国在澳大利亚举行亚太经济合作会议首届部长级会议,标志着亚太经济合作会议的成立。1993 年 6 月改名为亚太经济合作组织。1991 年 11 月,中国以主权国家身份,中国台北和香港(1997 年 7 月 1 日起改为"中国香港")以地区经济体名义正式加入亚太经合组织。目前,亚太经合组织共有 21 个成员。

③ 2001 年 6 月 15 日,由中国、哈萨克斯坦共和国、吉尔吉斯共和国、俄罗斯联邦和塔吉克斯坦共和国在上海成立的国际区域合作组织。该组织经济合作的

北美、欧洲、中亚、南亚、澳洲、南美洲、非洲国家等等。但是,作为世界超级大国的美国对东亚的影响最大。所以,美国是影响中国东亚经济战略的最重要的国际因素。

第一节 美国对东亚影响重大

美国地处大西洋和太平洋之间,由于其特殊的地缘关系和强大实力,美国是西方国家中对亚洲最为关切、影响最大的国家。

一、美国对东亚的影响由来已久

美国是西方列强中较早进入中国的国家之一。1844 年,美国借鸦片战争之机与清政府签订《望厦条约》,在通商、外交等方面获得享有与英国同等的权利。1853 年,美国海军打开日本大门,并于次年与日本签订《日美亲善条约》。1858 年,美国又与日本签订《日美友好通商条约》,取得自由贸易权、关税协议权、领事裁判权等一系列殖民特权。1898 年美西战争后,美国占领了菲律宾,开始向亚洲扩张。美国在亚洲扩张的基本信念是,主要运用商业和技术来扩大影响和获得利益。19 世纪中期曾先后担任纽约州州长、美国国务卿的西华德指出,美国的领土

宗旨是:加强各成员国之间的相互信任与睦邻友好,鼓励各成员国在政治、经贸、科技、文化、教育、能源、交通、环保及其他领域的有效合作,共同致力于维护和保障地区的和平、安全与稳定;建立民主、公正、合理的国际政治经济新秩序。合作内容包括机制建设、规划发展战略和推动项目合作三个方面。目前五国在超过 11 个重要领域有 100 多项目合作。

已经够大了,美国下一步要进行的是技术和商业的扩张。19世纪末担任美国总统的麦金莱表示,他最大的雄心就是让美国取得世界市场的霸权地位。基于维护自由市场的理念,美国在远东明确而具体地提出了"门户开放"的政策。1868年,美国驻华公使劳罗斯向美国政府建议同英国合作,强调要"保持中国领土和行政的实体,保护由条约和国际法所保证于各友好国家的一切权利,保障全世界与中华帝国各部分进行同等的公平贸易的原则"。1903年,西奥多·罗斯福总统提出:"我们必须保证通往东方的商路畅通。为了确保我们的终端市场,我们必须尽力防止亚洲市场对我们关闭。"①美国强调在中国坚持门户开放和工商业机会均等的原则,一个重要的原因是美国是后发展起来的发达国家,不可能像老牌资本主义国家那样瓜分亚洲国家领土;而且美国经济实力的强大,门户开放政策对美国最有利。抗日战争时期,美国成为中国最大贸易伙伴,1946年美国占中国对外贸易总额的61.4%,②1948年,美国在华投资占各国在华投资的80%。③

运用商业特别是文化交流来扩大影响和获得利益,是美国远东策略的特色。庚款留学就是其中一个范例。1906年年初,美国伊利诺伊大学校长爱德蒙·詹姆士,给总统西奥多·罗斯福送了一份备忘录,要求美国政府加速吸引中国学生到美国留学。同年3月6日,美国传教士明恩溥到白宫进谒罗斯福总统,

① 孔华润:《剑桥美国对外关系史》(上),王琛等译,新华出版社2004年版,第471页。

② 陈争平、龙登高:《中国近代经济史教程》,清华大学出版社2002年版,第339页。

③ 参见中国人民大学政治经济学系:《中国近代经济史》,人民出版社1978年版,第146—150页。

建议总统将中国清政府的庚子赔款退还一部分,专门用于开办和津贴在中国的学校。1907 年明恩溥发表《今日的中国和美国》一书,他在书中指出,应该多让一些中国知识分子去美国留学。1907 年 12 月 3 日,罗斯福在国会施政报告中宣布:"我国宜实力援助中国推进教育,使这个人口众多的国家能逐渐融合于现代世界,援助的方法,宜将庚子赔款退赠一半,招导学生来美,入我国大学及其他高等学校,使他们修业成材。"①1908 年 5 月 25 日,美国国会通过罗斯福的咨文。同年 7 月 11 日,美国驻华公使柔克义向中国政府正式声明,将美国所得"庚子赔款"的半数退还给中国,作为资助留美学生之用。庚款留学为中国培养了一大批政治家、科学家和实业家,为中国近代特别是民国时期良好的中美关系奠定了基础。近年来,随着美国硬实力的相对下降,对软实力的作用更加重视。美国新自由主义代表人物约瑟夫·奈教授将软实力称为"巧实力"(smart power),意为"智慧的强权",主张将"软实力"与"硬实力"巧妙结合起来,综合运用国家的所有资源为美国的全球战略目标服务。例如,奥巴马政府"巧实力"外交政策突出表现在两个方面:一是从单纯依靠军事手段到综合运用军事、政治、经济、文化等多种手段;二是从单边主义到多边主义。

二、美国对东亚有着决定性的影响

正如布热津斯基所指出,不管目前美国存在什么样的困难,但是美国仍然是一个全球性超级大国。他说:"总之,美国在全球力量四个具有决定性作用的方面居于首屈一指的地位。在军

---

① 引自程新国:《庚款留学百年》,东方出版中心 2005 年版,第 15 页。

事方面,它有无可匹敌的在全球发挥作用的能力;在经济方面,它仍然是全球经济增长的主要火车头,即使它在有些方面已受到日本和德国的挑战(日本和德国都不具有全球性力量的其他属性);在技术方面,美国在开创性的尖端领域保持着全面领先地位;在文化方面,美国文化虽然有些粗俗,却有无比的吸引力,特别是在世界的青年中。所有这些使美国具有一种任何其他国家都望尘莫及的政治影响。这四个方面加在一起,使美国成为一个唯一的全面的全球性超级大国。"①美国凭借它与亚洲国家的双边安全同盟和前沿驻军以及经济上的相互依赖关系,深度介入东亚地区事务。甚至可以认为,任何制度化的东亚地区合作没有美国的赞同几乎不可能达成。最明显的例子是,1993年马来西亚提出组建"东亚经济集团"构想,由于遭到美国强烈反对而夭折。鉴于美国与东亚深厚的政治、经济和安全联系,美国的东亚战略对东亚的影响是有决定性的,美国广泛地参与东亚地区事务是不可避免的,在某些领域甚至是必需的。因此,美国将是东亚不可或缺的力量,任何国家的东亚战略都不能不考虑美国的亚洲战略。

1.美国仍是吸纳东亚终端产品的最大市场,是东亚外来投资的重要来源。虽然东亚国家自20世纪90年代以来逐渐采取市场多元化战略,以减少对美国市场的依赖,但总体上看东亚国家对美国的经济依赖仍然很大。以出口为例,1990—2004年,除了日本以外的东亚国家,对美国的出口占其出口总额的比例虽然逐年下降,但仍然高过对欧盟的出口。美国同样是亚太外

---

① 兹比格约·布热津斯基:《大棋局——美国的首要地位及其地缘战略》,中国国际问题研究所译,上海人民出版社1998年版,第32—33页。

来直接投资的主要来源国。1990 至 2004 年间,美国在亚太国家和地区的直接投资从 647.16 亿美元增加到 3901.1 亿美元,其中在日本、新加坡、韩国、中国香港和中国内地的投资分别达到 802.46 亿、569 亿、437.43 亿、173.32 亿和 154.3 亿美元。2010 年中美双边贸易额超 3800 亿美元,美国对华直接投资累计超过 652.2 亿美元,是中国最大外资来源地之一。2010 年日美贸易额达到 2056.7 亿美元。美国长期作为世界最大的出口市场,在日本、亚洲“四小龙”、东盟以及中国的高速发展中发挥了重大作用,中日韩经济至今仍然在很大程度上依赖对美出口,美国一直是日本排名前列的出口市场,是中韩两国的第二大出口市场。

2.美国掌握世界高科技的核心技术,东亚对美国科学技术依赖性较强。研究与开发投资不断增加是美国科技创新的强大基础,美国的研发开支占世界研发总开支的 40%。1998 年美国研究与开发投资达 2206 亿美元,2010 年超过 2800 亿美元。美国申请的专利占世界专利总数的 38%,出版物数量占世界的 35%,在引用的出版物中,源自美国的占 49%,70%的诺贝尔奖金得主在美国工作,全球顶尖级大学超过一半在美国。2011 年2 月,中国科学技术发展战略研究院发布《国家创新指数报告》显示:以美国创新指数 100 计算,中国创新指数为 57.9,在全球 40 个科技实力较强国家中排名第 21 位,美国、瑞士、韩国和日本分居第一至四位。2011 年版“IT 行业竞争力指数”报告显示,美国在整体竞争力方面继续雄踞榜首,而中国的排名是第 38 位。

3.美国的军事力量的存在和双边安全同盟是影响东亚地区安全的重要因素。特别是美国拥有实施大规模海运和空运的能力,可以为亚太地区提供安全上的公共产品,如打击海盗,维护海上安全等。美国与大多数东亚国家保持良好关系,日本与美国有同盟关系,《美日安保条约》是美国远东战略的基石。美国与韩国有保护和被保护关系,美韩军事合作增强了美国在朝鲜半岛和远东的军事影响力。新加坡是美国在亚洲的一个军事支撑点,美国在新加坡有永久性基地。菲律宾是美国在东南亚的传统盟友,双方签有《共同防御条约》、《共同防御援助协议》等安全协议。

第二节　美国的亚太战略

既然美国对东亚有如此重大的影响,思考中国东亚经济战略就必须了解美国的亚太战略。二战以来,美国亚太战略的发展有两个显著的特点:一是美国亚太战略从政治安全为主发展到政治、经济、文化和环境保护等全方位的介入;二是亚太日益成为美国全球战略的重心,而且经济战略的地位明显上升。

一、美国亚太经济战略发展历程

二战后,美国取得了领导世界的地位,开始形成一个完整的全球安全战略。在冷战时期,社会主义和资本主义两大阵营对峙,美国亚太战略的核心是:以对安全问题的关注为重点,在强化与盟国军事合作关系的同时,不断提高它对地区事务的影响力,借此保持其在亚太地区总体战略格局中的优势地位。

苏东解体后,美国亚太战略有了新的变化,一个引人注目的现象是,虽然欧洲仍然是美国战略重点,但是东亚地位开始明显上升。美国逐渐淡化冷战思维,提升东亚地区在未来世界中的战略重要性,并加大对这一地区在经济方面的关注和投入。早在 1989 年,美国国务卿贝克就提出了建立包括美国、日本在内的"泛太平洋经济联盟"的构想,主张依据市场经济和自由贸易的原则,促进亚太经济合作新机制的形成。克林顿政府认为,亚太地区的经济繁荣和市场开放是美国经济增长的关键。1992年 2 月 25 日,国防部长切尼向国会提交的《国防报告》中,将美国新的国家安全战略正式命名为"地区防务战略",这标志着美国战后长期执行的、以对抗苏联为目的的冷战型"遏制战略"彻底终结。至此,作为美国的亚太战略重要组成部分的"太平洋共同体"战略构想初步成型。1994 年美国《国家安全战略报告》明确指出,"东亚是一个对美国的安全和繁荣越来越重要的地区,在其他任何地区我们三管齐下的战略都没有像这一地区那样紧密相连,要求美国继续参与的需要也没有像这一地区那样明显,安全、开放市场和民主观比以往任何时候都更加同我们对这一具有活力的地区的态度密切相关。"1997 年奥尔布赖特接任国务卿后多次重申美国对亚太地区的重视,认为"世界上没有一个地区比亚太地区对美国的利益或未来世界的稳定与和平具有更重要的意义"。

1998 年 11 月美国公布了冷战后第四份《东亚战略报告》,报告指出美国在东亚地区的目标是促成一个稳定、安全、繁荣和和平的社会,使美国成为其中积极的参与国、伙伴和受益者。报告强调美国将继续在亚太保持具有威慑力的驻军的同时,指出了与东亚国家联盟关系的重要性。这其中包括加强美日同盟;与韩国建立持久安全合作伙伴关系;加强与泰国的联盟关系;巩固与菲律宾的联盟关系;与中国进行全面接触;扩大与东南亚的合作等。2006 年 12 月,美国商务部长古铁雷斯发表讲话指出,亚洲是美国对外经济极其重要的地区,而中国和韩国是美国重要的出口市场。

2008 年,奥巴马在竞选讲演中就提出"世界的引力中心正在向亚洲转移",上任以来更加重视亚洲。2009 年,奥巴马在东京作了"美国重返亚洲"的演讲,强调美国为亚太地区国家,宣称今后要把外交重心放在亚洲地区,从单纯的军事部署扩展到外交、经贸、气候变化等各个领域,加强与中国、印度等亚洲新兴国家在安全、经济、环保等各领域的对话合作。

二、美国亚太战略的目标

美国在东亚地区最大、最深层面的目标是,确保美国在亚太地区的领导地位,维护美国在亚太地区的利益,首先是经济利益。为此,美国千方百计阻止东亚出现可能挑战其领导地位的国家或集团。但是,从表面来看,美国的亚太战略却以确保亚太地区的贸易投资自由化和集体安全保障为目标。

随着世界多极化趋势和亚洲经济发展,美国在亚洲的战略利益上升。2008 年亚洲主要经济体(含日本)GDP 占全球份额增加到 19%,而美国份额下降到 18%。美国 48% 的进口和 42% 的出口都在亚太地区,而美国与欧洲的贸易额只占美国外贸总额的 20%。亚洲主要经济体外汇储备居世界前列,合计持有美国国债约占美国国债总额的 1/6。正如美国国务院东亚和太平洋事务助理国务卿克里斯托弗·希尔所指出的,"世界上没有其他地方比东亚—太平洋地区对美国具有更大的潜在利益和挑战了……在地缘政治、军事、外交、经济和商业等各个方面,东亚对美国的国家安全利益都至关重要。"①

　　为维护美国在亚太地区的战略利益,美国极力防止潜在对手的崛起,以巩固其在亚太地区的领导地位。正如亨廷顿所说:"假如中国企图主宰东亚,美国会反对,就像美国会反对日本主宰东亚一样。"② 1991 年 11 月 8 日,贝克发表了题为《美国在亚洲:构筑一个太平洋共同体》的论文,详细阐述了美国"以美日为中心、在一个太平洋共同体中推进市场经济、民主化和集体安全保障"的方针。同年 11 月 11 日,美国前国务卿贝克访日,并与日本时任外务大臣渡边美智雄进行了会谈,再次主张"不管以什么形式,意欲在太平洋上画线的做法是绝对不允许的。这是一种企图将太平洋分为两部分、使美日两国同盟关系分裂的做法"。美国提出"以美日为中心",作为交换条件,要求日本不谋求在东亚地区的独立领导地位。对此,渡边美智雄承诺"美国没有加入的组织,日本决不会加入"。为保证美国在东亚的战略地位,美国的策略是,一方面千方百计阻止东亚国家经济一体化,形成统一的整体性力量;另一方面是想方设法遏制中国发展东亚地缘经济、政治。

　　美国是世界上头号强国,是现成国际经济体系、规则的最大受益者,一个全开放的亚太市场对美国最有利。因此,美国可以高姿态地大力推动亚太地区贸易和投资的自由化,以确保一个对美国开放的大市场。亚太经合组织是美国政府介入亚太事务

---

　　① Christopher R. Hill, "East Asia in Transition: Opportunities and Challenges for the United States", Statement to the Asia and the Pacific Subcommittee of the House International Relations Committee; Washington, DC, March 8, 2006, available at: http://www.state.gov/p/eap/rls/rm/62755.htm.

　　② 陈舟:《美国的安全战略与东亚——美国著名国际战略专家访谈录》,世界知识出版社 2002 年版,第 10 页。

的有力工具,美国以此为平台积极倡导并广泛参与亚太地区的经济合作,以推进更加开放的亚太经贸体系的建立。美国对马来西亚领导人马哈蒂尔提出的"东亚经济论坛"的态度,表明美国对不包括它在内的地区合作模式甚为反感,美国全力反对任何将其排斥在外的东亚合作组织的存在。2005 年 3 月 19 日,美国国务卿赖斯在日本东京索菲亚大学发表演讲,特别提到"开放与选择"以及"太平洋共同体",她说:"亚洲和太平洋共同体的未来将建基于两大主题:开放和选择。我们支持建设一个开放的世界,而不是封闭的社会或封闭的经济体;我们支持建设一个对所有国家开放的共同体,而不是一个排他的强国俱乐部。各国都必须作出抉择,决定是否成为开放的共同体的成员,并接受相应的责任选择。美国和日本都已经作出了这样的抉择。"①

三、美国对东亚各国的态度

美国的亚太经济战略是通过加强与东亚国家的外交关系来实现的,并且在一定程度上从美国对东亚国家的不同态度表现出来,中国东亚经济战略必须对此有深刻的理解。

1.美国视日本、韩国为盟友

第二次世界大战后,美国占领了日本。1960 年,日美安保条约签订,美日结成了同盟关系。冷战时期,日本一直是西方势力在远东的代表。20 世纪后期,日本经济的发展曾对日美关系产生了一些负面的影响,但是也没有改变美日同盟关系的基本格局。1995 年年初,美国国防部发表了《东亚战略报告》,该报

①　Condoleeza Rice.Remarks at Sophia University[EB/OL].http:// www.state. gov/secretary/rm/2005/43655.htm,March 19,2005.

告明确指出,冷战后东亚地区安全的核心仍然是日美安全体制,日美间一时的贸易摩擦不能对日美同盟关系产生不良影响,日美关系应从经济转向以政治安全为轴心。这就表明美国开始调整了对日以经济为中心的政策,重新将政治与安全合作作为对日政策的核心。1998 年美国的新东亚战略发表后,日本政府表示了欢迎。日本外务省首脑说,在强调日美安全保障体制的重要性这一点上,美国同日本方面的认识是一致的,值得肯定。日防卫厅认为,冷战已经结束,但亚洲形势仍不稳定,美国东亚战略写入维持驻守美军,并向以政治和安全保障为中心的日美关系转换的内容,是"理解了日本方面的主张"。为了响应美国的"东亚战略",日本外务省确定了重新确立日美安全体制的方针。

小布什政府曾经指责克林顿时期过于注重发展美中关系,而忽略了美国和日本的传统盟友关系,表示要重新审视新世纪美日同盟关系的发展,将美日关系置于亚太地区的首位。奥巴马政府继续承诺美国对日韩的核保护责任,推行美日韩军事一体化建设和导弹防御系统部署,努力排除日韩对美国与中国、印度的接近,以及美国在亚洲影响力下降的担心,共同遏制中国、俄罗斯崛起。当然华盛顿也明白,由于日本与亚洲邻国关系欠佳,加之在中国崛起背景下日本经济实力的相对下降,东京已无力执东亚一体化之牛耳,注意平衡日本与中国的关系。

2.美国希望与东盟加强伙伴关系

发展与东盟的伙伴关系是美国强化与亚洲特别是东亚的联系的另一重大举措。二战后,美国长期以来与东南亚保持着密切的政治、经济和安全上的联系,尤其在军事安全方面,美国与菲律宾、新加坡、马来西亚、印度尼西亚和泰国均有程度不一的合作。布什执政时期,把反恐和能源问题作为重点,阿富汗战争和伊拉克战争又分散了美国对东盟地区事务的关注。一些东盟国家也对美国的反恐政策和发动伊拉克战争感到不满,美国在东南亚的影响力下降。美国多次建议将东盟论坛改成"亚太地区论坛",以实现轮流坐庄的目的,这显然是对东盟的主导权不满。国务卿赖斯曾两次缺席东盟地区论坛,被批评为"轻视亚洲"。近年来,美国政府的态度发生了很大的变化,美国多次强调与东盟加强伙伴关系。2006 年 7 月,美国与东盟签署了《实施增进东盟—美国伙伴关系的行动计划》,该计划为美国与东盟 2006—2011 年间在政治安全、经济和社会文化等领域开展合作提供了蓝图。为了加强东盟的制度建设能力,2007 年美国为东盟提供 5 年资金。2008 年美国任命了东盟事务大使。2009 年 7 月,美国国务卿希拉里·克林顿高调出席在普吉岛召开的东盟地区论坛部长会议,代表美国签署了加入《东南亚友好合作条约》。奥巴马在 2009 年 11 月与东盟领导人举行了东盟—美国峰会,成为与东盟 10 国领导人会晤的首位美国总统。

3.美国对中国心态复杂,心存戒备

如何应对中国的"和平崛起",是美国在 21 世纪前期面临的最重大的课题。美国对中国经济快速发展有两种看法。一种观点认为,中国市场经济的发展并融入国际性的合作,不仅对美国经济发展意义重大,而且对亚太地区的稳定和世界的和平都是积极的力量。2006 年 12 月,美国商务部长古铁雷斯发表讲话指出,亚洲是美国对外经济极其重要的地区,而中国和韩国是美国重要的出口市场。2005 年美国对中国和韩国的出口额超过 600 亿美元,美国将进一步加强与这两国的经贸关系,扩大美国对两国的出口。中国是美国出口增长最快的海外市场。

2001—2009 年,美对华货物出口额增长 262.8%,是同期美国总体出口增长率(45.5%)的 5.8 倍。所以美国对中国的目标是"经济上继续是(美国的)伙伴,并将成为一个负责任的利害相关者和世界中的正面力量"。另一种观点认为,在所有主要新兴大国中,中国是对美国军事技术和军事力量具有最大潜在威胁的国家,中国军队建设的速度已经打破了东亚地区军事平衡。美国相信"中国既不能容忍美国在亚太地区长期的军事存在,也不会接受美国在该地区的主导权"。所以,美国国家情报委员会曾在报告中指出,随着中国实力的进一步增长,"(2015 年后)强大的中国将根据自己的利益来调整地区力量结构,并不惜冒险与邻国及本地区以外的强国发生冲突"。美国的部分学者甚至认为"中国正在快速崛起成为美国利益的最大威胁,美国与中国的严重冲突可能来得比许多人所愿意相信的更快"。

四、美国亚太战略之策略

美国实现其亚太战略的主要手段包括保持单边军事优势,维护双边安全同盟,对中国、俄罗斯采取接触与防范,建立多边安全机制等。而在经济战略方面,则强调发挥亚太经合组织作用,近年来开始重视参与东亚合作事务。

1.以亚太经合组织为主体推进亚太经济的一体化

在美国的全球战略中,更热心推动亚太地区经济一体化,而不想看到东亚经济一体化。美国一直试图通过亚太经合组织(APEC)来推进亚太地区的一体化,构建以美国为中心的亚太经济秩序。美国国务院负责东亚和太平洋事务的助理国务卿希尔,2006 年 5 月在新加坡的一次演讲中强调,亚太经合组织和东盟地区论坛,是美国与亚洲和东南亚关系的"极其重要的组成部分"①。在 2006 年 11 月的 APEC 会议上,美国总统布什提出建立由 21 个国家、地区参加的亚太自由贸易区。2011 年 11 月亚太经合组织(APEC)檀香山会议期间,美国在会议框架外积极推动"跨太平洋战略经济伙伴关系协定"(TPP)的谈判。TPP 是一个区域性的多边自由贸易协定,其主旨在于降低关税壁垒,全面开放市场。美国国务卿希拉里·克林顿明确表示,把推动 TPP 作为美国重返亚洲战略的重点。美国试图以 TPP 为突破口,建立以其为主导的横跨太平洋的亚太经济合作体系,并由此建立美国主导的"亚太自贸区",进而赢得全球的战略优势。

2.强调双边主义

缺乏多边主义一直是亚太或东亚地区的主要特征。在东亚,美国不支持地区多边主义,而是支持美国与该地区国家之间的双边主义。美国对东亚多边主义并不热心,多年来美国一直不愿签署《东南亚友好合作条约》就是明显的表现。美国在建立"亚太经济一体化"方面的基本观点是,推动亚太地区贸易自由化机制的建立,开拓美国的亚太市场,以此促进亚太政治合作,反对任何排斥美国的亚洲经济政治集团,使亚太地区与北美自由贸易区一样,成为促进美国经济增长的保障。

3.开始参加东亚合作进程

很长一段时间,美国对东亚地区合作持怀疑和观望态度,究竟东亚合作会对美国带来什么样的影响? 美国学界对此有不同的看法。一种意见认为,东亚合作进程对美国影响巨大。美国

---

① Christopher Hill,"The U.S.and Southeast Asia",Remarks to the Lee Kuan Yew School of Public Policy,Singapore,May.

华盛顿政策研究所的爱德华·格雷塞尔就认为,中国领导下的亚洲(至少是东亚)正在形成"一个拥有11万亿美元、类似欧盟的联合体"。另一种意见认为,东亚合作处于起步阶段,而且面临不少难题,因而不必太担心其对美国的影响。美国企业研究所的克劳德·巴菲尔德就认为,虽然亚洲正形成国际舞台上一支重要的经济力量,却面临不少政治、经济、社会乃至历史问题。

在克林顿政府时期美国稍微改变了态度,开始加入多边活动,包括亚太经合组织和东盟地区论坛。从2005年起,美国对东亚区域合作的态度由"战略忽视"转为"积极介入",希望在它的主导下建立一个覆盖东亚的大亚太自由贸易区。早在2004年8月,美国国务卿鲍威尔在接受日本媒体采访时宣称,东亚地区一体化进程不能削弱美国的影响力。他就日中韩及东盟(ASEAN)联合推进的"东亚共同体"构想发表意见时说:"如果美国同地区各国间的双边关系在任何方面都不会遭到破坏,那么各国可以自由加入这一组织。"①鲍威尔的讲话被认为是美国政府首次就东亚地区一体化发表的正式见解。美国态度的改变还体现在不断深入与东盟整体的自由贸易谈判。2006年7月,美国国务卿赖斯与东盟10国外长,共同签署了《实施增进东盟—美国伙伴关系的行动计划》,8月,美国与东盟达成《贸易与投资框架协议》,主要内容是简化双方办事程序,鼓励双方贸易流动,保护美在该地区的知识产权等。

---

① 鲍威尔:《日本修宪须斟酌 东亚一体化不可削弱美国》,《东方新闻》2004年8月13日。

第三节　中美合作实现共赢

1995 年,布热津斯基在《大棋局》一书中预测,未来的世界将由三强主导,包括美国、欧洲和大中国。他认为到 2020 年,美国的国内生产总值可能降至全球经济总量的 10%—5%,而与此同时,欧洲、中国和日本等大国的份额将上升到与美国差不多的水平,全球经济不再可能由某个单一实体所主宰。美国是第一个也是唯一的一个真正的全球性大国,中国正在成为在东亚占有优势的地区大国,欧洲必将成为一个全球性大国。就远东地区来说,美国和中国将产生决定性的影响,处理好中美关系对东亚的和平、稳定和发展至关重要。鉴于美国在东亚的重要地位,美国是中国东亚经济战略必须考虑的重要国际因素,中国东亚经济战略必须对美国有准确的判断、明确的态度和得当的应对方法。

一、中美的共同利益与冲突

中美在东亚既有共同利益也存在矛盾冲突。找出中美在东亚的共同利益与矛盾冲突是分析和理解中美关系的根本,也是确定中美合作的目标、举措的重要基础。

1.中美的共同利益

2009 年 11 月,中美两国的联合声明强调,中美在亚太地区拥有广泛共同利益,支持构建和完善开放、包容、共赢的地区合作框架,双方将努力推动亚太经合组织和东盟地区论坛在亚太的贸易、投资和地区安全中发挥更有效的作用。

首先,中美有很强的经济依存性和利益关联性,都希望促进地区贸易投资自由化和经济技术合作。在20世纪90年代,美国对亚太地区的贸易和投资就超过了对欧洲的贸易和投资。美国是中国的第二大出口市场和第六大进口来源地,中国是美国的第三大出口市场和第一大进口来源地。美国之所以重视中国,是因为以中国为首的东亚市场对美国经济有巨大影响。据世界银行估算,中国2009年GDP的增加部分恰好弥补了美国、日本和欧元区减少部分的3/4。中国重视美国是因为美国是中国重要的海外市场,2010年中美双边贸易额超过3800亿美元,在中美贸易中,中国顺差较大。2007年中国对美货物贸易的顺差达到1633.2亿美元,2009年达到2200亿美元。所以维护亚太地区的和平、发展与繁荣,对中美两国的持续经济增长都至关重要。

其次,中美在防止大规模杀伤性武器的扩散、确保海上航行安全、打击恐怖主义等方面有共同的利益要求,都希望维护亚太地区的和平与稳定。中国原则上认同美国提出的恐怖主义是国际社会最大威胁的主张,双方在联合国会议和其他反对恐怖主义方面保持一致,在朝鲜核问题上有共同的立场。美国也表示尊重中国主权和领土完整,支持中方为打击暴力恐怖犯罪、维护国家统一、维护社会稳定所采取的措施。2009年9月,奥巴马在会见正在纽约出席系列峰会的中国国家主席胡锦涛时表示,美国不支持"西藏独立",在涉藏、涉疆和台湾问题上坚持"一个中国原则"。双方在朝鲜半岛无核化问题上达成共识,支持在东南亚地区避免爆发军事冲突。

第三,在能源和环保领域,双方有共同的利益和主张。2009年中国社会科学院发布的《气候变化绿皮书》认为,中美两国可以在清洁煤、提高能效、智能电网、蓄电技术和可再生能源方面优先进行合作。作为能源消费大国,中国希望加强国际能源合作,特别是中国环保问题很突出,环保技术也比较落后,希望能够得到美国先进技术的支持。美国也希望加强与中国等亚洲国家在能源和环保领域的国际合作,构建新的亚太能源体系,借此主导世界环保秩序。美国国务卿希拉里·克林顿2009年2月下旬访华时,曾引用中国古语"勿临渴而掘井",来强调美中两国加强清洁能源和气候变化领域合作的重要性。

2.中美的矛盾和冲突

首先,中美在亚太地区的战略性利益诉求不同,这是中美矛盾与冲突的根源。中国改革开放取得举世瞩目的成就,已经成为世界第二大经济体,但是中国人均国民收入水平还很低,还是发展中国家,不论过去、现在,还是将来,都需要一个和平发展的环境。中国希望在亚太地区构建和平稳定、安全和谐、平等互信、合作共赢、共同发展的地区新秩序。因此,中国积极开展东亚地区各种形式的经济合作,包括双边的和多边的,区域性、次区域性和跨地区的,尤其重视"10+1"和"10+3"的机制,推动东亚经济一体化。与此同时,对外开放包容,欢迎东亚地区以外的国家参与东亚经济合作,促进亚太地区贸易投资自由化和经济技术合作的发展。美国在亚太的战略目标是维护美国在亚太地区的领导权,巩固美国在亚太的战略地位和利益。美国不容许在亚太地区出现可能与美国争锋的国家和国家集团,因此竭力阻止东亚加强合作和形成东亚共同体。美国高调声称要维护亚太的稳定、和平,推动亚太贸易投资自由化,形成全方位开放的亚太统一市场,实际上是要按美国的规则行事,形成最有利于美国的经济秩序。华盛顿最担心的是中国成为东亚合作的领导者,不仅由于中国的地区合作理念与美国的愿望存在距离,而且也因为中国的影响力进一步上升使美国的影响力遭到削弱。美国的《东亚战略报告》所列出的该地区主要安全威胁中几乎都有中国的影子。美国亚太政策中心所长说:"东亚战略"是出于对付中国的挑战,因此提出健全日美安全体制,防止中国与日本结盟,这是向中国打"日本牌"。日本《产经新闻》也认为,美国的"东亚战略"是为了应付中国的抬头,以日美同盟为杠杆防止中国坐大。美国为了实现其在亚太的战略目标,经常以经济问题为由对中国施压,比如指责中国政府操作外汇,对知识产权的保护不力等。

其次,在反恐和维护地区安全问题上,虽然双方在大原则上有相同的观点,但是在许多方面也有冲突。中国对于美国随意扩大反恐范围、制定多重反恐标准以及建立国家导弹防御系统、战区导弹防御系统等举措持反对的态度。美国拒绝遣返"东突"分子给中美反恐合作蒙上了阴影。"疆独"头目热比娅2005年保外就医去美国后,一直在进行分裂活动,却得到了美国国会一些议员和非政府组织的人力和财力支持,也引起中国的不满。美国一方面声称坚持"一个中国"原则,另一方面以保护台湾海峡局势为借口,向台湾提供变相的安全保护,实际上就是企图维持海峡两岸"和而不统"的局面,在战略上牵制中国。中国主张采取对话解决朝鲜核问题,反对诉诸武力,美国则更多地主张采取施加军事、政治、经济压力与制裁的手段迫使朝鲜屈服。美国还利用中国与邻国在东海、南海的争端,推波助澜,扩大事端。

第三,双方在价值观念方面存在矛盾。虽然冷战结束后,意识形态的冲突有所减弱,但是并没有完全终结。美国企图通过推动美国式的民主、人权、自由等价值理念,来维持和巩固美国主导的亚太秩序,把政治制度不同,意识形态不同的国家视为对抗力量。

二、中美在亚太地区的合作目标

亚太地区是中美两国利益交汇最集中的地区。中美两国在亚太地区实现合作,对该地区形势的稳定、和平、发展至关重要。2009 年 11 月 17 日,中美共同发表了《中美联合声明》,指出中美要通过合作,努力建设 21 世纪更加稳定、和平、繁荣的亚太地区。2011 年 11 月 12 日,中国国家主席胡锦涛在夏威夷会见美国总统奥巴马时指出,"中美作为两个大国,加强合作是唯一正确的选择。发展相互尊重、互利共赢的中美合作伙伴关系,是中美基于两国共同利益、共同担负的责任和共同的战略判断作出的重大决策。双方应该牢牢把握这一定位,坚定不移把中美合作伙伴关系建设好,把两国关系稳定发展势头长期保持下去。这符合两国人民根本利益,也有利于世界和平、稳定、发展。"[1]中美在亚太地区的合作目标应该是,共同努力建设更加稳定、和平、繁荣的亚太新秩序。中美都要有大局意识和奉献精神,以维护亚太地区的安全、稳定、和谐、合作与发展为己任,通过对话磋商增进互信,互谅互让,消除分歧,促进合作,防范风险。所谓更加稳定、和平、繁荣的亚太新秩序,是指亚太各国主权独立,互相尊重,平等合作,和平发展,互利共赢的大好局面。这既符合亚太地区的共同利益,符合中国的利益,也符合美国的利益。

---

① 参见《胡锦涛会见奥巴马就中美关系提出三点意见》,《搜狐新闻》2001 年 11 月 14 日。

三、中国的应对之策

处理好中美关系,是东亚地区和平、安全、合作的重要保障。中国应对美国在东亚的战略,既要坚持原则,又要灵活应变。

1.加强沟通,增进互信,达成共识

对话是中美良性互动的重要途径。目前,双方已经建立了中美战略与经济对话、中美战略安全对话、中美亚太事务磋商等机制,发挥了积极作用。今后还要积极组织开展各种形式的对话,包括政府、企业界、学术界和民间的,在如下一些重要问题上进一步加强沟通,增进互信,达成共识:

——理解和尊重各自的利益诉求。中国积极推动东亚经济合作和一体化进程,是为了营造更加安全和平的建设环境,促进经济可持续发展。随着经济的发展和综合国力的上升,中国加强国防现代化建设是正常的。美国对此应该表示理解和尊重,不能因此而认定中国谋求霸权,制造中国威胁论。美国积极参与亚太事务,维护美国在亚太地区的利益也是正常的。对此,中国也应该表示理解和尊重。

——弱化意识形态对抗。冷战结束后,国际上意识形态的对抗有所削弱,但是并没有终结。双方都需要放弃冷战思维。美国要了解中国国情,尊重中国的发展道路,中国应该加强与美国的沟通,双方要求同存异,促进交流与合作。

——充分认识中美合作对亚太地区的和平发展至关重要。中国是东亚大国,中国的发展壮大是亚太地区稳定和平的积极力量。美国是世界大国强国,对亚太的影响深远而重大。中美要共同担当大国责任,为亚太地区和平稳定携手合作。

2.加强经济合作,扩大共同利益

共同利益是共同意识的重要基础,美国国内许多对中国不友好的意见之所以不能成为国家政策,很大程度是因为两国经济已经密不可分,对中国不利的政策同时也对美国不利。所以要通过加强中美经济合作,提高中美经济依存度,扩大中美共同经济利益。这是中美携手共建稳定、和平、繁荣的亚太新秩序的重要基础。中美在能源、环保、科技等领域有很大的合作空间。2007年11月11日,中美经济战略会谈第三次会议中,中美签署的14个经贸合作文件当中,有一半的内容涉及能源、环保、科技等领域。新能源已被广泛视为新的全球经济增长点,中国拥有巨大的新能源市场。中国环保也相对落后,预计未来五年,中国用于节能环保设备的投资将达到3000亿美元,占世界市场的30%。所以美国与中国开展能源与环保合作的意愿十分强烈,奥巴马甚至表示要让新能源产业带动美国经济复苏。中国对美国高科技兴趣很大,对于中美之间扩大高科技贸易持欢迎态度。

3.巧用均势,形成制衡

东亚地缘政治复杂,文化多元,同世界各国各集团利益关系密切,存在错综复杂的国际关系,这为中国东亚经济战略留下广阔的活动空间。中国要善于利用各方面的力量,巧用均势,形成制衡。中国、俄罗斯、印度是亚洲的大三角,在21世纪,中国要高度重视同俄罗斯、印度建立战略合作伙伴关系,形成良性的互动。这样东亚局面就稳定了,亚洲的大局就稳定了,也可以平衡美国在亚太地区的渗透力和影响力。

4.树立良好的负责任的地区大国的形象

中国尽管还不是世界上的大国强国,但已经是东亚地区名副其实的大国强国,要责无旁贷地履行地区大国的责任,树立良好的负责任的地区大国的形象。随着中国经济发展和综合国力的增强,中国对东亚地区的影响力也不断增强,加上历史上曾经出现以中国封建帝国为中心的东亚秩序,东亚其他国家担心中国坐大、谋求霸权是可以想象的。美国正是利用了东亚国家这种忧虑,以及东亚地区历史与现实中的矛盾和争端,来推行遏制中国的亚太战略。因此,中国要倡导和践行平等合作、互利共赢、共同发展的理念,用和平手段创造性地解决地区的矛盾和争端,自觉地提供更多的地区安全公共物品,树立良好的负责任的地区大国的形象。中国在处理与东亚其他国家的关系时,在守住底线的前提下,要有更多的克制、包容和谦让,展现地区大国的胸怀,让东亚国家从中国的发展、壮大进程中获得更多的发展机遇,感到安全放心。这是消解美国企图建立遏制中国的包围圈的有效对策。

5.积极参与美国主导的各种形式的亚太经济合作,争取更多合作伙伴

中国在积极推动东亚一体化进程中应该采取更加开放的态度,欢迎区域外经济体参与东亚经济合作,特别是要尊重美国在亚太的合理利益,让美国在推动亚太贸易投资自由化和经济技术合作上发挥更大的作用,并积极参与美国主导的各种形式的亚太经济合作,通过亚太经济合作促进东亚经济合作。

美国针对中国崛起采取的"连横"策略,利用中国与周边国家的矛盾,联合遏制中国崛起将是长期的,而中国团结邻国与稳步推进区域一体化的"合纵"也必将是长期的、艰巨的。美国在东亚有许多支持者,日本、韩国、菲律宾、新加坡等国家与美国都有良好的关系。2009 年 10 月,李光耀在华盛顿举行的美国和东盟理事会成立 25 周年晚宴上,指出美国应该在鸠山由纪夫倡导的东亚共同体构想中发挥重要作用,把美国排除在地区之外的构想是重大错误。他认为美国介入亚洲事务可以制衡中国的

经济和军事力量,确保区域平衡。面对这种情况,中国要加强与东亚国家的沟通,争取有更多的战略盟友。积极参与美国主导的各种形式的亚太经济合作,是中国争取有更多的战略盟友的重要途径。

香港问题的和平解决标志着一个由亚洲人尝试建设他们自己制度的时代的开始。……香港回归中国主权之下是开启一条新的亚洲之路的象征。从整个世界乃至我们过去的经验可知，重点是建设能产生我们所希望的结果的组织结构——新的亚洲之梦：经济繁荣、家庭有凝聚力、族群和睦、自由和社会公正。①

——冯久玲

第十章　粤港澳在中国东亚经济战略中的地位和作用

加快粤港澳的经济合作与融合，充分发挥粤港澳作用，把粤港澳建成东亚地区最繁荣发达、最有活力和竞争力的经济区，成为东亚地区最重要的经济平台，对于顺利实现中国东亚经济战略目标具有重大意义。

---

① 冯久玲:《亚洲的新路》，北京大学《亚洲的新路》翻译组译，经济日报出版社 1998 年版，第 4—5 页。

第一节　粤港澳有条件成为东亚地区
最重要经济平台

区域经济不平衡发展理论[①]认为,"经济进步不会在所有地方同时出现,而且它一旦出现,强有力的因素必然使经济增长集中于起始点附近地域"。"因此,从地理的角度来说,增长必然是不平衡的。"[②]增长极理论是不平衡发展理论之一。20世纪50年代后期,法国经济学家佩鲁,瑞典经济学家缪尔达尔,美国经济学家赫希曼分别从不同角度提出"区域增长极"概念,认为在区域经济发展过程中,少数条件优越的地方必然发展成为经济增长中心,这个中心集中了相当的资本、技术和人才,各种基础设施和生活条件良好,吸引了大批具有创新能力的企业和企业家群体,因而形成增长极。增长极通过极化效应和扩散效应的相互作用,推动整个区域的经济发展,同时也产生区域之间的差距。实践证明,国际上成功的区域经济合作,都有一个以上主导国家或地区发挥"带头羊"或"领头雁"的作用。

[①]　20世纪50年代,西方发达国家把大量的资源集中投入经济发展条件较好的区域,在使经济得到快速增长的同时,加剧了发达区域与欠发达区域之间的两极分化,部分经济学家对这种现象进行理论解释,产生了区域经济不平衡发展理论,包括增长极理论、循环积累因果关系理论、倒U型理论和核心—外围理论等理论形式。

[②]　赫希曼:《经济发展战略》,潘照东、曹征海译,经济科学出版社1991年版,第166—167页。

一、在东亚经济一体化的进程中,必然形成若干个比较繁荣发达的经济区,成为经济增长中心

根据增长极理论,东亚在经济一体化的进程中,必然形成若干个比较繁荣发达的经济区,作为东亚经贸活动的重要平台。新加坡、台湾、东京、上海和香港都有相当好的基础,都具有很强的竞争力。

新加坡是东亚经济发达国家,地理位置优越,是东南亚最大的海港、重要商业城市和转口贸易中心,也是国际金融中心和重要的航空中心。新加坡的金融、海上运输业很发达,珊顿道是著名的国际金融中心,吉宝港口是世界上最繁忙的港口之一。新加坡是世界第三大炼油中心,服务业为经济增长的龙头产业,包括零售与批发贸易、饭店旅游、交通与电讯、金融服务、商业服务等。2010 年新加坡人均 GDP 超过 43867 美元,经济总量 2227.01 亿美元,对外贸易进出口总额 6615.9 亿美元,其中,进口 3104 亿美元,出口 3511.9 亿美元,顺差 407.9 亿美元。2010 年新加坡旅游业大丰收,全年入境旅客 1160 万人次,旅游收益 138 亿美元。新加坡经济战略委员会 2010 年 2 月提出了七大战略,其中包括深化新加坡公司的能力,以掌握亚洲的商机,在未来 5—10 年吸引全球中型企业来投资,并促进本地企业发展为亚洲的行业领导者,使新加坡成为由创新主导的经济体。新加坡是东盟 10 国中最发达的国家,在东盟内部地位较高,与东盟其他国家的经济往来也密切。东盟对新加坡非常重要,新加坡对东盟非常重视,积极参与、推动东盟的经贸合作。新加坡实行人才立国战略。新加坡内阁资政李光耀曾表示,新加坡要吸引全世界的人才。可以说,新加坡在东亚具有很强的竞争力。

但是新加坡存在如下问题:一是国土面积小,人口少,经济实体小。新加坡面积 707.1 平方公里,人口 500 万,经济总量不足东亚经济总量的 1/10,无法承载东亚经济庞大的交流量。二是新加坡自然资源贫乏,没有腹地支持;新加坡企业以中小企业为主,中小企业占企业总数的 92% 左右,主要分布在制造业和服务业,这些企业吸纳的劳动力占就业总人数的 51%,创造的产值占 GDP 的 34%,在新加坡经济中发挥着重要作用。新加坡经济属外贸驱动型,以电子、石油化工、金融、航运、服务业为主,高度依赖美国、日本、欧洲和周边国家市场,外贸总额是国内生产总值的 4 倍。新加坡出口依存度超过 150%,出口每萎缩 1 个百分点则经济增长率损失 115 个百分点,这在世界上是比较罕见的。三是新加坡地偏一隅,不是东亚地理经济中心,没有地缘优势。因此,新加坡要发展成为东亚最重要经贸平台难度极大。

东京又是一个具有强大竞争力的城市。东京面积 2188 平方公里,2010 年东京人口 1301 万,全球最大的经济中心之一。大东京圈人口达 3670 万,是世界上最大的都市圈之一。东京是日本最大的工业城市,是日本经济、商业、金融中心,资本在 50 亿日元以上的公司,90% 集中在东京,全国各大银行或总行或主要分行都设在东京。东京 GDP 连续多年稳居世界城市首位,2009 年 GDP 达到了 30645 亿美元。东京具备成为东亚经济增长极的条件。

但是东京也存在两个明显的不足:一是从地缘经济的角度来看,东京地处东北亚,距离东盟太远,不是东亚经济的地理中心;二是作为日本首都,受国家政策的影响,其对东亚经济一体化缺乏热情,不能自觉承担东亚经济增长极的角色。最重要的是近二十年来日本经济发展动力不足,使东京经济影响力大减。

中国台湾也是一个值得关注的地方。台湾地处东亚经济的地理中心,面积3.6万平方公里,人口2300余万。2010年台湾本地生产总值为4304.51亿美元,人均GDP18588美元,有一定的竞争力。

但是台湾存在如下几个问题:一是沿海大城市群不集中,缺乏一个国际化的大都市区;二是经济对海外市场和技术的依赖程度较高。台湾经济是外向型经济,进出口贸易是其经济的生命线,对外贸易依存度经常高达100%,对出口贸易依存度也达50%。内部缺乏自我循环的经济体系。

上海是有条件成为东亚经贸平台的重要城市。上海是中国第一大城市,也是世界大都市之一,全市面积达6340平方公里,建成区面积达1066平方公里,仅次于北京。人口2301万,其中市区人口约1700万。是中国内地经济、金融、贸易和航运中心。上海地处中国东部沿海,经济实力雄厚,有广阔的腹地,历史文化积淀深厚,从近代开始就是远东经济中心。2010年生产总值16872.42亿元,人均GDP 93488元。上海的金融业经济总量居全国第一,私人银行总部数居全国第一,是全球第二大股票市场中心,第二大期货市场中心,最大黄金现货交易中心和第二大钻石现货交易中心。上海是世界第一大港,2010年,上海港完成货物吞吐量6.53亿吨,集装箱吞吐量2906.90万标箱,均位居世界第一。上海服务业高度发达,上海是中国会展之都,展会数量居全国首位,会展年总收入占全国近50%。

但是,当今世界经济两大发展趋势削弱了上海的优势和地位:一是海铁联运时代使长江作为中国经济大动脉的地位下降。铁路的运输能力远比内河高,铁路运输逐步成为物流最重要的纽带,大西南的货物更多是用铁路运输而不是长江运输,足以说明这点。二是世界经济中心东移,东南亚、南亚及中国华南、西南地区经济持续发展,使粤港澳比上海更具地缘经济优势。事实上,上海作为国内经济中心的地位,是在弱化而不是在加强。例如,上海 GDP 占全国的比重越来越小,金融业附加值、货币存款资源、人均存款、社会消费品零售总额等,已经被北京超越。而进出口贸易、高科技产业附加值一直又是深圳领跑。所以,从发展的角度来说,上海的后劲明显不足。有些学者认为,上海经济发展已遭遇到了明显的内生性障碍。例如,从 2009 年以来,上海工业和投资增长都出现了较大幅度下滑,2008 年工业增加值增长 8.4%,增幅同比下降近 4 个百分点,2009 年工业增长 2.9%,增幅进一步下降;2008 年固定资产投资增长 8.3%,增幅同比下降 5.3 个百分点。2009 年上海固定资产投资增长 9.2%,但主要与政府在特殊时期采取的特殊政策有关,如剔除由政府主导的建设改造投资增量部分,固定资产投资增速将仅在 1.8%左右。①

二、粤港澳有条件成为东亚地区最重要经济平台

在相互竞争的城市群中,粤港澳最有条件成为东亚地区最重要经济平台,这是因为粤港澳具有得天独厚的地理位置,经济实力强大,各种经济功能齐全,而且一区两制、发展潜力巨大。

1.粤港澳具有得天独厚的地理位置

在地缘经济时代,地理位置是形成区域经济中心的重要条件。就中国东亚经济战略而言,粤港澳具有优越的地理位置。也许有人会提出疑问:粤港澳地处南方一隅,与东盟还有一些区

---

① 高炜宇:《上海经济当前发展阶段和未来发展思路研判》,《上海经济研究》2010 年第 4 期。

位优势,但与东亚最重要的日本、韩国相去甚远,相比之下,上海似乎有更多的区位优势,为什么说粤港澳在中国东亚经济战略中有优越的地理位置呢? 这是因为中国的东亚经济战略是一个大东亚概念,也就是"10+3"。就中日韩三国而言,上海无疑更具区位优势。但把东盟考虑进去,情况就不同了。把东南亚到朝鲜半岛连成一线,粤港澳正在中点,位于北纬 20°—25°,东经 110°—116°之间,北接日韩,南下东盟,处于整个大东亚的中心。一边是日、韩和中国北方,另一边是东盟和中国南方,粤港澳是大东亚内南北经济交往的必经之地,可以成为大东亚物流交互枢纽中心。粤港澳地理环境自成体系,历来是南中国出海的门户,广东省大陆海岸线总长 3368 公里,香港澳门都位于珠江出海口,三地紧密相连,香港北距广州 130 公里,隔海相望澳门 61 公里,澳门距离广州 145 公里,借道粤港澳可由海洋通向世界各地。早在 2500 年前,古希腊海洋学者地米斯托克利就预言:谁控制了海洋,谁就控制了一切。南太平洋和印度洋是世界最大能源腹地,而中国要发挥能源材料消费大国的优势,必须与南太平洋、印度洋各国合作,进行国际资源的有效配置。从经济地理而言,粤港澳是中国唯一能为中国衔接东盟和南太平洋、印度洋、大西洋的桥头堡,是国际资源配置的大都市群和全球开放的商品集散中心,这是粤港澳具有优越的地理位置的深层意义。如果把澳大利亚、新西兰的因素考虑进去,就更加凸现了粤港澳优越的经济地理中心位置。

2.粤港澳经济实力强大,各种经济功能齐全

粤港澳不仅具有优越的地理位置,它还具备了发挥这种优越性所需要的条件,即它的经济实力强大,各种经济功能齐全。这使它能够担当起大东亚经济中心的重任,成为东亚地区最繁

荣发达、最有活力和竞争力的经济区。广东面积 17.79 万平方公里,人口 1 亿多,2010 年广东生产总值 45636 亿元,人均 GDP 达到 46900 元,约合 7000 美元。香港面积约 1104 平方公里,人口超过 700 万,2010 年香港本地生产总值为 17481 亿港元,人均 GDP 31835 美元。澳门面积共 32.8 平方公里,人口 50 余万,2009 年澳门 GDP 达到 1693.4 亿澳门元(约合 214.3 亿美元),2010 年澳门人均 GDP 48599 美元。粤港澳在全国经济发展和对外经贸中均占有极为重要的地位。2010 年广东省进出口贸易总额为 7846.6 亿美元,占全国进出口总值的 26%,比上年同期增长 28.4%,其中,出口 4532.0 亿美元,增长 26.3%,进口 3314.6 亿美元,增长 31.5%,实现外贸顺差 1217.4 亿美元。2009 年香港实现对外贸易总额 51614.45 亿港元。粤港澳是亚洲地区最为活跃、最具竞争力的经济区域之一,区内各种经济功能齐全。这里既有著名的国际金融、贸易、信息和航运中心,又有世界制造中心和区域性商贸服务平台。这种齐全的经济结构也是国内其他经济区所难以相比的。香港是国际金融、贸易、信息和航运中心,不仅有人才、资金、技术和管理经验的优势,还有良好的营商环境,包括比较完善的市场运作制度、比较完备的法律体系、广泛的国际经贸联系网络等。早在 2004 年香港就有 1000 多家跨国企业地区总部,离岸经济总部达 5 万家,有列入全球十大中枢的国际机场,每周有 1600 个国际航班,有世界排名前列的货物港,有很强的国际融资能力。澳门是著名的国际旅游城市,它与欧盟、葡语系国家关系密切,是世界上最具吸引力的博彩、旅游中心和区域性商贸服务平台。三地相连,珠联璧合,成为亚洲东部、环太平洋西岸最繁荣发达、最有活力和竞争力的经济区,其发展潜力不可估量。目前,香港、深圳、珠海和澳门四地已经形成了一个 2000 多万人口的"大都会",为珠江三角洲近 5000 万人口的"大型生产基地"提供金融、信息、市场、管理、设计和科技等服务,这一区域的结合产生了巨大的经济力量,有很强的竞争优势。

3.粤港澳一区两制、发展潜力巨大

除了处于东亚的经济地理中心和经济实力强大外,粤港澳一区两制,制度灵活,形式多样。这些优势是其他区域无法比拟的。中国中央政府要有意识地把粤港澳建设成为东亚地区最繁荣发达、最有活力和竞争力的经济区,使之成为东亚经济合作最重要的经济平台。

第二节 粤港澳合作对"两岸四地"经济融合有示范意义

"两岸四地"经济融合,形成"大中华经济圈"是中国实现东亚经济战略的核心。"两岸四地"是国内不同关税区的合作,经济发展程度不一,既有政治经济制度的差异,也有历史和心理方面的阴影,虽然各方都认识到合作是一个多赢的局面,也有一些实际的行动,但是离建立自由贸易区的目标还有很大的距离,还有许多工作要做。在这种情况下,充分发挥粤港澳的作用,对加快两岸四地经济融合的意义重大。

一、"两岸四地"经济融合的关键在台湾

在世界贸易组织框架内,中国内地、香港、澳门和台湾都是中国的单独关税区。目前,通过内地与香港、澳门更紧密经贸关

系安排和补充协议,内地与香港、澳门合作与融合取得了长足的发展。近年来台湾和内地经济合作发展也很快,2008年12月,两岸实现大三通,2010年内地与台湾贸易额达1453.7亿美元。2010年6月,两岸经贸合作框架协议(ECFA)签署,内地将对原产于台湾的农产品、化工、机械、电子等10类539项产品实施降税;台湾也将对原产于内地的石化、机械、纺织及其他共4类267项产品实施降税。在服务贸易方面双方都实施更加开放的政策措施,并于2011年1月成立"两岸经济合作委员会",负责处理与框架协议相关的事宜。在知识产权保护与合作、金融合作、贸易促进及贸易便利化、海关合作、电子商务合作等方面也取得许多进展。

但是,应该清醒认识到,台湾和内地也存在许多合作障碍。对台湾来说,政治和历史因素影响仍然很大,随着时间的推移,虽然历史因素已逐渐淡化,但政治因素并没有解决。在政治体制上,台湾和内地实行不同的社会制度,虽然制度的冲突已经有所缓解,但是问题仍然存在,并不时表现出来。

在经济方面也存在很多问题,台湾是对外开放程度很高的地区,其平均名义关税税率从1982年的31%下调到1998年的6%,实际关税从8%下调到1998年的4%。2001年,台湾以发达地区身份加入世贸组织,其后关税总体水平降到3.5%左右。而内地关税总水平是9.8%,其中工业品平均关税8.9%,进口农产品关税约为15.2%,虽然在发展中国家是最低的,但相对许多发达国家还是较高的。台湾也存在贸易保护,特别是农产品保护和劳务市场开放等的问题。

二、粤港澳经济融合可以为"两岸四地"经济融合积累经验

中国幅员辽阔,东西南北发展不平衡,两岸四地经济融合要求一步到位有些困难,可以让与港澳台邻近的省、市在加强同港澳台经济合作与融合方面先行一步,为两岸四地经济合作融合积累经验。粤港澳在这方面可以发挥更大作用。

1.香港、澳门对台湾有特殊的示范作用

中国是在世界上首先进行不同体制融合试验的国家。在邓小平"一国两制"思想指导下,在香港和内地的不同体制之间进行合作的创新,这是一个史无前例的创造。经过一段时间的实验,取得了显著成效。例如,我们已经跳出了不同体制必然对抗的惯性思维,相反,认为异质经济如果有办法加以融合,反而可以成为发展的动力。目前粤港澳正在进行这方面的探索,也取得许多令人振奋的成果。更紧密贸易安排签订后,"两岸四地"经济一体化的主要问题在台湾。一旦粤港澳合作取得实质性的进展,将对台湾产生震撼性的影响,从而加速"两岸四地"的合作,因为这将从理论和实践上证明两种不同经济体制不仅能融合,而且融合有很好的效果,从根本上改变不同体制必然产生对抗的思维方式。

2.粤港澳与台湾经济联系密切,在经济合作与融合方面可以先行一步

2009 年香港已经成为台湾第四大贸易伙伴,双边贸易总额已达 306 亿美元,双方民众旅游互访也超过 286 万人次,在金融、投资、运输、教育、文化等方面的交流十分密切。香港一直是台商对内地投资的中介和桥梁,而且已成为台商境外资金调度中心。目前台湾在香港建立办事处或商贸机构超过 2 万家,台

湾已有 7 家银行在香港设立分行。香港特别行政区政府公布，从 2010 年 4 月 1 日起，"港台经济文化合作协进会"（简称协进会）正式成立。多个政策局及相关半官方机构，包括政制及内地事务局、商务及经济发展局、民政事务局、财经事务及库务局、运输及房屋局、保安局、政府新闻处、经济分析及方便营商处、香港金融管理局、香港贸易发展局、香港旅游发展局等高层代表，出任理事，政制及内地事务局负责协进会的秘书处工作。

台湾是广东的主要贸易伙伴和外资的重要来源地。从贸易方面来说，2003 年粤台进出口贸易达 255.6 亿美元，占内地与台湾进出口贸易总值的 43.8%。2009 年粤台进出口贸易额达到 386 亿美元，约占内地与台湾进出口总额的 1/3。2009 年广东全省台资企业超过 2.3 万家，累计实际投资 470 亿美元，并吸引了 600 万劳工就业，成为广东第二大外资来源地。两地文化旅游等合作也呈现蓬勃发展，2009 年广东赴台旅游 4553 批 12.5 万人次，占内地赴台游客的 1/5 强。在这种情况下，充分发挥粤港澳的作用，对台湾有很大的吸引力，使台湾实实在在感到合作的好处，加快"两岸四地"的经济融合，从而为中国东亚经济战略奠定雄厚的经济基础。

三、推动两岸经济融合要注意策略

目前两岸四地在经济融合方面存在很多问题，其中，关税和贸易保护仍然是大问题，内地存在关税较高的问题，台湾也存在贸易保护特别是农产品保护和劳务市场开放等的问题，如何解决这些问题对推进"两岸四地"经济融合意义重大。由于内地与台湾经济发展水平还有较大的距离，短时间内两岸直接建立自由贸易区的条件还不成熟,所以推动两岸经济融合要注意策略。

首先,香港和澳门可以先与台湾签署更紧密经贸关系安排协议。由于港澳与台湾分歧较小,双方保持良好的经济贸易关系,同时港澳与台湾都是对外开放程度较高的小型经济体,经济发展程度及地理位置接近,港澳台之间建立自由贸易区的可能性较大。另外,香港和澳门与台湾经济联系密切,可以说经济合作的条件已经基本具备。

其次,由中央出台政策,支持鼓励有条件的内地省市同港澳台建立更加紧密的经贸关系,加快次区域的经贸融合。在这方面,广东、福建无疑可以发挥在地缘、文缘和经济联系方面的优势,与港澳台签署更紧密经贸关系协议。这样可以大大加快"两岸四地"的经济融合。

第三节 粤港澳是中国—东盟自由贸易区建设的重要推手

中国要实现东亚经济战略,必须首先争取东盟,这是中国东亚经济战略中区域策略的要点。粤港澳在中国东亚经济战略中区域策略上可以发挥两方面的重要作用:第一,粤港澳与东盟各国有良好的经济联系,是中国—东盟自由贸易区建设的重要推动力;第二,通过加强"泛珠三角"与东盟的合作可以有效推动中国—东盟自由贸易区的建设发展,而在推动"泛珠三角"战略的实施中,必须充分发挥粤港澳的龙头作用。

一、粤港澳与东盟各国有良好的经济联系

2004 年至 2008 年间,香港与东盟的双边贸易年均增长达 11.4%。2009 年受金融危机影响,双方的双边贸易下跌 12%,但是东盟仍然是香港的第三大贸易伙伴,仅次于内地和欧盟,总贸易额达 5093 亿港元。2010 年第一季度,香港与东盟的双边贸易额达到 1440 亿港元,比去年同期增长 39.6%,高于同期香港与亚洲地区的整体双边贸易额 36.7% 的增幅,更是大大超过同期香港与美国和欧盟的双边贸易额增幅。香港与东盟之间相互投资很活跃,相互投资的总额约 500 亿美元。东盟与香港的人员往来也非常频繁,香港每年接待东盟游客 200 万人次左右,泰国每年有 50 万人到港,香港每年也有 57 万人到泰国旅游。东盟国家大公司纷纷在香港设立办事处或海外公司,以香港为基地进入中国内地进行投资。目前东盟各国通过香港公司在中国内地的投资,占我国利用外资总额的 20% 左右。香港是东盟筹措资金的重要场所,亚太地区每年 60% 的银行贷款是由香港贷出的,香港金融机构对东南亚地区的商业贷款每年达到上百亿港元。以马来西亚为例,香港各银行提供的贷款约占马来西亚对外借款总额的 37%。除银行贷款外,吸引港商直接投资和在香港上市也是东盟国家重要的筹资方式。

广东与东盟的经济联系也非常紧密。2009 年广东对东盟贸易总额达 633.1 亿美元,其中,广东对东盟出口 268.3 亿美元,增长 8.2%;自东盟进口 364.8 亿美元,占中国与东盟贸易总额的三成以上。东盟已经成为广东省的第六大贸易伙伴,是广东第五大出口市场,也是广东第三大进口来源地。在双边投资方面,截至 2009 年 11 月,广东累计在东盟设立企业 168 家,协议投资 10.3 亿美元。承包工程和劳务合作营业额,从 1998 年

的 3500 多万美元增长至 2008 年的 8.6 亿美元,年均增长 57%。东盟在广东累计设立直接投资项目 4100 多个,合同金额 130 多亿美元,实际投资 80.8 亿美元,东盟已经成为广东第六大外资来源地。广东凭借与东盟地区经贸合作密切、交通往来便利、资金技术雄厚、人缘商缘相通等四大优势,在与东盟的合作中获得很大的商机和广阔的市场。2006 年 11 月 15 日,国家主席胡锦涛访问越南,提出中越合作在越南建立经贸合作区,以加强双方的经济和贸易往来。中国商务部于 2007 年 10 月通过招标,确立了在越南的北方和南方各建一个中越经贸合作区,深圳市中标建设北方的经贸合作区,浙江省中标建设南方的经贸合作区。2008 年 9 月 9 日广东与越南签订合作开发协议,双方一致同意在海防市安阳县安阳业区内投资兴建中国—越南(深圳—海防)经济贸易合作区。2008 年 12 月 26 日,中国—越南(深圳—海防)经济贸易合作区举行奠基仪式。目前,双方不仅开通了深圳与海防之间每周一班的海上航线,还有深圳到越南、柬埔寨的陆运服务,也有专门经营广东(包括广州、佛山、中山、深圳、珠海等城市)到东盟诸国之间的客运、货运服务的公司。2009 年 3 月 25 日,新加坡国务资政吴作栋与广东省委书记汪洋,共同出席了中国广东省与新加坡正式签署《关于合作建设"知识城"项目的备忘录》仪式。"知识城"位于广州科学城北区、初步规划面积 50 平方公里,将建成为一座以知识经济为核心的生态经济区。

粤港澳同东盟国家有这样良好的经济关系,再加上地缘、人缘上的优势,对于推动中国—东盟自由贸易区的发展可以发挥更重要作用,成为加强与东盟开展经贸合作的重要经济体。

二、粤港澳是"泛珠三角"的龙头

2010年中国—东盟自由贸易区已经建成,但是这并不意味一劳永逸解决了问题,还必须花大力气来推进双方的经贸和投资合作。在第四章我们提出,"泛珠三角"与东盟有着良好的地缘、文缘和人缘关系,充分发挥"泛珠三角"的作用,可以有效地推动中国—东盟自由贸易区的建设。要发挥"泛珠三角"的作用,必须重视发挥粤港澳的作用,因为"泛珠三角"要形成一个有竞争力的经济区,应该有能够起带头作用的增长极,粤港澳就是"泛珠三角"最重要的经济增长极。目前粤港澳作为"泛珠三角"内最大的经济增长极,其扩散效应已经日益明显。从2008年开始,粤港澳10万企业向北转移,成为"泛珠三角"内部经济发展的重要引擎。在"泛珠三角"与东盟的经济合作中,粤港澳具有动力源的作用,能够带动"泛珠三角"其他省区加快与东盟经贸合作的发展。

首先,香港的金融和现代服务业的动力作用。香港长期以来一直是内地与东盟重要的融资市场,为两地经济的发展提供了重要的资金支持与金融服务。香港不仅在金融和现代化服务业方面具有很大的优势,而且与东盟国家有良好的经济合作基础,东盟对香港心理认同度较高。通过港澳在东盟的金融和现代服务业的渠道,可以有效扩大"泛珠三角"与东盟国家的经贸合作。例如,云南中药在内地和东南亚有很大的市场,但往往因商标、产品说明、品质保证等问题受到限制,港商在商业管理和国际营销方面的特长正可以发挥作用。

其次,广东的技术动力作用。经过20多年的努力,广东已经发展成为世界上最大的工业制造中心之一。目前广东工业产业的大部分行业的技术装备水平都较高,许多行业居于国内领先地位,部分行业达到国际先进水平,广东已初步形成以企业为主体的技术创新体系,专利申请量多年蝉联全国第一,科技成果商品化机制初步形成。以广东为主的大珠三角掌握着丰富的美欧日市场的产品和零部件库存和价格的信息,积累了大量的资本和完善的管理经验,同时也培养了一批熟练的技术工人。东盟多数国家的基础工业相对薄弱,广东省与东盟在制造业和技术结构方面存在着巨大的互补空间。广东企业一方面可以到东盟投资发展,另一方面向"泛珠三角"其他省区进行产业梯度转移,带动"泛珠三角"企业向东盟发展,发挥技术动力作用。

再次,粤港澳思想动力作用。目前,中国与东盟都对中国—东盟自贸区建设非常热心,也取得很大的成绩,但是,仍有许多工作要做,特别是要推动从"10+1"到"10+3",还缺乏像舒曼一样的"亚洲合作之父"的重量级人物。要加快、有效地推进"泛珠三角"与东盟经贸合作,推进中国—东盟自贸区建设的发展,必须解放思想,更新观念,学习、借鉴国际上成功的经验,大胆创新。香港是国际性的自由港,熟悉国际惯例和现代市场经济运行规则。广东是中国改革先行试验区,得改革风气之先,人们思想比较解放,观念比较新。因此,粤港澳有义务也有能力作出自己的贡献,努力成为"泛珠三角"与东盟经贸合作,推动中国—东盟自贸区建设的思想动力源。

另外,虽然早在1992年我国就明确建立社会主义市场经济的目标,但是目前市场经济制度还不完善,在现实经济生活中还存在大量与国际惯例不一致的现象,严重影响了社会主义市场经济的发展。香港在市场经济制度方面有比较完善和成熟的经验,通过粤港澳合作,引进比较成熟完善的市场经济制度、法规,有利于加快"泛珠三角"市场经济的发展。

第四节　港澳在中国东亚经济战略中的特殊作用

中国要实现经济健康、快速、可持续发展,推动东亚经济一体化,香港、澳门的地位和作用举足轻重,不可取代。

一、新时期香港、澳门地位、作用再认识

新中国成立以来,香港在国家战略中一直具有重要的地位,发挥了积极的作用。1979 年以前,香港是中国大陆了解国际社会(当然也是大陆开展必要的对外经济活动)的重要窗口。从改革开放大门开启到 20 世纪 90 年代后期,香港是中国大陆引进外资、技术、项目、管理经验和开展对外贸易的极其重要的通道。在这个阶段,香港对推动中国大陆改革开放和发展发挥了重要的作用,香港也获得了前所未有的发展和繁荣。进入新世纪,随着我国全方位对外开放格局的形成,改革发展进入新阶段,香港作为引进外资、技术、项目、管理经验和开展对外贸易的通道的作用今非昔比;同时,随着一批新兴工业化国家兴起,世界经济中心东移,国际经济格局正在发生急剧变化,在这种新的形势下,香港在国家战略中的地位、作用应该如何重新定位,这是我们要深刻认识和认真对待的问题。

过去,香港的地位和作用主要是促进、推动内地的改革开放发展。现在,香港的地位和作用(就经济领域而言)主要是帮助国家"走出去",实现对外经济战略。因此,在新时期,不能只是从国内改革发展的角度来定位香港的地位和作用,而是要从中国"走出去"的角度来定位香港的地位和作用;也不能只从如何

发挥中国大陆的优势来谋划香港的发展,而是同时要从如何更好地发挥香港的优势来谋划香港的发展。随着国际区域经济一体化的发展和国际经济中心向亚太地区移动,大东亚经济战略成为中国对外经济发展战略最重要组成部分,因此要用世界的眼光,从全球的高度,起码从如何实现中国在大东亚地区经济战略目标的高度,来确定香港的地位和发挥香港的作用。

对内地来说,香港、澳门有许多优势不可取代。打造东亚经济合作平台不能仅从中国内部考虑问题,而是要立足于整个东亚甚至亚太地区,放眼全球,这就要考虑到同新加坡、台湾、东京等的竞争,考虑到海外经济体的认同度以及美国影响的因素。从这个角度来看,香港、澳门具有国内其他城市不可比拟的优势。首先,香港长期被美国传统基金会评为世界上"最自由的经济体系",拥有完备的法律和制度体系,有"自由港"的形象,通过香港可以使世界对中国有更多的了解和更好的认同。受20世纪意识形态之争的影响,国际社会对中国仍然有一些误解,"中国威胁论"时有流传。在国际交往中借助香港的形象,可以减少交往成本,特别是在中国与东亚各国的交往中更是如此。其次,香港在人才、管理、信息、服务方面有明显优势。例如,香港的教育在外语方面远远超过内地的水平,香港的中学都由政府出资聘请外籍教师,香港的中学生能够与外国人交流不受语言障碍的影响。在国际化人才方面,香港比内地也有很大的优势,香港有20多万成熟的职业经理人和数万的高级专才。第三,香港与世界各国都有良好的经济关系,充分利用其信息、渠道、经验等资源,可以有效扩大内地与世界各国的经济交往和合作。海外市场上仍有相当比例的进口商,喜欢通过香港中间商采购内地产品。他们认为香港中间商能更好地和他们沟通,能理解他们的要求,发生纠纷也容易处理。第四,利用香港资本市场的优势,可以为内地企业筹集资金,为内地金融改革、与国际金融市场接轨搭桥引路。香港集中了全球最大的商业银行和投资银行,香港共有121家外资持牌银行,在全球最大的100家银行中,有78家在香港营业。2008年香港存款总额是56800亿港元,2010年达到6万亿港元(2010年澳门特区整个银行体系的存款总额是2937亿澳门元)。香港金融市场的特色是参与者多、交投活跃,并且是在有效、具透明度及符合国际标准的规管下运作,资金进出香港不受限制。最后,香港市场经济的制度安排和公共事务管理经验对中国政治体制改革有借鉴作用。

二、香港和澳门可以在中国东亚经济战略中发挥特殊作用

首先,香港在东亚金融合作中可以发挥重要作用。在中国东亚经济战略中,东亚货币合作是一个非常重要的方面,但是中国的金融体系短时间内难以有效地与国际金融体系完全接轨,无论上海、深圳、北京或天津都只能扮演国家或区域金融中心的角色,还没有真正成为国际金融中心。在这方面香港可以发挥更大的作用。香港在中国改革开放的前30年中,作为中国接通全球资本市场的桥头堡,对推动中国经济的发展发挥了重要的作用。香港凭借优越的地理位置、成熟的法制环境、有效的监管制度、自由的商业环境、优惠的税收条件和良好的语言文化氛围,近年来在内地经济快速发展的有力支撑下,以及在中央政府的多方支持下,其国际金融中心的地位正在迅速提高。香港开放度高,具有国际性和兼容性,是各国资本进行投资活动的理想场所,对国际资本有很强的吸引力。美国《时代》周刊(亚洲版)2008年1月28日的文章《三城记》(作者:迈克尔·埃利奥特)

提出了"纽伦港"的观点,认为纽约、伦敦、香港这三座城市各居地球一方,以航空及光纤电缆的紧密联系,意外地构建了一个能促进全球经济发展的金融网。此即表明,香港可在伦敦和纽约之后,成为第三大国际金融中心。

其次,香港在东亚贸易投资自由化、便利化中可以发挥重要作用。香港是国际著名的金融、贸易、航运、信息和旅游中心,拥有完备的法律和制度体系,有一个架构精简而效率高超的政府。公司及个人课税率低,而且易于计算,进出口贸易大都免税,这些对国际企业特别是跨国公司有很强的吸引力。目前超过3800家跨国公司在港设立了区域总部或办事处,占据着亚太地区首席位置,是上海的10倍以上。

而且,香港自建港以来一直是远东一个著名的转口港,它不仅有着优越的地理位置、优良的港口条件和海运能力,而且信息灵通,有上百年的贸易经营史,有广泛的交易渠道,因此,东盟国家仍需把香港作为转口港,许多商品经集装箱货运至香港后再改散装运到东盟各国。港珠澳大桥修通之后,香港驱车到珠海只需45分钟,凭借国际航运中心的优势,香港可开辟大量新的货源,成为东亚交通运输枢纽和货物集散地。东盟国家是华人华侨的重要聚居地,华人华侨有90%集中在亚洲,而东盟国家是最大聚居点。东南亚众多的华人华侨与港商历来有密切的商业往来,香港与原东盟五国间就有联号内部划账调拨资金、收付货物的传统。东南亚的华人华侨贸易商一般都精通英语、华语两种语言,与香港商人语言相通,方便交流沟通。因此,粤港澳完全可能成为东亚地区最繁荣发达、最有活力和竞争力的经济区,对外可以辐射东盟自由贸易区,对内可以影响广西、海南、云南、贵州、四川等地,成为整个东南亚的经济中心。

三、努力提升香港国际金融、贸易、航运中心的地位

20世纪后期香港对内地的影响主要是推动、促进改革开放,虽然这里有大政策环境的作用,但主要是由于民间资本的趋利性,在很大程度上是自发的行为。新世纪香港对内地的作用主要是在对外经济合作、发展上,如果仍然仅靠自发的行为是远远不够的,而是需要政府有意识地自觉地去推动。

香港在21世纪要发挥更大作用,不辱使命,就必须建设成为东亚最重要的经济平台,而要把香港建设成为东亚地区最重要的经济平台,关键是要巩固香港的国际金融中心、贸易中心、航运中心、信息中心的地位。但是香港作为一个小型经济体,如果仅凭自身发展,很难成为一个可以与伦敦、纽约相比肩的全球性经济中心。同时,香港的国际经济中心地位还受到亚洲其他城市的严重挑战。因此,香港要巩固和提升国际经济中心的地位,只有融入中国内地经济体系,加强与内地的合作,特别是与广东的合作。这就需要中央有关部门牵头,对大珠三角的城市功能、交通基础设施、产业布局进行规划建设,粤港澳积极配合,认真组织实施。

诺贝尔经济学奖得主萨缪尔逊曾经预测,如果中国能够找到一个有效的经济模式,其经济规模可望在 2005 年超过日本,整体国民生产总额将仅次于美国。①

第十一章 粤港澳合作应该上升为国家战略

粤港澳合作不只是粤港澳三地的事情,它关系到中国改革开放的大局;粤港澳合作也不只是国内一个区域经济合作与发展的问题,它关系到中国在东亚地区的经济战略。粤港澳"一区两制",经济异质,经济合作与融合存在许多制度、体制、政策上的障碍,这些问题都不是粤港澳自己可以解决的。把粤港澳建设成为东亚地区最重要的经济平台,需要中央政府从国家战略的高度给以大政策的支持。粤港澳合作应该上升为国家战略,要有新思路、新举措。

第一节 粤港澳合作的成绩与不足

粤港澳合作在 20 世纪 80 年代和 90 年代前、中期非常简

---

① 引自《大国方略》,红旗出版社 1996 年版,第 54 页。

单、有效,那就是香港的资金、项目、技术和管理经验同广东廉价的土地、劳动力相结合,带来了双赢。但是,自从 1997 年金融危机后,香港出现楼市股市下跌、失业率上升、政府财政收支恶化、通货紧缩等经济衰退现象,到 2003 年香港经济还没有得到根本改善,以至香港经济向何处去成为讨论的热点。无独有偶,进入21 世纪,广东经济也面临来自两方面的挑战:内部的挑战是产业升级的压力。30 多年来,广东经济得益于外商投资,但是随着广东生产要素价格上升,投资绩效日益下降,以港资为主体的外资企业的技术设备呈现老化状态,后续发展乏力。外部的挑战来自长三角的激烈竞争,广东经济向何处去成为许多有识之士关注的焦点。面对这样的形势,这些年来,如何加强粤港澳合作便提到重要议事日程,三地政府加强了沟通、协调,理论界也积极建言。

1998 年 3 月 30 日,粤港合作联席会议第一次会议举行,粤港合作联席会议制度自此启动。我国加入 WTO 前后,建立"粤港澳自由贸易区"成为政、学两界热议的话题。2001 年年底,香港特区行政长官董建华赴京述职时,就曾向中央提出与内地建立自由贸易区的请求。2001 年 11 月 28 日,在香港举行的第 14届太平洋经济合作会议,讨论了香港特别行政区政府提出的内地与香港建立自由贸易区的建议,粤港澳合作开始有了许多实质性的发展。2003 年,《香港与内地关于建立更紧密经贸关系的安排》(CEPA)签订,2004 年,澳门与内地也签订了类似的协定,后来,又有许多补充协议,这一系列协议成为粤港澳合作的制度性框架。CEPA 实施以来,粤港澳合作取得很大成绩。

一、粤港澳合作取得了很大的成绩

经过 30 多年的改革开放,粤港澳合作取得了很大的成绩,表现在:

第一,投资贸易合作长足发展,成绩喜人。目前,香港个体工商户在内地可从事零售业、餐饮业、货物进出口和技术进出口、种植业、饲养业、养殖业、计算机服务业、软件业、仓储业等 17 类行业的经营。截至 2008 年 4 月,广东省港资企业累计达 101389 家,直接投资累计达 1229.6 亿美元,占全省实际吸收外商直接投资的 61.57%。① 广东对港澳投资也逐年升温,截至 2008 年 6 月,广东在香港设立企业 847 家,协议投资额 44.52 亿美元,占全省对外投资的 61.83%。广东在澳门设立各类企业或代表处共计 131 家。珠海跨境工业区成为粤澳合作的重要平台,目前共有 67 家企业,投资额超过 2 亿美元。

CEPA 实施以来,粤港澳在实现货物贸易零关税,降低服务贸易壁垒、投资便利化以及人员与资金的有效流动等方面进行了有效的合作,在货物贸易方面,内地自 2006 年 1 月 1 日起对输往内地的原产于港澳的产品全面实施"零关税",目前已享受到零关税优惠的港澳产品已达 2178 种,基本囊括了港澳全部现有产品。服务贸易方面,内地在金融、法律、会计、建筑、旅游、医疗、物流等 40 个领域分别对港澳实施了 221 项和 209 项开放措施。多数行业对港澳投资放宽或取消股权限制,降低注册资本、资质条件等门槛,放宽投资地域和经营范围等。粤港澳已在货物贸易、服务贸易、投资便利化、生产要素自由流动等方面形成了紧密经济共同体。

---

① 郑天祥主编:《粤港澳经济关系》,中山大学出版社 2001 年版,第 24 页。

第二，金融合作出现了新的局面，自 2004 年 2 月起，香港的银行开始全面办理个人人民币存款、兑换、银行卡和汇款业务。CEPA 实施之后，内地对香港金融业的准入门槛从 200 亿美元降低到 60 亿美元，申请人民币业务资格期缩短，审查有关营利性资格时，由过去内地单家分行考核转变为多家分行整体考核，这些使得香港中小金融机构更容易在内地设立分行和法人机构。2004 年 3 月 29 日，香港永隆银行深圳分行正式开业，成为利用 CEPA 优惠条件顺利进入的第一家中小银行。截至 2009 年 10 月底，港澳共有 56 家银行全面办理存款、兑换、银行卡和汇款 4 项人民币业务，人民币存款超过 600 亿元。与此同时，中国银行、中国工商银行等 12 家内地银行，在香港设立了 23 家分支机构，在港业务取得良好发展。目前内地在香港上市的企业达 430 家，市值达 125107 亿港元。

第三，其他领域的合作也取得骄人成绩。在"个人游"方面，2010 年内地到香港的访客平均每日入境达 61551 人次，同比上升 27%，全年香港出入境人次超过 2.4 亿，如按人均消费 5000 港币计算，则为港澳带来超过 1 万亿港币的收入。在文化教育方面，1998 年香港数所高校被允许在内地招收本科生。2005 年，香港 8 所和澳门 5 所高校被允许在内地 17 个省（区、市）招收自费生。2007 年香港共有 12 所高校在 25 个省份招生。截至 2008 年 7 月香港共接纳内地各类留学人员 2 万人。2010 年各香港高校招录内地本科生约 1400 余人。

二、目前粤港澳合作存在的主要问题

虽然粤港澳合作已经取得很大的成绩，但是粤港澳合作的潜力还没有充分挖掘出来。早在 1999 年，香港总商会会长董建成建议香港特区政府考虑粤港自由贸易区的概念。他的想法是:"中国承诺在入世3年后对外资公司开放的领域,例如制造、零售、旅游、服务等行业,是否可在入世1年半后就对香港公司开放? 中国承诺5年后开放的行业如银行、保险业等,是否可以在两年后先对香港公司开放?"后来的实践滞后于这些设想。董建华曾向大力鼓吹港粤融合的全国人大港区代表郑耀棠坦承,回归5年,其中4年香港和内地合作停留在嘴巴上,没有做多少事,港粤融合被严重延误。目前粤港澳合作存在的主要问题如下:

1.思想认识问题

粤港澳合作进展缓慢,一个主要原因是思想认识的问题。到目前为止,粤港澳合作还有许多问题需要进一步研究解决,如粤港澳为什么要合作? 粤港澳合作的内涵和真正意义是什么? 粤港澳如何才能真正实现资源整合,优势互补,提升国际竞争力? 在目前的众多研究中,有一个明显的不足,就是把粤港澳合作仅仅看作是国内的区域合作,把它的作用局限在内地的区域经济整合上,没有把它放在国际区域合作的背景来考虑,没有充分注意到它在中国对外经济战略中的重要地位和作用。总的来说,粤港澳都从自身经济利益角度考虑较多,暗地里较劲争当龙头老大。这样就产生了三个问题:一是三方的利益产生明显的冲突;二是看不到粤港澳合作的广阔前景;三是看不到粤港澳合作的非经济利益。这样,推动粤港澳合作的动力就不足,影响了粤港澳合作的速度和深度。

2.制度问题

在粤港澳合作的诸多阻碍性因素中,制度性因素是其中的重要因素。制度性因素可以分为两类,一类是非体制的制度因素(通常说的经贸合作中的制度安排),另一类是涉及体制的制度因素(社会制度背景)。香港与内地一国两制,社会制度有根本性差别,这是短期无法改变的。但是,目前粤港澳合作的障碍更多表现在制度安排上,也就是港澳与内地之间,一方市场经济体制很发达,有一套很好的为市场经济服务的法律体系;另一方还保留了许多计划经济的痕迹,法制不完善,并且企业的行为方式、政府的管理方式和人们的思维方式等都还不能同国际惯例完全对接。大珠三角区域经济合作始终缺乏整体发展战略规划,整体合作框架尚不明确,区域制度供给比较匮乏,阻碍了粤港澳经济深度合作的步伐。CEPA 实施以后,粤港澳三地商品和生产要素的自由流动仍存在诸多制度性障碍,特别是投资便利化方面,面临的主要问题有:一是对内地人员的进出限制较多,签证手续烦琐;二是广东企业资金进出香港尚未完全放开,企业境外投资审批效率较低;三是行业标准和认证标准的不同成为投资的障碍;四是广东对香港投资的审批手续烦琐,不利于投资的发展。推动投资贸易便利化需要有新措施,香港房地产建筑业协进会提出了一个形象比喻:CEPA 只是打开了香港服务业进入内地市场的一道大门,众多港商在进入这道大门后发现原来还有许多小门,由于缺乏实施细则引导,容易感到迷惘。他们在调查中发现,在经营业务时遇到的困难中,以"不熟悉内地的营商环境"为最多,有超过 20%的受访者选择此项。例如,内地有关外资物流企业经营内容的法律法规多达 11 项,其中包括商务部、交通部、铁道部、国家民航总局、国家发改委等部门所制定的行业规章。而各地区的地方性政策更是一个地方一个样,本地企业都可能不尽了然,对香港服务提供者来说更加难以应对。香港服务业进入广东所面临的问题,排在前几位的都是政府服务的问题,包括处理申请时间过长、申请手续繁复、政策和法规透明度不足等。有港商反映,虽然政府规定了审批回复的时限,但由于缺乏跟进机制,导致某些申请呈交后港商不知道如何跟进,何时会有结果,这对企业的业务推进计划的时间安排影响较大。

3.技术问题

粤港澳合作的诸多阻碍性因素中部分是技术性问题。以集装箱码头建设为例,香港是国际航运中心,粤港澳合作,实现资源整合、优势互补,就应该巩固和提升香港的国际航运中心地位。但事实并非如此,广东很多城市都争着建集装箱码头,主要原因是香港集装箱码头成本高,使得在内地建集装箱码头有利可图。香港每个货柜的码头装卸费用高达 1200—1800 港元,比新加坡高出 1/2,比台湾高雄高出 1 倍,比珠三角经济区高 5—7 倍。从深圳运往美国一个标准货柜(20 英尺)费用为 1100 港元,香港则为 2140 港元。这其中就有粤港澳合作的技术性阻碍因素,例如,据香港总商会估计,仅由于港深过境塞车,每年损失就高达 30 亿港元。

从目前 CEPA 落实的情况看,目前两地服务业合作面临的突出矛盾不仅存在市场准入问题,还有与制度、法律和文化有关的行业规范和标准问题。以会计和法律服务为例,由于法律制度差异大,香港人获得内地职业资格的难度很大,而且由于制度和文化环境的差异,在香港适用的行业规范、标准和惯例在内地并不适用。按《内地与澳门关于建立更紧密经贸关系的安排》的承诺,澳门银行在内地设立分行或法人机构的最低资产规模要求为 60 亿美元,与外国银行在内地设立分行和法人机构相比,资产规模要求分别下降了 70% 和 40%。但是,目前在澳门注册的 12 家法人银行中,只有中国工商银行(澳门)股份有限公司达到 CEPA 要求,以致多年以来都没有一家澳门银行能够受惠于 CEPA 而进入内地市场。

第二节　粤港澳合作要有新思路

2008 年 12 月,国家发展和改革委员会通过了《珠江三角洲地区改革发展规划纲要(2008—2020 年)》,把粤港澳合作上升为国家战略,并赋予广东"科学发展、先行先试"的重大使命。2009 年 4 月,中共广东省委、广东省人民政府通过关于贯彻实施《珠江三角洲地区改革发展规划纲要(2008—2020 年)》的决定,提出推动粤港澳合作再上新台阶,建设高水平的开放型经济目标。由于粤港澳合作涉及国内不同关税区,有许多政策和制度瓶颈,许多问题是粤港澳自身无法解决的,所以需要有新的理念和思路,需要中央政府给予更多的政策支持。

一、粤港澳合作要有全局观念和世界眼光

2008 年 1 月 4 日,广东省委书记汪洋同志在会见香港特首曾荫权时,提出以世界眼光谋划和推进粤港合作。他说:"广东将认真贯彻落实党的十七大精神,坚定不移地贯彻'一国两制'、'港人治港'、高度自治的方针,严格按照特别行政区基本法办事,全力支持特别行政区政府依法行政,全力支持香港保持国际金融、贸易、航运中心地位,全力支持香港保持长期繁荣稳定。粤港双方应进一步加强合作,继续解放思想,以世界眼光谋划粤港合作。首先是站在全球的角度,从空间上为未来的粤港

合作定好位,为粤港的共同繁荣发展谋划更大的发展空间;其次是从时间上为两地合作设定大体的步骤和阶段性目标,脚踏实地地向前推进;三是在优势互补、互利互惠的原则下加强具体项目的合作。在继续搞好对港供水、食品安全、环保、卫生防疫等合作的基础上,积极探索服务业领域的合作,共同推进珠三角产业转型升级,切实把粤港合作引向深入。"①

具有世界性战略眼光是一个国家、地区兴起的推动力,这是历史上屡试不爽的真理。当年新加坡正是抓住了东西方冷战的机遇,把一个既缺乏资源也无历史积累的弱小国家发展为一个现代化的国家。解决粤港澳合作存在问题,加强粤港澳合作,须从世界经济全球化和区域经济一体化(集团化)两大趋势并行不悖、东亚区域经济一体化趋势的背景出发,从中国在东亚地区对外经济战略特别是从中国—东盟自贸区建设的高度,加强对粤港澳合作的战略目标、战略步骤、对策措施做深入的研究,把粤港澳合作、"泛珠三角"、中国—东盟自贸区和东亚经济一体化统一起来考虑,处理好内部合作与对外发展的关系。粤港澳必须认识到"争则两损,合则双赢",不要争当龙头老大,不要因争小利而错失机遇,要把眼光放远一些,看到粤港澳合作的广阔前景,在这个基础上制定协调各方利益的制度安排。

二、粤港澳合作要明确战略目标

粤港澳合作从 20 世纪后期开始提出,但是对其合作性质、目标和法律地位的研究并不多。有些学者提出建设自由贸易区,但广东省是中国的行政区划单位,在国际经贸交往中并没有

① 《南方日报》2008 年 1 月 5 日。

独立的关税权,以广东省的名义与港澳建立"自由贸易区"具有法律障碍。也有学者提出建设"粤港澳紧密合作区"或"粤港澳共同市场",①如此等等。粤港澳合作是一种很独特的国内区域经济合作,因为粤港澳合作是中国主权下面不同区域的合作,但是粤港澳分属不同的关税区,它与国内同一关税区内不同区域的合作又不同。正是因为粤港澳分属不同关税区,所以不能把粤港澳合作看作一般意义上的国内区域合作。因此,粤港澳合作的目标具有两重性,一方面,粤港澳要资源整合,优势互补,实现三地经济融合、一体化,把粤港澳建设成为南中国的经济中心,成为促进华南、西南地区经济合作、发展的龙头;另一方面,要努力把粤港澳建设成为东亚地区最繁荣发达、最具活力和竞争力的经济区,成为东亚最重要的经济平台,既是东亚地区各经济体交流合作的平台,也是东亚经济体与东亚地区以外经济体交流合作的平台。这就是粤港澳合作的最基本的战略目标。

三、粤港澳要在三个层面加强合作

粤港澳合作在内容方面有不同的层次,不同时期有不同的侧重点,需要区别对待。

粤港澳合作的第一层内涵是经济层次的,其基本含义是香港的服务业与广东的制造业的优势互补。这种合作是粤港澳合作的最佳切入处,原因有三,一是广东企业在对外出口活动中需要香港的服务。二是广东制造业把物流、销售服务分离出去可以提升产业层次。这种合作是市场主导下的企业为主体的自发

---

① 参见李惠武:《粤港澳共建"紧密合作区"必能实现多赢》,《广东经济》2008 年第 9 期;何传添:《粤港澳紧密合作区:内涵、思路和路径选择》,《特区经济》2009 年第 3 期。

性合作形式。按照区域经济一体化的两种形态来划分,它属于功能性的一体化,区域内经济合作主要是自发的市场力量推动和引导的结果,从产业分工看,这是一种垂直的分工。广东制造业目前的状况是小而全,大型企业仅占 4%,中型企业占 7.5%,小型企业占 88%。多数企业都包揽了从采购原材料到产品销售的所有环节,生产社会化程度非常低。在缺乏合理分工的状态下,流通费用在生产成本中的比重居高不下。我国物流费用占货价平均达到 40%,珠三角鲜活商品物流费用占货价 40% — 60%。而美国平均物流费用占货价 10% — 32%,英国平均为 14.8%。三是香港的服务业需要市场。20 世纪后期香港制造业北移后,香港经济以服务业为支柱,由于粤港之间的天然联系,香港也需要广东的市场。董建华曾明确提出:香港作为一个城市,经济发展的空间始终是有限的,全世界到处都可以看到城市经济增长是很慢的,一个区域性的经济增长会快些,珠三角的整合对香港的发展非常重要。

虽然粤港澳经济层次的合作非常重要,但如果粤港澳合作仅限于此的话,那么粤港澳合作的发展前景和成效将极为有限。一是这种合作所获利益受限,使合作动力不足;二是这种合作模式中存在利益冲突,其结果是今天的香港、深圳、广州之间的竞争白热化,三方俱损。2008 年 7 月,广东省省情调查研究中心发布的关于《粤港经济合作面临的问题与对策》的调查报告指出,粤港合作在新形势下面临着新的挑战,经济差距逐渐缩小,呈现合作与竞争共存发展的态势,粤港合作处于产业链低端,难以适应经济发展需要①。例如中国的产品在国外之所以有市

---

① 谢思佳等:《粤港合作处于产业链低端》,《南方日报》2008 年 7 月 7 日。

场,靠的是价格低廉,由于香港的服务费用过高,使广东的企业开始寻找新的途径。随着内地贸易服务的崛起,香港的贸易服务不断被分流。以货柜运输为例,20世纪90年代中期以前,珠三角货柜经香港出口比重高达90%,2002年已降至70%左右,近年来进一步降至50%左右。所以,需要拓宽粤港澳合作的内容。

粤港澳合作的第二层内涵是制度层次的,其基本含义是如何在广东进行香港市场经济和社会管理体制的试验,并逐渐推广。进入21世纪,港澳对推动内地改革开放发展的作用和地位没有改变,但它的作用不再主要表现在引进资金、项目、技术等方面,而是转移到市场经济制度安排的引进和港澳与内地联合,共同进军世界市场方面。香港作为国际金融、贸易、航运中心,不仅有人才、资金、技术和管理经验的优势,还有良好的营商环境,包括比较完善的市场运作制度、比较完备的法律体系、广泛的国际经贸联系网络、熟悉国际经贸规则、富有市场运作经验等,这些优势是国家经济建设中的宝贵财富和重要资源。充分利用这些优势,必将促进内地经济的快速、健康发展。21世纪,中国推进改革开放的一个重要任务是进一步完善市场经济体制,建立健全现代市场体系,并与国际规则接轨。香港市场体制较为完善,且兼具东西文化的优点,CEPA可以把香港市场体制发展的经验和做法带回内地,协助内地完成体制转轨的任务。

粤港澳合作的第三层内涵是国际层次的,其基本含义是粤港澳合作走进国际市场。目前,跨国公司已成为全球海外投资的主力,达到6.5万多家,在全球的分支机构与子公司85万家,资产总额达14万亿美元。跨国公司控制世界进出口贸易额的50%以上,控制世界技术转让的75%,掌握国际投资的90%,控

8.

制生产技术的 90%，控制工业研究与开发的近 90%，发达国家的跨国公司生产总值已经占世界生产总值的 45% 以上。近年来，在国家"走出去"的对外经济战略指导下，国内企业开始走出国门，到世界各地投资，建立海外企业。我国海外直接投资发展很快，截至 2007 年年底，我国企业海外投资总额达到 6258 亿美元。联合国贸发会议（UNCTAD）发表的报告称，中国 2009 年全球外国直接投资总额 1.04 万亿美元，仅次于美国成为 2009 年外国直接投资最多的国家。但是，由于内地企业缺乏海外投资经验，进军海外的企业出现大面积亏损。在内地企业还没有学会与狼共舞的时候，通过粤港澳合作，借助港澳的投资经验和渠道是一个明智的选择。

第三节 粤港澳合作要有新举措

随着粤港澳合作上升为国家战略，中央对粤港澳合作给予了越来越多的政策支持。例如 2008 年 7 月商务部与香港特区政府签署了 CEPA 补充协议，补充协议五在广东率先推出或试行共 25 项开放和便利化措施，补充协议六又赋予广东在粤港金融合作领域先行先试的权利。CEPA 虽然为粤港澳经济合作构筑了新平台，但迄今为止粤港澳合作的广度和深度还不够，总的效果还不是十分令人满意，要实现粤港澳合作目标，需要新的重大举措。

一、港澳深珠率先实现经济一体化、生活同城化

目前，香港、澳门、深圳、珠海（以下简称港澳深珠）已经形

成了一个 2000 多万人口的"大都会",为珠江三角洲 6000 多万人口的"大型生产基地"提供金融、信息、市场、管理、设计和科技等服务。加强这一区域的融合将产生巨大的经济能量,大大提升竞争力。可以考虑扩大深圳、珠海的行政区域,比如,把东莞市和惠州市部分辖区划归深圳管辖,把中山市、番禺以及江门部分辖区划归珠海管辖,使扩大了的港澳深珠辖区接近 15000 平方公里,人口接近 4000 万,使之成为世界上最大的城市经济区。将港澳深珠四地作为一个整体,对区内城市功能、基础设施、产业分布统一规划;在港澳深珠经济区内,依然实行"一国两制",可以参考横琴新区实行"分线管理",即"一线宽、二线严,一线管人、二线管货"的办法进行管理,做到既扩大开放搞活,又实现有效监管;逐步形成货物、资本、信息要素的自由流通和人员的充分流动,并使港币、澳币、人民币在港澳深珠自由流通,为产品自由流通创造条件;依照国际标准,逐步统一商品规格,加强专利商标及发明权等方面的司法与行政合作;改革口岸管理体制和查验方式,在海、陆、空三大口岸旅检和货检通道只保留边检、海关两家,边检以管人为主,海关以管物为主,并实行一地两检,将卫检、商检、动植物检三家合并作为一家放在后续管理,提高通关效率;要加快推进深圳前海现代服务业合作区和珠海横琴新区的建设,为实现港澳深珠经济一体化和生活同城化积累经验。

港澳深珠率先实现经济一体化,有利于巩固和提升香港国际金融中心、航运中心、贸易中心的地位,是进一步拓展香港经济发展空间的优选方案,还可以作为我国"一国两制"深度合作的试验场。

二、加强粤港澳金融合作,打造国际上最大的金融中心

目前,粤港金融合作主要集中在资金融通、资金流动和政府监管三个方面,从总体上来说,仍存在四大问题:其一,人民币现金脱离银行体系跨境流通的现象依然存在;其二,票据结算方式单调,实时支付系统优势不明显;其三,广东银行在引进境外金融机构参股方面滞后,香港银行在参股广东银行方面尚无实质性进展;其四,监管部门合作层次低,缺乏制度创新。加强粤港澳金融合作,除了继续推进已经开展的各项合作以外,重点做大做强香港人民币离岸业务,加快香港—深圳证券交易所合作步伐,并最终实现香港—深圳证券交易所合并。

2008 年 9 月,国务院下发了《关于进一步推进长江三角洲地区改革开放和经济社会发展的指导意见》,正式提出将跨境贸易人民币结算作为国家战略。2009 年 4 月决定在上海市和广东省的广州、深圳、珠海、东莞 4 个城市先行开展跨境贸易人民币结算试点工作,境外地域范围暂定为港澳地区和东盟国家。2010 年 6 月 22 日,中国人民银行等 6 个单位,发布了《关于扩大跨境贸易人民币结算试点有关问题的通知》,将跨境贸易人民币结算试点扩大到 20 个省(自治区、直辖市)。跨境贸易人民币结算试点工作自 2009 年 7 月启动以来,业务量不断上升,截至 2010 年 8 月底,试点地区已累计办理跨境贸易人民币结算业务 1450. 26 亿元。

从理论上讲,资本项目自由化、汇率制度弹性化和人民币国际化互为条件,互相促进。跨境贸易人民币结算被看作是人民币国际化的重要步骤。目前我国实行人民币管制政策,离国际化还有很大的距离。可从中国银行扩大香港人民币业务入手,充分利用地缘优势,进一步完善现有的人民币回流机制,这既可

以作为人民币国际化的试验性探索,也可以作为巩固和加强香港的国际金融中心地位的措施。比如,进一步建立和完善以银行体系为主的跨境人民币流通渠道,深化三地支付结算领域合作,尽快完成粤港澳网络连通,建立粤港澳即时支付系统,争取开通粤港澳外币、人民币票据联合结算业务,形成统一的外币清算体系,开展港澳地区贸易项目下使用人民币计价、结算试点等。

从理论与实践的角度来看,在粤港澳构建人民币的最优货币区不失为一种选择,设立香港人民币离岸金融中心是一个关键的步骤。由于目前我国的人民币还不能完全自由兑换,如果没有人民币离岸金融中心,人民币在境外将难以发展。建设香港离岸金融中心,有助于非居民进行境外人民币的借贷和结算,这样可以将境外流通的人民币纳入银行体系,便于我国监管当局掌握人民币境外流动规模及方向的变动,从而减少对境内利率、汇率和物价水平稳定的冲击。

推动香港、深圳证券交易所加强合作、合并,对粤港澳金融合作具有重大意义。港深两地各自拥有一个证券交易所,这为两地资本市场融合提供了重要的基础,要以两地证券交易所合作为核心,推动两地资本市场融合。根据世界交易所联合会(WFE)统计,2008年年底,香港交易所总市值102987亿港元,全年交易量126839亿港元;深圳交易所总市值24114亿元(人民币),全年交易量86502亿元(人民币)。两个交易所合计总市值约16821亿美元,是伦敦证券交易所的90%;交易量合计约28710亿美元,是伦敦证券交易所的44%。国际资本市场之间进行联合,早有先例。2001年12月,新加坡交易所与澳洲证券交易所,共同推出了世界上第一个同步交易连接体——

SGXLink。通过同步交易连接体,澳洲、新加坡的投资者可以通过本国经纪,直接在对方的市场中进行部分股票的同步交易。2003年4月,日本的创业板佳斯达克和韩国的创业板高斯达克共同组建全方位的联盟,在信息、人员交流以及其他诸多方面携手合作,将两个创业板的股票交易活跃程度提升到一个比较高的水平。香港—深圳证券交易所合作比上述案例难度更小,余地更大。目前,港深证券市场已经有了初步的合作。2010年4月14日,深圳证券交易所下属公司深圳证券信息有限公司,与香港交易所资讯服务有限公司签订了市场行情合作协议。根据深港证交所这项合作计划,双方均有权将在深港同时上市公司的实时行情转发给可信的资讯供应商,由这些资讯供应商再转发给其用户,双方的资讯供应商及市场行情用户均可以免去基本市场行情收费。

港深证券市场深入合作,可以考虑先互设交易代理平台,进而实行由香港交易所对深圳证券所持股、改组,制定统一的上市监管规则,按统一的上市监管规则进行统一监管,最终实现香港联交所和深圳证交所合并。这样可以迅速扩大港深两地资本市场的规模和实力,吸引海内外更多优质公司在港深两地上市。

三、整合粤港澳港口物流业,强化香港国际航运中心贸易中心地位

整合粤港澳港口物流业,强化香港航运中心的地位,提高粤港澳物流业对内地的辐射力,是加强粤港澳合作又一重要内容。

目前,香港码头在收费上不占优势,但在运量、航班密度、通关效率、金融结汇、信息通讯、管理人才等方面仍占绝对优势。深圳港虽然码头使用费低,增长速度快,有集装箱运输所需的深

水良港,但是在通关效率、金融结汇以及管理人才等方面,在相当长一段时期内很难根本改善。近年来,珠三角地区掀起了兴建、扩建码头的高潮。深圳、广州、东莞、珠海、惠州等,都推出了本地区港口的宏伟发展计划。为了强化香港航运中心的地位,应该考虑对粤港澳的港口和码头进行统一规划建设管理,深圳、东莞、惠州、珠海、番禺等城市,最好包括广州,原则上不单独搞港口货运码头建设,而采取同香港合作的方式,成立股份公司进行运作,并由香港方面控股,主导,统一管理。港口物流业的整合要坚决、稳妥,既要有利于巩固、提升香港国际航运中心的地位,又要兼顾广东各城市的利益,有利于提高香港广东物流业的影响力和辐射力。

四、加强粤港澳城市功能规划,打造港澳深珠一小时生活圈、大珠三角两小时生活圈

在经济辐射理论中,辐射的媒介越有效,辐射就越充分。区域辐射的媒介主要是交通、通讯和信息服务。地理位置是区域经济合作的一个重要因素,因为只有地缘邻近的区域才能形成经济圈。但是,地缘邻近有时并不意味现实空间距离的缩小,在交通和通讯不便的地方,即使空间距离很小,经济交往也会有很大的阻碍。所以,建立完善的区域交通、通信网络和信息平台是发挥地缘优势的先决条件。经过近30年的合作发展,港澳同广东珠三角地区不仅经济日益渗透,生活习惯也日益融合。但是,现在港澳同广东珠三角地区的人流、物流、资金流、信息流还不是十分通畅。这里有体制、机制、政策方面因素的影响,但跨境大型基础设施项目建设滞后也是一个重要因素。要加强粤港澳城市功能和产业布局的规划,按照打造港澳深珠一小时经济生活圈,大珠三角两小时经济生活圈的要求,加快大珠三角范围内的跨境大型基础设施项目的建设,包括港澳深珠跨海大桥、广深港高速铁路客运专线等。目前三地跨境交通建设进展顺利,包括港珠澳大桥、深港东部通道、广深沿江高速、广珠西线三期等通联港澳的四大新增通道均已全部动工。其中,港珠澳大桥主体工程初步设计已获国家交通部批复,正抓紧推进项目融资、法人组建等工作。广深沿江高速,接通港澳的广深港高铁、广珠城际轨道,也均累计完成投资七成以上。在此基础上,实现粤港澳境内3小时东西南北通达。

五、学习借鉴香港社会管理经验,推动社会管理体制机制的合作与融合

香港作为成熟和发达的现代化城市,市场机制和法制建设完善,政府管理和运作规范,公务员素质好,廉洁程度高,社会管理更是处于国际先进水平,且兼具东西文化的优点。与香港相比,广东省无论在政府职能转变、市场机制建设、法治环境完善程度还是社会管理水平都与香港存在相当大的差距。广东应该近水楼台先得月,要大胆学习、借鉴香港发展市场经济和社会管理的经验和做法,进行体制、机制创新,提升社会管理和社会公共服务的水平。

结束语:展望 21 世纪

20 世纪的脚步声渐渐远去,人类迎来又一个新的世纪。这将是一个什么样的世纪呢? 许多人对 21 世纪忧虑、恐惧,有的甚至以为世界末日即将来临。冷静思考人类社会未来的发展,用对人类负责任的态度分析 21 世纪人类社会可能碰到的困难和问题,提出应对之策,可谓精神可嘉。但是,如果对 21 世纪失去信心,盲目制造恐慌,则是不可取的。我们相信人类的智慧,我们相信明天更美好。

一、21 世纪将是人类社会大发展、大繁荣的世纪

新旧世纪交替期间,世界经济出现了许多让人感到困惑、忧虑乃至失望的大事。1997 年爆发东南亚金融危机、2000 年网络经济破灭、2008 年国际金融危机爆发和蔓延。许多人由此产生了一种对 21 世纪悲观甚至失望的情绪。

但是,我们坚信,世纪末日不会到来,21 世纪将是人类社会大发展、大繁荣的世纪。我们看到,科学技术日新月异,不断推动着世界经济社会快速前进。更为重要的是,当前地域辽阔、人口众多的新兴经济体的崛起,将给人类社会发展注入强大动力。在西欧发展成为世界工业文明中心的 19 世纪,西欧土地面积只有 500 万平方公里左右,当时人口数量不到 2 亿。在 20 世纪成

为世界经济领袖的美国,国土面积不足 1000 万平方公里,人口数量只有 3 亿多。然而,近年出现的新兴经济体,单"金砖四国"(中国、俄罗斯、印度、巴西)的土地面积就达到 3851 万平方公里左右,人口数量达到 26 亿多。可以预见,新兴经济体会越来越多。因此,新兴经济体的崛起象征着全球性的经济大"觉醒"。我们相信,21 世纪人类社会发展的动力比过去任何时候都要强大。

二、21 世纪将是和平、合作、融合的世纪

21 世纪,欧美发达资本主义国家的国际影响力逐步下降,新兴经济体力量不断壮大,重建世界政治经济新格局的趋势不可逆转。当然,这将是一个充满矛盾、冲突的过程。但是,维护世界和平是全人类的共同愿望,毕竟 20 世纪的两次世界大战给人类带来了太多、太沉重、太难以遗忘的痛苦。在核威胁的时代,只要不出现政治狂人、战争疯子,谁也不愿意发动大规模、世界性的战争。稳定、和平与发展是 21 世纪的主旋律。

在全球化时代,各国家、地区、民族间的相互依存度大大增强,甚至到了唇齿相依的地步。某个地区、国家经济社会出现重大问题,其他国家和地区也难以独善其身,只有"大家好,才是真的好"。加强合作、促进融合,将是 21 世纪的必然趋势。

三、21 世纪将是人类迎来新曙光的世纪

人类社会发展至今天,已经历了几百万年,有文字记载的人类历史也有几千年。几千年来,有过两道曙光让人类大厦蓬荜生辉,一道是农业文明的曙光,一道是工业文明的曙光。进入 21 世纪,我们可以乐观地期待和展望人类将又一次迎来新的文

明曙光,工业经济、工业文明将被一种更新的经济形态和文明形态所取代。这种新的经济形态、文明形态很可能是智能经济、智能文明。

四、亚洲可以为人类社会作出更大贡献

亚洲经济的崛起、世界经济重心的东移,有其客观必然性,符合人类文明发展、转移规律。亚洲国家要牢牢把握这一百年一遇甚至千年一遇的大好时机,特别是东亚各国应该加强合作,加快经济一体化进程,使东亚成为世界经济重要一极,形成北美、欧洲、东亚"三足鼎立"的世界经济格局。这对于建立国际经济新秩序,维护世界经济的稳定,促进世界经济的合作与发展,都具有重大意义。

五、中国的和平崛起是人类之福

中国和平发展势不可挡,是人类社会赋予中国的神圣使命。中国要始终坚持和平外交五项基本原则,营造和平发展的大环境,大胆改革创新,实现经济转型和社会转型,在继承东方文明优秀成果和吸收西方文明精华的基础上,大力倡导并努力造就以和谐、合作、民主、包容、平等、公正为核心理念的现代新文明,为人类社会发展、为人类文明进步作出应有的贡献。中国的和平崛起是东亚之福、世界之福、人类之福。

参 考 文 献

一、国外参考文献

[1]黑格尔:《历史哲学》,王造时译,上海书店出版社 2001 年版。

[2]亨廷顿:《文明的冲突与世界秩序的重建》,周琪等译,新华出版社 1998 年版。

[3]汤因比:《历史研究》,刘北成等译,上海人民出版社 2000 年版。

[4]威廉·德雷:《历史哲学》,王炜、尚新建译,三联书店 1988 年版。

[5]倪梁康选编:《胡塞尔选集》上、下,上海三联书店 1997 年版。

[6]约翰·奈斯比特:《亚洲大趋势》,蔚文译,外文出版社 1996 年版。

[7]斯塔夫里阿诺斯:《全球分裂:第三世界的进程》上、下,迟越等译,商务印书馆 1993 年版。

[8]约翰·奈斯比特、多丽丝·奈斯比特:《中国大趋势》,魏平译,吉林出版集团、中华工商联合会出版社有限责任公司 2009 年版。

[9]霍布斯鲍姆:《1875—1914:帝国的年代》,贾士蘅译,江苏人民出版社 1999 年版。

[10]布热津斯基:《欧亚大陆的地缘战略》,《编译参考》1998 年第 3 期。

[11]阿兰·鲁格曼:《全球化的终结》,常志萧等译,三联书店 2001 年版。

[12]罗兰·罗伯森:《全球化:社会理论和全球文化》,梁光严译,上

海人民出版社 2000 年版。

[13] E.U.彼德斯曼:《国际经济法的宪法功能与宪法问题》,何志鹏等译,高等教育出版社 2004 年版。

[14]赫希曼:《经济发展战略》,潘照东、曹征海译,经济科学出版社1991 年版。

[15]阿米塔·阿查亚:《建构安全共同体:东盟与地区秩序》,王正毅等译,上海人民出版社 2004 年版。

[16]汉斯-彼得·马丁、哈拉尔特·舒曼:《全球化陷阱:对民主和福利的进攻》,张世鹏等译,中央编译出版社 1998 年版。

[17]吉姆·罗沃:《亚洲的崛起》,张绍宗译,上海人民出版社 1997年版。

[18]比尔·克林顿:《希望与历史之间:迎接 21 世纪对美国的挑战》,金灿荣等译,海南出版社 1997 年版。

[19]威廉·斯特劳斯、尼尔·豪:《第四次转折——世纪末的美国预言》,杨立平等译,海潮摄影艺术出版社 1998 年版。

[20] 斯塔夫里阿诺斯:《全球通史:1500 年以后的世界》,吴象婴、梁赤民译,社会科学院出版社 1999 年版。

[21]莱斯特·瑟罗:《21 世纪的角逐——行将到来的日欧美经济战》,周晓钟等译,社会科学文献出版社 1992 年版。

[22]弗里德里克·戴约:《东亚模式的启示:亚洲四小龙政治经济发展研究》,王浦劬译,中国广播电视出版社 1992 年版。

[23]保罗·肯尼迪:《大国的兴衰》,王保存、陈景彪等译,中国经济出版社 1989 年版。

[24]罗素:《西方哲学史》上、下,马元德译,商务印书馆 1982 年版。

[25]黑格尔:《哲学史讲演录》第 1—4 卷,贺麟、王太庆译,商务印书馆 1983 年版。

[26]布热津斯基:《大棋局:美国的首要地位及其地缘政治》,中国国际问题研究所译,上海人民出版社 1998 年版。

[27]林直道:《现代日本经济》,色文译,北京大学出版社 1995

年版。

[28]潘吉星主编:《李约瑟集》,天津人民出版社1998年版。

[29]冯久玲:《亚洲的新路》,北京大学《亚洲的新路》翻译组译,经济日报出版社1998年版。

[30]福山:《历史的终结与最后之人》,黄胜强等译,中国社会科学出版社2003年版。

[31]布罗代尔:《文明史纲》,肖昶等译,广西师范大学出版社2003年版。

[32]金正濂:《韩国经济腾飞的奥秘》,张可喜译,新华出版社1993年版。

[33]费正清:《剑桥中国晚清史》上、下,中国社会科学院历史研究所编译室译,中国社会科学出版社1993年版。

[34]孔华润:《剑桥美国对外关系史》(上、下),王琛等译,新华出版社2004年版。

[35] Christopher R. Hill, "East Asia in Transition: Opportunities and Challenges for the United States", Statement to the Asia and the Pacific Sub-committee of the House International Relations Committee; Washington, DC, March 8, 2006.

[36] Elspeth Thomson, "ASEAN and Northeast Asian Energy Security: Cooperation or Competition?" East Asia, Fall 2006, Vol.23, No.3.

二、国内参考文献

[1]丁斗:《东亚地区的次区域经济合作》,北京大学出版社2001年版。

[2]郑海麟、张伟雄:《黄遵宪文集》,日本东京中文出版社1991年版。

[3]陈乔之:《面向21世纪的东南亚:改革与发展》,暨南大学出版社2000年版。

[4]陈乔之:《东亚区域经济合作研究》,中国社会科学出版社2002

年版。

[5]曹云华:《东南亚的区域合作》,华南理工大学出版社 1995
年版。

[6]曹云华:《东南亚国家可持续发展研究》,中国经济出版社 2000
年版。

[7]曹云华:《探究亚太新秩序》,世界知识出版社 2002 年版。

[8]曹云华:《中国—东盟关系论》,世界知识出版社 2005 年版。

[9]王子昌、郭又新:《国家利益还是地区利益——东盟合作的政治
经济学》,世界知识出版社 2005 年版。

[10]叶卫平:《东盟经济圈与中国企业》,中国经济出版社 1996
年版。

[11]左连村、张小兰:《"十一五"期间粤港经济合作思考》,《国际经
贸探索》2007 年第 4 期。

[12]陆建人:《东盟的今天与明天——东盟的发展趋势及其在亚太
的地位》,经济管理出版社 1990 年版。

[13]冯友兰:《中国哲学史》上、下,中华书局 1961 年版。

[14]宋成有、李寒梅等:《战后日本外交史》,世界知识出版社 1995
年版。

[15]庞中英:《中国的亚洲战略:灵活的多边主义》,《世界经济与政
治》2001 年第 10 期。

[16]中国科学院国情分析研究小组:《两种资源、两个市场——构
建中国资源安全保障体系研究》,天津人民出版社 2001 年版。

[17]中国现代国际关系研究院经济安全研究中心:《全球能源大棋
局》,时事出版社 2005 年版。

[18]陶洁:《"大中华经济圈"构想之综述》,《世界经济与政治》1994
年第 10 期。

[19]潘国华、张锡镇:《东亚地区合作与合作机制》,中央编译出版
社 2002 年版。

[20]迟福林:《中国自由贸易区的构想——WTO 框架下中国大陆与

港、澳、台经贸关系展望》，《香港大公报》2001年11月27日。

[21]丘杉：《中国—东盟自由贸易区与广东的发展》，环球文化传播有限公司2004年版。

[22]李靖宇：《中国与东北亚区域经济合作战略对策》，人民出版社1999年版。

[23]许宁宁：《来自东南亚的商机报告》，华夏出版社2002年版。

[24]白英瑞等：《欧盟经济一体化理论与实践》，经济管理出版社2002年版。

[25]于宁编：《聚焦泛珠三角》，广东教育出版社2004年版。

[26]王正毅、迈尔斯·卡勒、高木诚一郎：《亚洲区域合作的政治经济分析——制度建设、安全合作与经济增长》，上海人民出版社2007年版。

[27]《毛泽东选集》1—4卷，人民出版社1991年版。

[28]冯绍雷：《国际关系新论》，社会科学出版社1994年版。

[29]黄大慧主编：《构建和谐东亚：中日韩关系与东亚未来》，社会科学文献出版社2010年版。

[30]王正毅：《世界体系论与中国》，商务印书馆2000年版。

[31]黄大慧主编：《变化中的东亚与美国：东亚的崛起及其秩序建构》，社会科学文献出版社2010年版。

[32]秦亚青：《东亚地区合作：2009》，经济科学出版社2010年版。

[33]陈舟：《美国的安全战略与东亚——美国著名国际战略专家访谈录》，世界知识出版社2002年版。

[34]朴键一、朴光姬主编：《中韩关系与东北亚经济共同体》，中国社会科学出版社2006年版。

[35]谢洪燕：《东亚区域货币合作与人民币地位研究》，经济科学出版社2010年版。

[36]刘明主编：《国际金融危机、美国霸权与东亚经济合作》，世界知识出版社2010年版。

主 题 索 引

后　记

拙著《大变局与东亚经济战略》，是在我的博士毕业论文的基础上拓展而成的。所以，关于此书的写作还需从我读博士学位说起。

1987年，我从天津师范大学研究生毕业，到了广州市委宣传部工作。那时候我曾经想，以后不再读学位，也不再写学术性、研究性文章，今后应该更注重于社会实践。

2000年，我跟随领导到深圳市政府办公厅工作。深圳人才济济、藏龙卧虎，同事中博士和留学回来的"海归"不少，既给了我压力，也给了我动力。过去觉得研究生毕业就可以了，现在突然感觉好像不行了。在这样的情况下，我于2001年夏季报考了暨南大学的博士研究生。但是，那时候由于工作很忙，自己可支配的时间很少，周末也经常没有时间去上课。所以，在上了一个学期的课程以后，我就向导师提出了休学的请求。到了2003年夏天，我的工作岗位作了调整，再也不像过去那么忙了。我的导师陈乔之教授知道我的工作岗位变动后，给我打来电话。他告诉我：根据教育部有关政策，博士生由于特殊情况申请停学的可以保留两年时间的学籍，当年他给我申请保留了学籍，如果我还想读，现在可以接着读。我听了之后非常感动，同他约定时间，专程到广州拜访他。记得那天是星期六，约了六点钟一起吃晚饭。通常从深圳到广州开车需要两个小时,我下午三点半出发,想着提早半小时到酒店恭候导师。没想到一路上堵车,我下午六点四十多分钟才到酒店,导师比我先到。一见面,我羞愧难当,连连表示歉意:"老师,让您等了半个多小时,真不好意思。"但是,导师好像并不领情,说:"我哪里只等你半个多小时啊,我等了你差不多两年了。"我想,凭导师这一句话,就应该下决心把博士学位读下来。

2006 年春,我顺利通过了博士论文答辩。我的博士毕业论文是:《论泛珠三角在中国—东盟自由贸易区建设中的地位和作用》。论文以区域经济理论和地缘经济理论为基础,分析了中国与东盟建立自由贸易区的有利条件,特别是中国的华南、西南地区与东盟在地缘、人缘、文缘和经济上联系十分密切;认为推进中国—东盟自由贸易区建设要充分发挥、放大我们所拥有的比较优势,可以让西南和华南地区在中国—东盟自由贸易区建设的过程中发挥主角的地位和作用;为此,提出应该以粤港澳为龙头,加强华南、西南地区的合作,使之成为国内区域合作的先行区。这些观点得到了答辩评委老师们的充分肯定。导师还鼓励我把博士论文修改充实出版。但是,当时我感到有些累,也想放一放再说,就没有急于把论文修改出版。

2007 年下半年,汪洋同志到广东主政,广东省委提出一系列关于深化广东经济社会改革发展的研究课题,其中一个就是粤港澳合作的问题。我把博士论文关于粤港澳合作的部分拿出来,做了一些修改,邮寄给了汪洋书记。没想到,汪洋书记初到广东,工作千头万绪,竟能挤出时间来看我寄给他的资料,并做了重要批示。这对我来说,是很大的激励。我开始构思把博士论文修改扩充成一本小书出版。2008 年国际金融危机爆发,世界经济格局和发展趋势发生了巨大变化,促使我决定把书名改为《大变局与东亚经济战略》。几年来,我就像蚂蚁搬家一样,工作之余有点空隙,就查查资料,补充一点,改写一段。到2012年春节后,才完成了初稿。

在拙著的写作和出版过程中,得到了许多领导、学者的大力支持和帮助,他们在百忙中抽出时间,对我的一些粗浅设想和观点提出修改意见,使我获益匪浅。在这里要特别感谢深圳市委常委宣传部长王京生同志、华南师范大学原校长颜泽贤同志为我的拙作作序,感谢人民出版社的郇中建编审为本书的出版付出的辛勤劳动。

在本书写作的过程中,我始终秉持这样的准则:希望自己写的东西尽可能不会浪费读者的时间,希望能够给读者一点点启发,或者给读者提供多一个思考问题的角度。但是,由于学识和文字功力所限,我的这种愿望可能未能兑现,敬请读者谅解。本书疏漏、不当甚至谬误的地方肯定有不少,这些责任都由我一人独自承担。敬请学术前辈和读者给以批评指正。

郑鼎文

2012 年 10 月 3 日于深圳